贵州省高校人文社会科学研究项目资助
（2023GZGXRW161 贵州农业特色产业和乡村旅游融合发展策略研究）

胡文兰 著

传统与现代

黔东南一个苗族村落
蓝莓种植与社会文化变迁

Research on Blueberry Cultivation and Social Cultural Changes in a MiaoZu Village, Southeast Guizhou

Tradition and Modernity

社会科学文献出版社
SOCIAL SCIENCES ACADEMIC PRESS (CHINA)

序

　　作物是由人类驯化并种植在自然空间的植物，在满足人们日常生活需要的同时，在推动人类社会的文明发展、国家安全、社会稳定等方面发挥着巨大作用。从词源上看，作为一个独立词语的"作物"由日语转借而来，20世纪初开始出现在中国农业文献中。在中国古籍中，"作物"被称为禾稼或谷，其中谷的含义不断发展，由稻、梁、菽、麦、黍稷，逐步扩大到麻类、瓜果、蔬菜乃至所有栽培植物。野生植物被驯化栽培成为作物有10000年左右的历史，在人类发展的早期，原始人在采集天然野生植物以维持生存的过程中，逐渐认识了一些植物的特征，如周期性的生长与结果等，于是渐渐从以采集野生植物作为食物和衣物原料转变为有意识地栽培某些植物，从而开始了种植业。这些被驯化培育的新植物种类发展成一定的栽培规模，即称为"作物"。苏联学者 Н.И. 瓦维洛夫在《主要栽培植物的世界起源中心》[1] 一书中，较早提出了栽培植物起源中心学说，并分成了8个起源中心，它们也孕育了相互独立的文明体系。在此基础上，后来的学者们进一步提出全世界栽培植物有12个起源中心。目前自然界已知的植物有50万余种，其中被人类利用的有5000种以上，而被人类栽培种植的约有2300种，大面积种植的约有200种。具体到中国，种植的作物有600余种。[2] 作物生产是农业生产的基础，不仅要直接供给人类生存的生活资料，还要供给畜牧业、渔业等所需的饲料，其产品数量、质量与人们的物质生活水平息息相关。因而，作物种植已成为人类一项基本而极其重要的生产实践活动，不仅为人类的生存与发展提供了最重要和最基本的能量来源，也是国家和地区发展的重要物质基础。以此为基底，还形塑了世界上诸多族群

---

[1] 〔苏〕Н.И. 瓦维洛夫：《主要栽培植物的世界起源中心》，董玉琛译，农业出版社，1982。
[2] 曹卫星主编《作物栽培学总论》（第二版），科学出版社，2011，第1页。

的社会文化，构建了丰富多彩的人类物质文明、制度文明与精神文明。由于作物栽培与特定的自然环境密切相关，生活在不同区域的人们依据其生境，栽培着不同种类的作物。对于许多民族来说，作物种植既满足了日常生产生活所需，也是对外交换和社会交往交流的重要媒介，与社会文化和社会结构深深嵌合在一起，人类"生物性-社会文化性"的二重属性也因之得到充分彰显。因此，对作物的研究是反观人类历史与社会文化的一面镜子。

民族学（文化人类学）是一门关注人类社会文化及其与生境互动的学科，从其诞生起，作物就已被纳入学者们的视野中。但不同时期，作物的叙事方式在民族学家的文本里有着相异的视角。在古典民族志时期，一方面，作物成为社会文化演进或传播的标识物，如摩尔根的《古代社会》认为，西半球以灌溉法种植玉蜀黍等作物以及用土坯和石头来建筑房屋作为分界，以过渡到中级野蛮社会。[①] 英国学者 G. 埃利奥特·史密斯在《人类史》一书中通过对早期前王朝埃及人遗存进行研究，认为大麦最早起源于埃及尼罗河流域，为古埃及文明的重要表征之一，并传播到埃兰、苏美尔、叙利亚和亚洲次大陆、欧洲等国家和地区。[②] 另一方面，作物成为巫术或宗教信仰的分析材料，或祭献的物品，这在泰勒的《原始文化》和弗雷泽的《金枝》里多有反映。在科学民族志时期的一些文本里，作物既是巫术的施予对象和承受者，又是交换的物品，如从马凌诺斯基的《西太平洋的航海者》（1922），拉德克利夫-布朗的《安达曼岛人》（1922），埃文思-普里查德的《阿赞德人的巫术、神谕和魔法》（1937）等著作中均可看到。产生于20世纪70年代后的实验民族志，虽然学者们还在遵循马氏创立的一些学科规范，但在文本写作中更加强调反思的、多声道的和多点位的以及主-客互动和撰写者的经历。同时，"田野"的叙事空间也有了较大不同，事件、文本、场景、虚拟世界等，也成为可探究的"田野"。因而，该时期的民族志文本风格多样，问题意识较强，关注地方与世界、传统与现代、表象与意涵、体验与感悟、理性与情感等，既有田野调查基础上撰写的文本，亦有

---

① 〔美〕路易斯·亨利·摩尔根：《古代社会》（上册），杨东莼、马雍、马巨译，商务印书馆，1987，第9~12页。
② 〔英〕G. 埃利奥特·史密斯：《人类史》，李申、储光明、陈茅、郭方译，中国社会科学出版社，2009，"农业的发明"，第193~203页。

利用历史资料书写的论著，还有二者相结合的著述。在此背景下，有关作物的论著逐渐脱离原有的一些研究范式，在世界体系与政治经济学、经济人类学、历史人类学的框架下得到专门的论述，棉花、稻米、茶叶、香料、咖啡、橡胶、甘蔗、玉米、马铃薯等作物，成为民族学家认识边缘与中心、地方与世界、传统与现代的媒介。作物与人类社会及其文化的纠缠，演绎出多维度、多层次、多面向的世界或区域发展史。此外，作为社会互动的重要媒介，作物对于知识的产生与形成、文化的再造与建构、人类在自然界的自我认知也产生了不可忽视的影响，在当下亦成为一些学者探索的领域。

在中国，进入21世纪后，尤其是国家实施减贫治理、精准扶贫、脱贫攻坚和乡村振兴以来，乡村特色产业支持成为提高贫困人口自我发展能力、激发贫困地区生产和再生产动力的"造血式"减贫方式，信贷扶持、税收优惠、土地使用、资本引入等激励政策，推动着劳动力、土地、资金等资源流入乡村。在此背景下，规模化作物种植成为乡村特色产业发展的重要助推力，其所引发的乡村社会文化变迁，受到学界越来越多的关注。胡文兰同学的博士学位论文也基于此。论文以蓝莓为切入点，对贵州省黔东南苗族侗族自治州麻江县一个苗族村寨的社会文化进行了系统而深入的研究，展现了作物种植如何嵌入一个民族村寨社会文化的肌理中，从而与外部世界形成了一定的纠缠关系。毕业三年后，胡文兰同学在博士学位论文基础上，进一步充实、完善调研材料和提升理论分析，完成了著作《传统与现代——黔东南一个苗族村落蓝莓种植与社会文化变迁》。该书具有以下几个特点：一是将蓝莓种植置于特定的民族社会文化空间进行叙事，并就其如何嵌入村落社会结构进行整体性的分析；二是从土地利用的视角，阐述了蓝莓种植对于地景改观、社会关系和土地认知等方面的影响，对于传统农耕民族而言，许多传统社会文化生成的基底将不复存在，文化传承面临新的挑战；三是以蓝莓的"社会生命史"为线索，探讨了蓝莓与村落、人的互构关系，凸显了蓝莓的主体性作用，打破了传统"人-物"对立的二元结构；四是"多物种民族志"的研究取向在该书中得到某种程度的显现，这为我们思考人与自然、人与物的关系，提供了一个具体的实证性个案；五是体现了一名研究者的人文关怀和社会责任感。一方面，规模化经济作物种植为乡村产业兴旺注入了新的活力，促进了农民收入的增加，提高了他们的生活水平，提升了他们的自尊与自信心，并为传统文化创新性发展提供了基本的保障，但同时也将其裹挟至现代性、市场化的发展轨迹，增添了许多未知的风险；另一方面，短时期的规模化单一作物种植，将会给生态环境带来极大的压力，地方民众还有可能承担环境被破坏的后果，此发展模式是否具有可持续性是值得关注的，这在书中得到了一定体现。

在当下，随着乡村振兴工作的进一步深化，一些具有重要经济价值的作物规模化种植受到政府、企业、扶贫机构的重视，将其作为促进乡村和地方经济发展的重要手段。由此，政府、资本、市场成为经济作物种植的主要助推力，与之相适应的是农业、农村与农民的深度参与，在逐渐适应市场或生计转型的过程中，许多区域的少数民族开始了不同于过往作物种植的社会文化实践，且与资本、市场深度互嵌，使其社会文化体系发生了新的整合。探讨作物规模种植出现的新问题、新样貌，总结经验与教训，是落实"产业兴旺、生态宜居、乡风文明、治理有效、生活富裕"乡村振兴国家战略的现实需要，体现了中国式现代化的发展路径。而以作物为切入点探讨人类社会的交往交流交融以及文化变迁、历史演进，也拓展了民族学的研究视野，深化学科交叉意涵，对于促进人与自然的和谐与可持续发展、人的主体性与能动性的发挥具有重要的实践价值与学术意义。基于此学术旨趣，10余年来，在中国学术界逐渐涌现出许多作物研究取向的文本，且涉及多种作物，如稻米、茶叶、葡萄、咖啡、橡胶、辣椒、甘蔗、蕃薯、荞麦、小米、苹果、麻、青稞、烟草、马铃薯等，"作物人类学"渐渐浮出，"作物人类学将农作物视为研究对象，研讨人们在作物的选育、种植、收获、流通、食用等方面的文化内容，重点讨论人们由于不同的作物种植策略而形成的迥异的生计方式、耕作形式、饮食习惯、社会制度、宗教信仰、价值体系、生态观念、经济形态和政治结构等"[①]。作物人类学作为一门交叉学科，以作物为研究对象，探讨作物在生产、分配、交换、消费等过程中与人类、非人类的互动、纠缠及产生的影响，包含生态、政治、经济、组织、社会关系、信仰等方面的冲突、调适与变迁，从而增进作物

---

① 代高峰：《作物人类学视阈下转基因作物的推广困境分析》，《华中农业大学学报》（社会科学版）2017年第5期。

与社会文化、生物性与社会性、社会环境与自然环境的系统认知和理论探讨。胡文兰同学的新著既是应时之作，也可视为为新分支学科添砖加瓦之作。是为序。

杨筑慧

2023 年 4 月 22 日于中央民族大学

目　录

绪　论 ……………………………………………………………… 001
　第一节　研究目的与意义 …………………………………………… 003
　第二节　文献回顾与理论视角 ……………………………………… 015
　第三节　田野点与研究方法 ………………………………………… 042

第一章　生境视野下的社会与文化 ………………………………… 047
　第一节　乌村生境与族群 …………………………………………… 048
　第二节　风俗习惯、集镇与风物 …………………………………… 062
　第三节　传统社会结构与关系 ……………………………………… 073

第二章　传统生计方式与土地文化制度 …………………………… 086
　第一节　传统生计方式与土地利用 ………………………………… 086
　第二节　民间信仰与土地文化 ……………………………………… 095
　第三节　村落传统权力与土地管理 ………………………………… 110

第三章　"异乡来客"与新型土地利用 …………………………… 119
　第一节　植物之客：蓝莓与农业产业化发展 ……………………… 120
　第二节　人物之客：体验农业与乡村旅游发展 …………………… 131
　第三节　产业发展与新型土地利用 ………………………………… 136

第四章　产业流动性与新型社会互动 ……………………………… 147
　第一节　种植：土地流动性与社会互动 …………………………… 148
　第二节　销售：产品流动性与社会互动 …………………………… 159
　第三节　分工：资本流动性与社会互动 …………………………… 172
　第四节　管理与务工：劳动力流动性与社会互动 ………………… 179

第五章 土地利用变化与社会关系变迁 ⋯⋯⋯⋯⋯⋯⋯ 190
　　第一节　村落外部："吾乡吾土"与"他者" ⋯⋯⋯⋯⋯ 190
　　第二节　村落内部：关系分化与整合 ⋯⋯⋯⋯⋯⋯⋯ 201
　　第三节　家庭：分工协作与生产经营 ⋯⋯⋯⋯⋯⋯⋯ 207

第六章 土地利用变革中社会与经济互嵌 ⋯⋯⋯⋯⋯⋯⋯ 221
　　第一节　蓝莓视角下节日传承变迁与物的社会生命 ⋯⋯ 221
　　第二节　土地利用中的经济与权力 ⋯⋯⋯⋯⋯⋯⋯⋯ 233

结语与讨论：土地、权力与社会文化 ⋯⋯⋯⋯⋯⋯⋯⋯⋯ 242

参考文献 ⋯⋯⋯⋯⋯⋯⋯⋯⋯⋯⋯⋯⋯⋯⋯⋯⋯⋯⋯⋯ 255

附　录 ⋯⋯⋯⋯⋯⋯⋯⋯⋯⋯⋯⋯⋯⋯⋯⋯⋯⋯⋯⋯⋯ 271

后　记 ⋯⋯⋯⋯⋯⋯⋯⋯⋯⋯⋯⋯⋯⋯⋯⋯⋯⋯⋯⋯⋯ 273

CONTENTS

Preface ⋯⋯ 001
   Section 1   Research Purposes and Significances ⋯⋯ 003
   Section 2   Literature Review and Theoretical Perspective ⋯⋯ 015
   Section 3   Field Point and Research Methods ⋯⋯ 042

Chapter 1   **Society and Culture from the Perspective of Habitat** ⋯⋯ 047
   Section 1   The Habitat and Ethnic Group in the Village of Wu ⋯⋯ 048
   Section 2   Customs, Market Towns and Scenery ⋯⋯ 062
   Section 3   Traditional Social Structure and Relationship ⋯⋯ 073

Chapter 2   **Traditional Livelihood and Land Cultural System** ⋯⋯ 086
   Section 1   Traditional Livelihood and Land Use ⋯⋯ 086
   Section 2   Folk Beliefs and Land Culture ⋯⋯ 095
   Section 3   Village Traditional Power and Land Management ⋯⋯ 110

Chapter 3   **"New Visitors" and New Land Use** ⋯⋯ 119
   Section 1   Plants-visitors: Blueberries and the Development of Agricultural Industrialization ⋯⋯ 120
   Section 2   People-visitors: The Development in Experiencing of Agriculture and Rural Tourism ⋯⋯ 131
   Section 3   Industrial Development and New Land Use ⋯⋯ 136

Chapter 4   **Industrial Mobility and New Social Interactions** ⋯⋯ 147
   Section 1   Planting: Land Mobility and Social Interaction ⋯⋯ 148
   Section 2   Sales: Product Mobility and Social Interaction ⋯⋯ 159

Section 3 Division of Labor: Capital Mobility and Social Interaction ⋯ 172
Section 4 Management and Employment: Labor Mobility and Social Interaction ⋯⋯ 179

Chapter 5 Land Use Change and Social Relations Change ⋯⋯⋯ 190
Section 1 Outside the Village: "Our Hometown and Our Land" and "Others" ⋯⋯⋯ 190
Section 2 Inside the Village: Relationship Differentiation and Integration ⋯⋯⋯ 201
Section 3 Family: Division and Cooperation of Labor, Production and Operation ⋯⋯⋯ 207

Chapter 6 Social and Economic Embedding in Land Use Change ⋯⋯ 221
Section 1 Festival Inheritance and Changes, Social Life of Things from the Perspective of Blueberry ⋯⋯⋯ 221
Section 2 Economy and Power in Land Use ⋯⋯⋯ 233

Conclusion and Discussion: Land, Power and Socio-Culture ⋯⋯⋯ 242

References ⋯⋯⋯ 255

Appendix ⋯⋯⋯ 271

Postscript ⋯⋯⋯ 273

绪　论

　　从2007年开始，笔者一直关注黔中黄果树瀑布景区上游的一个少数民族传统村寨——石寨。该村依山傍水而建，村落、公路、河流、宽阔的田野依次延伸出去。2010年前，这里鳞次栉比的石板房、清澈见底的河流、生机盎然的田园谱写出四季不同的美丽画卷。2010年，笔者在村中做硕士学位论文田野调查，记录下她最美的样子；在与村人的相处中也对他们富足、平和而美好的生活留下印象。在后来的多年里，笔者隔三岔五还会回到村里看望当年结识的阿姨大叔，每次再到石寨，村寨都会发生一定变化。2018年1月，笔者回到石寨小住，顺便进行回访，站在村前的公路上眺望村落，映入眼帘的全是崭新楼房，河对岸一年四季有着不同色彩和风景的宽阔田坝消失了，一些回廊式的房子和一些水生高草挡住了视线。田坝在2012～2015年被某旅游投资开发公司以1800元/（亩·年）的价格租用进行项目开发，拟修建湿地公园、种植葡萄与养蜂等，试图开展旅游观光农业以带动石寨经济发展。由于资金短缺，最终仅湿地公园部分完工，其余大片区域荒废。

　　石寨经历了十余年的变化，村寨居住环境得到很大改善，外部呈现繁华景象，实际上村人的生活存在家庭生计、养老、住房扩展、环境卫生、娱乐生活、子女教育等问题。石寨的境况让笔者对农村发展产生一些困惑：农村如何发展才能进退有路，农业如何转型，土地怎么利用才是最佳配置，村民如何维护自己的土地，什么样的生活才是村人认为的美好生活，乡村传统文化将被置于何处，村人在国家政策与市场环境中如何抉择，等等。

　　机缘巧合下，笔者到本书田野点旅游，发现那里的村民正大规模种植蓝莓，这激发了笔者的好奇心。通过对当地人进行一些观察与访谈，了解到麻江县政府十几年来大力推行蓝莓种植，村民们将大量耕地与林地出租给外地人种植蓝莓或自种；村落开展乡村旅游，部分耕地与林地被征收以开展服务设施与景观建设，形成土地利用方式的极大变化。近年来，随着乡村产业的发展，农村土地利用中的农用地转非农用地、粮食种植转经济作物种植成为普遍现象。伴随着这些变化，乡村社会生产生活、权力结构、社会关系、社会文化等发生多面向改变，带来一系列社会问题或隐患。在国家政策引导下，各地纷纷进行农业转型与村落发展变革，在此过程中显现出来的一些问题与困境突出土地对农民的重要性，引起社会各领域思考如何合理利用土地与推进农村转型发展这一迫切问题。

随着中国加入WTO与市场化发展程度加深，农业生产与农民生活受到前所未有的冲击与挑战，传统农业产值严重不足难以支撑农村发展，社会与市场发展倒逼农村发展政策的变革，农民种植品类逐渐由粮食作物转变为经济作物，农业生产模式由家庭生产转变为"公司+农户""政府+企业+农户"的规模生产，农业形态由传统的自给自足、小范围浅程度的交换农业转变为与国际市场接轨的大农业。① 在此过程中，农村经济结构发生急剧变化，新型农业对土地的利用与经营使得劳动者在各环节参与不同生产、经营组织，身处不同场域，② 社会关系变得层叠交错，乡村社会结构、权力关系、社会文化相应地发生着改变。

2017年10月18日，习近平总书记在党的十九大报告中提出乡村振兴战略。2018年1月2日，中共中央、国务院印发《中共中央 国务院关于实施乡村振兴战略的意见》。2018年9月，中共中央、国务院印发了《乡村振兴战略规划（2018—2022年）》（以下简称《规划》）。③《规划》指出产业兴旺是乡村振兴重点，要实施产业兴村强县行动，培育农业产业强镇，打造一乡一业、一村一品的发展格局。

在这场国家引导、全社会各领域自主进行、多元力量参与的社会转型

---

① 刘守英：《从转型角度审视农民、土地和村庄的关系》，《21世纪经济报道》2017年12月8日，第4版。
② 参见高宣扬《布迪厄的社会理论》，同济大学出版社，2004，第139页。场域是皮埃尔·布迪厄社会理论概念之一，场域概念所要表达的，主要是在某一个社会空间中，由特定的行动者相互关系网络所表现的各种社会性力量和因素的综合体。场域基本上是靠社会关系网络表现出来的社会性力量维持的，同时也是靠这种社会性力量的不同性质而相互区别的。
③《中共中央 国务院印发〈乡村振兴战略规划（2018—2022年）〉》，中华人民共和国中央人民政府网，2018年9月26日，http://www.gov.cn/xinwen/2018-09/26/content_5325534.htm，最后访问日期：2019年10月9日。

中，中国农村，尤其是西南少数民族地区农村在土地利用方式变化基础之上的社会结构、社会关系、社会文化会发生哪些变化，对于农村的发展方向具有重要的影响。笔者认为，土地利用问题、多重权力对乡村的渗透是研究当下乡村社会发展的重要切入点。此外，笔者亦想透过对田野点乌村的研究，寻找既能促进乡村产业发展、提高人们经济和生活水平，又能维续或增强村人安全感和归属感的案例，以此反观石寨，反观农村社会正面临的各种困境。

第一节 研究目的与意义

一 研究目的

本书的写作起始于笔者对调查过的几个村落的生计方式、土地利用与社会问题的思考，主要围绕这一主题进行深层次探讨。随着农村逐步卷入市场经济深化发展的浪潮中，西南少数民族地区生计方式从单一化向多元化过渡，土地利用方式随之发生变化，进而影响社会生产生活各层面。近年来，我国农村在一系列国家政策引导下快速转型发展，尤其是农业产业与乡村旅游业取得长足进步。随着经济发展，社会关系发生微妙的变化，一方面，村落分化逐步变得显著；另一方面，村寨内部一些小群体之间关系重新整合、更加密切。传统文化体系也发生很大变化，一方面因遭遇外来文化的猛烈冲击而散失与断裂，另一方面又受到高度重视与保护。本书选取黔东南一个苗族村寨——乌村作为田野点，对其进行深入调查，基于以下几个研究目的，完成对转型期西南少数民族村寨土地利用与社会关系变化的微观研究，以剖析与认识当下很多农村地区正面临的普遍问题，用具体鲜活的案例阐释农村社会的发展。

（1）纵向上研究农村社会传统生计方式下的土地利用，及与之相适应的社会关系与文化体系，剖析土地利用与社会关系间的内在影响机制，挖掘村落社会运行中土地的关键性作用，由此提出土地对于农村社会的经济、社会与文化意义。

（2）横向上研究农村近阶段发展进程中的生计方式变化，尤其是近年来乡村产业，包括旅游业、农业产业、民间手工业等的发展，引起的土地利用方式变化。新的经济活动引起农村社会关系急剧变化，权力与资本广泛和深入渗透，对农村社会关系造成严重影响，深入剖析这一重大历史变革阶段农村社会关系因何变化、如何变化至关重要。尤其是发生在西南少数民族地区的具体案例，更能体现这种传统与现代的碰撞、外在与内在的博弈、宏观与微观的角逐。本书通过对乌村的调查研究揭示蓝莓种植与乡村旅游的发展引起的土地利用方式变化，以及在国家权力、社会资本渗透下，人们在产业发展中如何通过自身具备的资源在大市场中进行经济、文化与社会关系的获取与维续，从而实现村落与村民的主体意义。在此过程中，土地利用如何变化及这一变化对村落社会产生影响的机理是挖掘与研究的重点。

（3）理论上，结合当下乡村产业发展热潮，以少数民族地区村落为田野点，研究土地经济活动与社会关系之间的相互影响机制，丰富和补充国内外有关社会关系与经济研究理论，如差序格局理论、嵌入性理论等。

（4）实践上，乡村产业发展成为乡村振兴战略实施的重要任务，已经在全国各地广泛展开，势头或将越来越猛，中国农村社会即将进入快速转型发展阶段，对全国各地不同类型农村转型发展样态进行深入调查研究有利于对农村发展实践的及时总结与反思。

二　研究意义

本书以西南地区一个民族村落为研究对象，通过蓝莓经济的发展，探讨乡村产业与农业转型时期村落社会围绕土地利用的变化、权力与资本在乡村社会自下而上与自上而下的互动与博弈，关注在转型时期及未来较长时期内新型"在乡在土"农地关系，并在此基础上剖析家庭农业生产直接与市场对接所带来的社会关系变迁。本书在学术意义上是对人类学中国乡村现代性的一种积极探索，在实践意义上则是对我国现阶段及过去一定时期内农村建设发展规划的反观与回应。

1. 国家与地方视角的权力与资本运作

社会研究中的权力理论与资本理论往往指国家政治权力与资本范畴。被称为"权力思想家"的福柯认为，权力是一种力量关系，这种关系内在于它们运作的领域之中，并构成了它们的组织。他主张把权力的机制当作理解社会领域的格式，因为权力无所不在，它们来自下层，并从数不清的角度出发，在各种不平等的、变动的关系相互作用中运作着。其权力理论与注重"地方性知识"的研究视角都强调微观权力的产生与运行。① 在民族学、社会学、人类学领域，对乡村社会权力自下而上的运作关系研究一直是个传统话题，如杜赞奇（Prasenjit Duara）提出"权力的文化网络"，认为国家权力下渗到民间社会，使原有底层权力网络土崩瓦解，但权力自身具有的能动生产性使得民间宗教、民间组织等成为新的权力机制形成基底。② 在新时期乡村研究中，研究对象在新的自由市场经济发展中所参与的生产资源与资本竞争中的权力表现为更加多样化和斗争更加激烈的形式，其形成的力量对乡村社会关系及社会结构产生形塑作用，这反过来又影响新的权力与资本运作。乡村社会地方视角的权力与资本运作，是研究国家政治权力与资本作用于社会各领域的重要突破口。

西南民族地区因文化、环境多样以及生态脆弱的特征形成了与当地生境相适应的经济文化类型，如坝区河谷稻作农业、山地耕作农牧结合、高山草原牧业（藏区）、林业（香格里拉、清水江流域）等，当地人在长期的实践中形成了应对其生存环境的生态知识体系。理论上说，国家发展政策的制定及实施具有多样性考虑，但在实际操作层面，越来越多的地区趋向于单一作物的种植，在一定时期内取得经济效益的改观，但长期而言，在生态环境维护、农民理性选择与能动性发挥方面都存在一定隐忧。就此而言，本书重视地方视角下的转型发展战略，自下而上剖析与研究问题，期望为相关政策制定提供依据支撑。

2. "在乡在土"的新型农地关系研究

在乡镇企业发展的研究中，费孝通先生将乡镇企业带来的农民家门口办厂、进厂就业的现象称为农民离土不离乡。20世纪90年代兴起的打工潮中，大批中西部地区农村过剩劳动力涌入沿海城市务工，形成大批农民离土离乡的现象；近年来，学者们对沿海城市代耕农的研究展现了离乡不离土农民群体的生活样貌。③ 随着农业规模化产业化生产、土地流转的兴起，很多农民的土地流转给大户、公司、企业，自身则以雇佣工人的身份到种

---

① 〔法〕米歇尔·福柯：《性经验史》，佘碧平译，上海人民出版社，2005，第100~121页。
② 〔美〕杜赞奇：《文化、权力与国家——1900—1942年的华北农村》，王福明译，江苏人民出版社，1996，第1~13页。
③ 黄志辉：《无相支配：代耕农及其底层世界》，社会科学文献出版社，2013，第3~7页。

植基地或产业园从业，形成一种新型的"在乡在土"农地关系。从职业上来说，他们既是以种植为业的农民，又是被雇用的工人，与土地之间的关系变得直接而又间接：直接指的是依然像往常一样进行土地耕种，与土地保持天然的关系；间接是指与土地的权属关系出现更为复杂的变化，中间多了大户、公司、企业、政府等多元主体，人们与土地的关系变得更加复杂而微妙。另外，加入资本与权力的角逐，对土地的照料、对产出品的处理已经转变成一种可用货币支付报酬的劳务，与传统型的"在乡在土"农地关系有着本质的区别。本书在深入调查基础上所进行的研究，可更加直观而鲜活地呈现广大农村地区的这一面相。

3. 镜像与反观：乡村振兴战略实施背景下的实证观察

2018年，中共中央、国务院印发了《乡村振兴战略规划（2018—2022年）》，提出"产业兴旺、生态宜居、乡风文明、治理有效、生活富裕"的总要求。而在此之前，许多地方政府就已将产业发展作为经济抓手，各地县、乡、村纷纷进行旅游、种植、养殖、手工艺等类型的产业开发，这一趋势随着乡村振兴规划的实施，必将出现热潮，呈现国家乡村振兴规划蓝图下乡村转型发展的缩影。

本书选取西南地区一个苗族村落为研究对象，聚焦乡村产业化转型发展特点，洞察农业生产活动变迁，尤其是近几年政府主导的经济作物产业种植在当地推行的表现形式，结合民族地区历史、自然、经济、社会、文化背景进行深入挖掘与阐释，分析小农生产向农业产业化生产过渡与并存背景下的土地利用与社会关系变迁始末。本书可为丰富当下中国山地少数民族类型村落的转型路径提供鲜活的案例，并在研究过程中力争对本土化理论进行补充与完善。另外，本书通过民族学田野调查研究方法，洞悉底层社会思想，观察西南少数民族地区的乡村振兴战略实施样态，传达底层社会声音，为新时期乡村振兴战略的实施进行自下而上的观察与审视，为乡村振兴战略在山地少数民族地区的进一步顺利实施提供参考。

三　研究问题

本书选择一个通常意义上的边远地区少数民族村寨——贵州省麻江县乌村为研究对象，以该村蓝莓种植的农业产业与乡村旅游产业发展为背景，探讨在传统农作物种植向经济作物种植转变、村落变景点的过程中，因其土地利用方式的不同而引发的社会关系向更加多元与复杂方向的变化,以及交织着权力与资本进入的政府、企业、村民多重主体的博弈与调适。主观上,村民在卷入市场过程中,与外界社会联系的需求变得更加强烈;客观上,经济作物的种植需要政府组织介入,吸引外界投资商、采购商、游客等群体进入。在此情形下,当地人与当地社会被卷入与外界的多元关联中,形成新旧交织的社会关系网络,也在新的社会关系网络中形成新的力量群体,进而发展成新的权威与权力个体或组织,原有的权力结构发生变化,新的权力结构又进一步巩固和影响着村人的社会关系。通过研究,本书试图阐释或回答以下几个核心问题。

(1) 在国家推进产业发展与农村经济结构改革进程中,如何与当地自然生态环境、社会文化相适应,实现经济与生态环境、传统文化协调发展。

(2) 国家权力影响农村社会运行过程中,如何避免对传统乡村社会力量造成严重冲击,为乡村主体力量的培育与发展留足空间。

(3) 土地利用发生变化下土地文化功能和社会保障功能如何实现,国家土地政策之下地方政府如何有序开发利用土地,农民如何利用地方性知识将土地文化功能与社会保障功能继续保持。

(4) 西南民族地区农业生产的规模化与多元化的辩证思考,即如何能使其更好地与家庭式农业生产有效结合;基层政府"只管种不管卖"、农民愁卖不愁种的社会困境倒逼社会各领域反思山地农村社会的产业如何才能真正兴旺,这是关乎眼下和未来农村社会发展的迫切问题。

四 核心概念

结合研究问题,本书涉及的核心概念有土地利用、社会关系、权力与资本,在此做简单介绍,以便后文展开讨论研究。

(一) 土地利用

土地利用是土地经济学和地理学领域的核心概念。土地经济学将土地利用作为一种经济现象进行分析,利用经济学指标做量化统计与研究;地理学从土地覆被方面分析土地附着物与土地关系,人文地理学分支也关注土地与人的关系,尤其是人在特定自然地理环境下对土地的技术开发与生产性利用。

土地利用就其一般意义来说指人类为了某种目的对土地进行的干预活动,即在特定的生产方式下,人们为了一定的目的,按照土地的自然属性和社会属性,对土地进行的开发、利用、整治和保护活动。土地利用的含义包括两方面:一是人类以土地为劳动对象(或手段),利用土地的性能;二是人类利用土地具有一定的目的性,土地利用反映了人与土地的关系。因此,从微观上说土地利用是在依法获得土地使用权后对土地进行经营活动并取得效益的过程。① 土地、劳动和资本是土地利用过程的三个基本要素。土地利用必须根据土地的特性来决定其功能,同时还必须有资金和人的劳动的投入才能实现土地利用。将自然状态的土地资源投入使用过程中的土地利用,称为土地开发(包括农用土地开发和城镇建设开发);在开发中可能要对土地进行改良,如排水、清除植被(以及石块等),这被称为土地整治;在利用中为了长期永续利用土地,使其达到某种利用目的,必须对土地性能加以保护。所以土地开发、利用、整治、保护是同一个土地利用过程中的四个侧面。②

土地利用包括生产性利用和非生产性利用两种基本类别。生产性利用是把土地作为生产资料和劳动对象,即将土地用作生产资料来生产生物性产品,如种植作物、饲养牲畜、种草、种树等,或者生产非生物性产品,如建工厂、修公路等,也可用作劳动对象生产矿物性产品,如矿业生产。非生产性利用则是把土地当成空间、活动场所,发挥土地的承载功能,进行非生产性活动,如盖住宅,旅游观赏,建设娱乐场所、运动场,开展自然保护等。在1998年的《中华人民共和国土地管理法(修订草案)》中,首次将土地分为农用地、建设用地和未利用地。

除自然环境、气候、土壤属性、科学技术、经济水平等条件会影响土地利用之外,随着社会的发展,社会制度、文化、宗教、权力等因素对土地利用的影响力越来越大。从某种意义上说,土地本质上是人与社会的"中介",土地问题本质上属于人地关系矛盾的社会问题。以土地的社会属性和社会功能为基础,以土地利用的社会组织制度、土地资源配置的社会方式和土地收益分配的社会机制为主线,探索缓解各种土地矛盾并促进社

---

① 郝晋珉:《土地利用控制》,中国农业科技出版社,1996,第7页。
② 郝晋珉:《土地利用控制》,中国农业科技出版社,1996,第8页。

会发展的途径，使人与土地和谐共处，是社会科学领域较为关注的话题。①

综合以上各学科的研究视角，本书对土地利用的研究，主要关注人类在开发、利用、整治、保护土地过程中地方性知识与文化系统的作用与反作用，以及土地所具有的文化象征、社会保障、历史遗产、景观构成等方面的功能。

（二）社会关系

社会关系研究在社会学、民族学领域已经形成一套成熟的理论体系，是指在人们的社会交往中个人之间、群体之间及个人与群体之间形成的较为普遍的联系或行为模式的总和或系统。个人关系、群体关系和社会制度是社会关系微观、中观与宏观层次的表现。② 从社会关系产生的基础来看，社会关系可分为血缘关系、地缘关系和业缘关系。血缘关系和地缘关系属于初级社会关系，也称首属关系，是人类最早形成、个人最早加入其中的社会关系。而业缘关系是人们后来通过广泛参与社会生活而形成的不太亲密的社会关系，是强调分工、合作等的工作关系。从人类社会发展的过程来看，次级社会关系在社会中占有越来越重要的地位。③

马克思主义哲学将"社会关系"概括为"人与人在生产实践中形成的物质的历史的关系"。这揭示出个体在根本上是社会存在物，任何个人都无法脱离其他人而单独存在，人的幸福程度取决于社会关系的合理程度，从而启发人们产生超越个体的"实体化"倾向。④ 社会关系与社会互动有密切关联，可以说社会互动是社会关系的实践形成过程。社会互动就是个人与群体通过接近、接触等方式而产生交互作用的过程，社会互动反映的是人们之间的动态关系。⑤

在民族学、人类学研究中，在日常互动中观察个人之间、群体之间以及个人与群体之间的关系，并将其放置在整个社会文化背景下进行考察。以建立社会关系的实体纽带如物、土地等为切入点，可以研究文化、权力、

---

① 吴次芳、吴丽：《土地社会学》，浙江人民出版社，2013，第2~8页。
② 郑杭生主编《社会学概论新修》（第三版），中国人民大学出版社，2003，第60页。
③ 韩明谟主编《社会学概论》（修订本），中央广播电视大学出版社，1997，第69~71页。
④ 刘兴盛：《马克思"社会关系"概念研究》，博士学位论文，吉林大学，2018，第1页。
⑤ 李芹主编《社会学概论》，山东大学出版社，1999，第124页。

制度等非实体因素形成、运作并反投射到社会关系上的机理，实现具有社会整体性的从微观到中观社会关系再到宏观制度的阐释与研究进路。在学科的发展过程中，随着社会发展变化，各种类型社会关系在社会生活中的影响力有所变化，对社会关系类型的研究的关注点也从初级社会关系逐渐转向次级社会关系。

本书关注土地利用变化引起的村落初级社会关系与次级社会关系相互交织和影响的变化过程与现状。以田野点为例，在传统生计模式下，人们形成以血缘、地缘和亲缘为纽带的家族、邻里与亲戚关系，社会关系格局主要为费孝通先生提出的差序格局，通过日常生活中的婚丧仪式、节日活动、风俗信仰等建立、巩固和维续各种关系。近年来，国家推行农业产业化转型，在权力与资本的作用下，土地利用方式的变化带来新的土地利用主体，农业产业化生产的农产品作为商品进入市场，农户直接与市场及更大的社会衔接，围绕行业、产品形成以业缘、物缘为纽带的关系联结，村落社会关系呈现内外交织、多元共享的局面。农业产业化发展是我国农村当下的普遍现象，传统以自给消费为主的农业生产活动转变成以市场销售为主的农业经济活动，多元权力与资本对农村社会的渗透及其与民间微权力进行的博弈与调适，以及经济行为与村落社会关系结构、民间力量的互嵌是农业经济的主要特点，村落社会关系传统意义、当下经历的变化与产生的影响都是重要的研究课题。

（三）权力

权力不同面向有不同的解释，社会学中结构主义、后结构主义、功能主义与建构主义基于国家权力进行讨论，而人类学关于权力的讨论分为社会结构的权力和超越社会结构的权力。

关于乡村治理的研究对权力有较深入的探讨。20世纪中叶前后的乡村研究中，费孝通将村庄中的权力分为礼治权力、同意权力、横暴权力和教化权力，突出村落权力是家族权力的泛化和延伸。[1]杜赞奇考察了20世纪上半叶华北农村村庄权力结构的变化，区分了赢利型经纪与保护型经纪，提出"权力的文化网络"的概念，即不断交错影响的等级组织（如市场、

---

[1] 费孝通：《乡土中国》（修订本），上海人民出版社，2013，第46~64页。

宗教和宗族等）和非正式相互关联网（如庇护者与被庇护者、亲戚朋友等），共同构成了施展权力和权威的基础。"权力的文化网络"的提出，纠正了以前的乡村社会研究只关注政治、经济等方面，而忽视宗教、文化和价值观念等因素对乡村社会运作影响的缺陷，同时也让我们认识到乡村社会控制体系的复杂性和多元性。① 黄宗智分析了华北和长江三角洲不同的土地占有形态、不同的国家力量和结构对村庄权力结构类型的影响。② 20世纪80年代以来的研究主要有村庄内部权力研究和村庄与国家的外部权力研究。金太军将村庄权力分为体制内权力和体制外权力，体制内权力包括三个层面：一是自上而下渗透到村庄的行政权力（主要是"乡政"权力）；二是由村庄体制内精英直接行使的自治权（"村治"权力）；三是村级治理的最终所有权，其主体是村民（体制外精英和普通村民）。体制外权力是基于血缘、地缘而产生的等级式的传统支配力量，或因历史上的宗教传承而形成的信仰关系中的支配力量。体制外精英包括宗族精英、宗教精英、经济精英、曾任村干部的在野精英、知识精英等。③ 萧凤霞在《华南的代理人与受害者：乡村革命的协从》（Agents and Victims in South China: Accomplices in Rural Revolution）中，通过个案考察，对乡村秩序进行了整体的把握。她认为，传统时代的中国地方社区离行政控制中心较远，具有较大的自主性。然而，随着20世纪以来国家行政力量的不断向下延伸，乡村的权力体系已经完成了从相对独立向行政"细胞化"的社会控制单位的转变，而新的政治精英也成为这些"行政细胞"的"管家"，造成社区国家化的倾向，这种趋势的出现与国家权力通过各种渠道深入乡村密不可分。④

人类学研究中，社会结构的权力主要是强调作为公开的强制力量，社会结构带来了一系列明确的标准、规则、惯例和制裁。马林诺夫斯基和拉德克利夫-布朗的结构功能主义中对权力的研究主要关注的是习惯的行为方

---

① 〔美〕杜赞奇：《文化、权力与国家——1900—1942年的华北农村》，王福明译，江苏人民出版社，2010。
② 〔美〕黄宗智：《华北的小农经济与社会变迁》，中华书局，1986；〔美〕黄宗智：《长江三角洲小农家庭与乡村发展》，中华书局，1992；〔美〕黄宗智：《中国的隐性农业革命》，法律出版社，2010。
③ 金太军：《村庄治理与权力结构》，广东人民出版社，2008，第20页。
④ H. F. Siu, *Agents and Victims in South China: Accomplices in Rural Revolution* (New Haven: Yale University Press, 1989).

式的社会再生产,从园艺到争斗、从正式的交换仪式到仪式性的悲伤,权力赋予了社会风俗和制度以明确的权威。列维-斯特劳斯的结构主义主要关注规矩和礼貌、思考和行为的原型等深层的结构,神话和婚姻交换规则的权力是文化符号与社会实践的关键所在。皮埃尔·布尔迪厄认为权力被概念化为一种不只在正式的社会关系中呈现并被公开的力量保证,还要通过语言和日常实践得以确立的东西,进而提出象征权力的领域,指出看不见的权力只有在那些不想知道自己臣服于权力的人的共谋基础上才能被操演,这些人甚至自己就在操演权力。[1] 在他著名的"场域"理论中,"场域"实际上就是能动者赖以争夺地位、获取资本和利益,并试图改变原有结构的空间范畴,是权力分配的结构性体系。

另有一类权力是超越社会结构的,如马克斯·韦伯区辨的合法权力之一的克里斯马型权力自身是无结构的,并超越制度而存在。基于克里斯马型权力某些特殊的个体能够将他们的人格强加于其他人,将这些人变成追随者,并且在此过程中改变日常的社会生活。民族志作者集中关注在社会环境中维持平衡的力量和影响社会变迁的力量,如斯科特《弱者的武器》与利奇《缅甸高地诸政治体系》都提出,记录下人们自己充满意义的关于社会理解的"抄本",哪怕是在社会结构的形式方面看起来很弱的"抄本",都可能发展出帮助他们形成关键意识和开展讽刺的实践,帮助他们超越自身的位置,用意识形态和实践的抵抗"武器"去塑造他们建立社会关系的过程。权力因此得到更宽泛的理解:互动的权力、个人的权力、获得权力的意愿等。利奇指出,权力不能局限于对规范和权威的分析,面对行为选择的个体通常会利用这些选择去获得权力,权力进入了创造社会制度和价值的过程,并成为自身再生产的基础。各种权力和实践的形式支持他们自身超越了以自我利益为核心的或追求利益最大化的个体之间的交换平衡的观念,或者超越了制度关系对稀缺资源的控制与分配的平衡的观念。[2] 每种权力理论都是某一权力应用面向的结果,在小型社会的研究中,可结合现实案例借鉴权力理论的某一主张。人类学家对权力的理解强调在远离政治

---

[1] 〔法〕皮埃尔·布尔迪厄(Pierre Bourdieu):《实践理论大纲》,高振华、李思宇译,中国人民大学出版社,2017,第289~334页。
[2] 〔英〕奈杰尔·拉波特、乔安娜·奥弗林:《社会文化人类学的关键概念》,鲍雯妍、张亚辉译,华夏出版社,2009,第283~300页。

与国家的日常生活世界中，在传统仪式、亲属关系以及婚姻制度中都广泛存在着权力关系。①

聚焦到本书，主要采取人类学的社会结构的权力与超越社会结构的权力分类，认为国家制度权力、资源占有权力是影响调查点生计变迁的社会结构的权力，而克里斯马型权力和象征权力在社会变迁中则是超越社会结构的权力，形成当地社会的权力网络。在实践过程中，权力是福柯所说的循环流动的、以链状形式发挥作用的东西，也如帕森斯所说是能够交换、积累、分配和集聚的。土地承包并不是仅反映一种单纯的经济关系，而是种种复杂的权力关系的一个集结。②在农业社会研究中，虽然没有厘清权力与土地之间的发生学关系，但普遍的观点是土地是基本生产资料，土地占有是权力形成的支撑，基于土地占有量多的个人或群体能支配土地占有量少或无土地的个人或群体而形成的力量，即成为乡村社会权力网络的主要组成部分。

（四）资本

资本是经济活动中的关键要素。随着社会经济水平提高，城市资本积极寻找新的投资领域。随着国家倡导农业产业化发展，一方面相关领域成为投资者青睐的投资平台，另一方面大量投资资金注入农村掀起资本运作方式。农村资源可转变为资本，由此，当地人掌握的地方性资本与外来资本之间展开博弈和调适。这一切成为农村土地利用方式急剧变化的主要推手，给农村社会结构、关系与权力带来多重影响。资本与权力一样，是本书分析问题的重要策略和手段，对资本的概念梳理极为重要。

资本是经济学领域核心概念，对它的讨论足以代表漫长的学科发展史。最初，资本（capitale，源于caput）一词，用来表示贷款的本金（capitalis pars debiti），和利息相对，与"生息金额"同义。③庞巴维克在《资本实证论》中对西方经济学中的"资本"概念及理论进行详细梳理，指出许多定

---

① 应星：《身体与乡村日常生活中的权力运作——对中国集体化时期一个村庄若干案例的过程分析》，载黄宗智主编《中国乡村研究》（第二辑），商务印书馆，2003，第134页。
② 应星：《农户、集体与国家——国家与农民关系的六十年变迁》，中国社会科学出版社，2014，第11页。
③ 〔奥〕庞巴维克：《资本实证论》，陈端译，商务印书馆，2009，第51页。

义本质上的差别,并不在于各人以不同的眼光来对同一事物下定义,而在于各人对完全不同的东西下定义。一般说来,把那些作为获得财货的手段的产品叫作资本。在这个概念下,资本可分为社会资本与私人资本,或对应地称为生产资本与获利资本。社会资本作为促进生产的产品总和,包括:①土地的生产性改良、配置和运用;②各种生产性建筑物;③工具、机器以及其他各种生产性器具;④生产上用的有用动物和驮兽;⑤生产上用的原材料和辅助材料;⑥在生产者和商人手中作为仓库存货的制成的消费品;⑦货币。私人资本包括:①构成社会资本的一切财货;②物主自己不用而用来通过交换(出售、出租、出借)获取别种财货的消费品。①

相比西方经济学,马克思主义政治经济学更关注社会生产关系与资本的关系。马克思分析了资本在商品生产和消费过程中是如何从资产阶级(资本家)和劳动者的社会关系中生成的,认为资本是能够产生剩余价值的价值——剩余价值通过商品的生产和交换过程产生,商品生产需要劳动力、土地、租金和物质资料(包括设备、技术和运输工具)。② 马克思的理论建立在阶级剥削的社会关系基础之上,阶级分化是资本主义社会的基础,剥削阶级控制着生产资料并占有被剥削阶级劳动所创造的全部剩余价值,其理论也被称为古典资本理论。在过去40年里,资本理论已经发展为新资本理论,它基本上修改或者排除了古典理论方向中必不可少的阶级解释,其替代性解释主要包括人力资本、文化资本和社会资本。③ 林南将资本定义为期望在市场中获得回报的资源投资,即资本是在以追求利润为目标的行动中被投资和动员的资源。因而,资本是经过两次处理的资源。在第一次处理中,资源在投资中得以生产或改变;在第二次处理中,将生产或改变后的资源投放市场从而实现利润。一方面,资本是生产过程(对资源进行生产或追加价值)的结果;另一方面,它又是生产的因子(为了获取利润而进行资源交换)。投资和动员都需要时间和精力,因此它们都是资本形成的

---

① 〔奥〕庞巴维克:《资本实证论》,陈端译,商务印书馆,2009,第54~99页。
② 中共中央马克思恩格斯列宁斯大林著作编译局译《资本论》(第一卷),人民出版社,1975,第167~200页(第4章);中共中央马克思恩格斯列宁斯大林著作编译局译《资本论》(第二卷),人民出版社,1975,第31~115页(第1~3章)。
③ 〔美〕林南:《社会资本:关于社会结构与行动的理论》,张磊译,世纪出版集团、上海人民出版社,2005,第8页。

过程。换言之，资本是在社会关系中获得的，资本的获得引出了结构的约束与机会问题以及行动者的行动与选择问题。①

在社会科学研究中，影响社会结构、关系与权力的资本相对上述经济学领域的狭义资本概念，其内涵和外延更广阔，且针对不同的研究领域有不同的侧重点，如社会资本、生计资本、人力资本等，对本书的研究具有重要参考意义。

本书的田野点乌村在生计方式上处于从传统小农耕作向产业种植转变过程中，当地社会卷入市场，多重的竞争场域对原有资源及资本体系形成巨大的冲击，人们在利用传统地方性知识与资源的基础上，在土地、文化、社会关系网络、权力等领域进行积极适应与实践，力图实现资本再生产。而蓝莓作为一种当地社会前所未有的作物品种，使人们在接触、认识、了解、种植、消费、销售、处置它的过程中形成了新的文化体系，实现文化再生产与社会关系的重构。从某种角度来说，蓝莓文化再生产也象征和形塑着当地社会的权力、社会关系与文化机制。

第二节 文献回顾与理论视角

分布在不同地区的民族在一定自然环境下的长期生存与生活实践中，形成体系完整的与当地生态相适应的土地利用方式与劳动生产机制，具有一整套严密的土地利用规划和相对稳定的分配模式与合作机制，组成与小农生产相适应的社会关系网络，协调人与自然、人与社会的关系。随着新一轮的土地利用方式变革，人们对土地的开发与利用方式也发生变化，随之而来的生态环境问题、土壤问题、失地农民问题、贫富分化问题、养老保障问题、住居生活问题等都与土地利用密切相关。对这些问题的研究离不开对土地的社会功能和文化功能的探究。另外，土地利用主体构成多元化、合作方式复杂化，形成当地人之间、当地人与外来者之间多重的、复杂的关系网络，引起村落传统社会结构与社会关系的急剧变化。而变化了的社会结构与社会关系反作用于土地利用方式，加之当下的农业生产已不

---

① 〔美〕林南：《社会资本：关于社会结构与行动的理论》，张磊译，世纪出版集团、上海人民出版社，2005，第3页。

是仅停留于维持基本生活所需的生计经济，而是具有浓郁的市场经济性质，村落与家庭融入大市场，社会关系联结范围更加广阔。

在本书中，笔者基于传统土地利用方式的变化，窥探村落传统文化、社会关系与权力结构等在土地利用方式变化进程中，与外来权力、资本的相互作用如何引起传统格局与新格局解构、建构与重构的多重变动，最终以一种多维勾连方式共存，并继续演化。笔者遂从生计方式、土地与农业社会经济、嵌入性理论、文化变迁理论等维度进行文献梳理，以助于分析田野点当下的"土地利用变革—社会经济变化—社会文化与社会关系变迁"过程，在前人研究之上保持连续性并进行一定的突破创新。

一　生计方式与黔东南苗族生计研究

（一）国外学者关于生计的研究

生态人类学开创者和奠基者斯图尔德（J. H. Steward，1902~1972）在研究中指出，以生计为中心的文化的多样性，其实就是人类适应多样化的自然环境的结果。[①] 许多早期经典民族志体现了这种多样化自然环境的适应，如埃文思-普里查德（Edward Evans-Prichard，1902~1973）的《努尔人——对尼罗河畔一个人群的生活方式和政治制度的描述》根据生态学特征来分析努尔人的生计活动类型，指出自然环境与气候直接影响着努尔人的生计方式，旱季和雨季的交错决定他们在高山和平地迁徙的周期性变化以及不同类型的生计活动。[②] 马林诺夫斯基在《西太平洋上的航海者》中对太平洋地区美拉尼西亚人的生活各层面进行阐释，围绕"库拉"习俗展开研究，展示了从锡纳卡塔驶往多布并返航过程中的一系列"库拉"交易习俗，并由此出发总结了特罗布里恩德地区的生产方式、信仰观念，整体性地呈现了一种"生活"样态，反映了当地生计活动中的社会交换关系与社会约束机制。[③] 女性人类学著作《妮萨：一名昆族女子的生活与心声》用多

[①] 尹绍亭：《尹绍亭学术文选》，云南大学出版社，2014，第17页。
[②] 〔英〕埃文思-普里查德：《努尔人——对尼罗河畔一个人群的生活方式和政治制度的描述》，褚建芳等译，华夏出版社，2002。
[③] 〔英〕布罗尼斯拉夫·马林诺夫斯基：《西太平洋上的航海者》，张云江译，中国社会科学出版社，2009。

声部民族志表现手法展现一名昆族女子的人生历程,从女性视角介绍了以妮萨为主的昆族女子成长、青春期、试婚、婚姻、生育、家庭、社会生活的面貌。其中,昆族女性与男性之间松散的婚姻和情人关系与当地采集狩猎的生计方式有密切关联。女性在哺育、家务之外采集的果实有限,食物狩猎所得的有限肉类食物需要多名不同的男性提供。①

这些经典的民族志研究中虽未明确表述研究对象所处社会的生计方式,但从不同视角对生计活动进行了深入的分析与阐释,为生计理论研究奠定了坚实基础。在20世纪末21世纪初,乡村生计(rural livelihoods)与可持续乡村生计(sustainable rural livelihoods)在扶贫与环境保护领域受到高度关注。1987年,世界环境与发展委员会(World Commission on Environment and Development, WCED)将生计定义为"满足基本需要的充足粮食库存和现金流"。② 钱伯斯(Robert Chambers)和康威(Gordon R. Conway)是首先对生计概念进行系统叙述者,自此人们对生计概念有了更多的理解和阐述。以生计多样化为核心研究目标的学者给出的生计定义是:"生计包括资产(自然、物质、金融、社会和人力资产)、行动、获得这些生计资产的路径(受到社会关系和制度的调节),这一部分决定了人们生存所需资源的获得。"③ 而以生计可持续性研究为主要目标的学者则认为:"生计由生活所需要的资产(包括物质和社会两方面的资源)、能力以及行动组成。"④ 最被广泛接受的定义来自康威的阐释:生计就其最简要意义来说,是获取生活所需的方式(means),包括资产(assets)、能力(capabilities)以及一种谋生手段所需要的活动(activities)。⑤ 这一定义的优势在于能够在对生计方式的研究中,了解人们做出的生计抉择和所拥有的资本之间的联系,同时突出权力和自由在决定生计方面的作用。

---

① 〔美〕玛乔丽·肖斯塔克:《妮萨:一名昆族女子的生活与心声》,杨志译,中国人民大学出版社,2017。
② R. Chambers & G. R. Conway, "Sustainable Rural Livelihoods: Practical Concepts for the 21st Century," IDS Discussion Paper No. 296, 1992.
③ Frank Ellis, *Rural Livelihoods and Diversity in Developing Countries* (Oxford: Oxford University Press, 2000), pp. 26-78.
④ Ian Scoones, "Sustainable Rural Livelihoods: A Framework for Analysis," IDS Working Paper, 1998.
⑤ R. Chambers and G. R. Conway, "Sustainable Rural Livelihoods: Practical Concepts for the 21st Century," IDS Discussion Paper No. 296, 1992.

经济人类学和生态人类学对生计方式的研究也由来已久，经济人类学从生产、分配、交换、消费的经济过程分析生计活动中人与自然、社会的关系，生态人类学着重分析人在利用自然环境谋取生活所需时人与自然环境、社会环境的相互影响和调适。拉帕波特在《献给祖先的猪——新几内亚人生态中的仪式》中，从人口、种群、经济、生计等方面论述了生态环境与文化仪式的相互影响。① H. 孟德拉斯在《农民的终结》中从法国南部的杂交玉米种植入手，分析发现生计方式的变化引起的社会变化是一系列的链式反应，法国南部杂交玉米的普及不是用一个品种来替换另一个品种的问题，而是需要人们在自给自足的传统农民经济和以市场为目的的大众化生产之间做出根本的选择。②

（二）国内学者关于生计的研究

在中国民族学领域，关于生计方式的研究是在"经济文化类型"理论发展中逐渐明晰起来的。"经济文化类型"是苏联著名民族学家托尔斯托夫、列文和切博克萨罗夫在20世纪50年代提出的民族学概念之一，林耀华先生与切博克萨罗夫对中国经济文化类型的研究与划分，至今对民族生计方式的研究具有重要指导意义，尤其是在我国民族生计方式的理论归类和研究方面。③ 我国早期的民族志经典著作《江村经济》《金翼》《凉山夷家》《云南三村》《祖荫下》等无一不是以研究生计方式与生计活动为基底铺陈架构出社会结构关系与社会生活面貌，这成为研究生计方式与社会结构关系的本土经典范式。民族学或人类学的学者因不同的理论视角与研究目标对生计概念的界定也不同。被引用较多的是周大鸣的阐述：生计方式指的是人们相对稳定、持续地维持生活的计谋或办法，即通常所说的生计模式或生活习惯。④ 李劼在《生计方式与生活方式之辨》一文中指出：没有一种"纯粹的生计方式"存在于我们的生活中，因为所有的生计活动同时还是社会活动，人们的生活方式受到物质及其生产方式的制约，同时，人们还在

---

① 〔美〕罗伊·A. 拉帕波特：《献给祖先的猪——新几内亚人生态中的仪式》（第二版），赵玉燕译，商务印书馆，2016。
② 〔法〕H. 孟德拉斯：《农民的终结》，李培林译，社会科学文献出版社，2010，第99页。
③ 林耀华主编《民族学通论》（修订本），中央民族大学出版社，1997，第81~84页。
④ 周大鸣主编《文化人类学概论》，中山大学出版社，2009，第103~106页。

努力试图挣脱这种制约。① 生计方式与自然生态环境、社会经济状况、思想观念、基础设施、技术能力等多方面息息相关，而生计方式变迁引起社会关系和地方文化的变迁是民族学关注的传统议题。

国内学者自20世纪80年代以来对生态与生计的关系研究成果较为丰硕，尤其是近年来中国在转变农业生产方式、提高农民收入的政策下，农业产业化以及乡村旅游等促使农村生计方式转型，各领域学者对生计方式变化所引起的生态环境、社会变迁的研究成果越来越丰硕，笔者从以下几个方面进行简要梳理。

1. 社会整体视角的生计方式研究

云南大学尹绍亭教授是国内较早对民族生计进行研究的学者，他在20世纪90年代的《一个充满争议的文化体系——云南刀耕火种研究》《森林孕育的农耕文化——云南刀耕火种志》与2000年的《人与森林——生态人类学视野中的刀耕火种》等著作中，运用文化生态学理论研究分析出云南少数民族"刀耕火种"是一种与当地生态环境相适应的生计方式，尤其在《人与森林——生态人类学视野中的刀耕火种》一书中，论证了云南布朗山、哀牢山一带生态环境的变化与"刀耕火种"无必然关系，而人口持续快速增长以及经济作物的种植打乱了当地原有的生态循环规则，才是其中主要影响因素。② 秦红增、韦茂繁等的《瑶族村寨的生计转型与文化变迁》立足于瑶族农民生计方式的转型，指出每个民族在其生存的过程中都有一种主要的用以维持其生活的方式，以实现其最基本的生存以及更进一步的发展，每个民族生计方式的变化都是导致该民族文化变迁的基本因素，因此从生计方式的转型视角来剖析瑶族文化的变迁。③ 何国强在《围屋里的宗族社会——广东客家族群生计模式研究》一书中利用文化生态学理论研究客家文化与生计活动的关系。广东客家主要生计方式是农耕，生育带来的人口对土地的强压力促使他们四处迁移并以各种方式谋生，宗族和村落是客家人应对环境挑战的有效组织形式，共同的语言、心理意识、体质特征成为客家人族群认同的文化边界，客家与其他族群、客家族群内部既有冲

---

① 李劼：《生计方式与生活方式之辨》，《中央民族大学学报》（哲学社会科学版）2016年第1期。
② 尹绍亭：《人与森林——生态人类学视野中的刀耕火种》，云南民族出版社，2000年。
③ 秦红增、韦茂繁等：《瑶族村寨的生计转型与文化变迁》，民族出版社，2008年。

突，也有融合。① 张晓琼在《变迁与发展——云南布朗山布朗族社会研究》中通过对布朗山布朗族社会政治、生计方式、观念文化、村社经济、扶贫开发等全方位变迁历程的考察，指出1949年后布朗族社会政治与生计文化的变迁很大程度上是一种国家和政府行为，而非现代化影响的自我发展结果。这种国家指导下的计划性变迁，是布朗族社会文化发生变迁的直接动因。②

另有一些学者侧重探讨了某一民族的生计方式及其与社会结构之间的相关性。如黄应贵的《作物、经济与社会：东埔社布农人的例子》，论述了台湾东埔社布农人的主要作物在1920~1990年从小米到水稻到西红柿再到茶的转变过程中，如何体现出不同时代的社会性质，以及他们如何凭借原有的hanido信仰与人生观来理解、转变，乃至创造有关新作物的活动及其文化意义等。③

在生计方式与环境方面，罗康隆的《论民族生计方式与生存环境的关系》一文从对侗族生计方式形成的历时性考察中发现，与自然环境相比，一个民族的社会历史背景对民族生计方式的形成和发展的制约要直接得多，社会环境的影响，无须通过预先加工就可以直接作用于民族生计方式；自然环境对民族生计方式的影响虽然具有基础性，但它不是决定性的。在一定意义上，一个民族的生计方式是一种文化选择。④ 罗柳宁的《生态环境变迁与文化调适：以广西矮山村壮族为例》，通过对矮山村壮族生态文化的调查研究指出，生态环境变迁引起生计方式的变迁和文化的调适，在三者互动中实现人与自然的和谐。⑤ 徐杰舜、罗树杰的《靠山吃山，靠水吃水：船家与高山汉比较研究》一文以浪平高山汉为例，通过与邕江船家的生存策略比较，指出生计模式是人们在不同的生态环境中创造出来的，并在独特

---

① 何国强：《围屋里的宗族社会——广东客家族群生计模式研究》，广西民族出版社，2002，第21页。
② 张晓琼：《变迁与发展——云南布朗山布朗族社会研究》，民族出版社，2005，第205~288页。
③ 黄应贵：《作物、经济与社会：东埔社布农人的例子》，《广西民族学院学报》（哲学社会科学版）2005年第6期。
④ 罗康隆：《论民族生计方式与生存环境的关系》，《中央民族大学学报》（哲学社会科学版）2004年第5期。
⑤ 罗柳宁：《生态环境变迁与文化调适：以广西矮山村壮族为例》，《广西民族学院学报》（哲学社会科学版）2004年第A1期。

的历史发展和功能过程中积累、传递和演变，它们是一个族群心理与价值建构的基础，还构成各种独特的社会结构和制度形式，体现族群生存策略的个性。①

2. 国家政策下的生计方式变迁研究

国家产业发展政策推动生计方式转型，在较短时间内引起生计方式变迁是较为普遍的现象。如国家推行特定经济作物种植对当地社会生计方式的影响广泛、深刻而持久，有学者曾关注研究的特定经济作物有橡胶、甘蔗、玉米等。另外，发展乡村旅游也是产业发展政策引导下推动生计转型的一种策略。

学者关于云南西双版纳一带橡胶种植对当地民族的生计方式、社会文化、族群互动等方面影响的研究成果相当丰富，较早的有尹绍亭教授的《西双版纳橡胶种植与生态环境和社会文化变迁》，该文分析了橡胶种植占用当地土地和森林资源对人们生产生活的影响，以及对民间信仰、婚恋观念等产生的负面作用。② 杨筑慧教授的《橡胶种植与西双版纳傣族社会文化的变迁——以景洪市勐罕镇为例》一文指出，橡胶种植使当地传统稻作农耕及相应的文化体系瓦解，人们的生活方式与传统环境、土地、集体互助、财富等方面的思想观念也发生极大变化。橡胶种植是群众用以改变经济与生活状况的手段，在借助其获得经济发展的同时，因之而引发的一系列社会文化事项变迁对社会持续发展造成不利影响。③ 另外，周建新、于玉慧的《橡胶种植与哈尼族生计转型探析——以西双版纳老坝荷为例》一文，研究发现老坝荷哈尼族地区于 20 世纪 80 年代大力推广橡胶种植，短短二十多年间使其生计方式发生转型，虽极大地提高了当地人的物质生活水平，但生计转型的选择依然脱离不开自然环境的限制，采取转向"一维"的生计方式，一旦面临来自自然界或市场的风险，则风险无法转移，目前这个问题在西双版纳哈尼族发生生计转型地区尤其是适合橡胶种植的边境地

---

① 徐杰舜、罗树杰：《靠山吃山，靠水吃水：船家与高山汉比较研究》，《广西民族学院学报》（哲学社会科学版）2003 年第 2 期。
② 尹绍亭：《西双版纳橡胶种植与生态环境和社会文化变迁》，人类生存与生态环境——第二届人类学高级论坛，银川，2004 年 5 月，第 335~346 页。
③ 杨筑慧：《橡胶种植与西双版纳傣族社会文化的变迁——以景洪市勐罕镇为例》，《民族研究》2010 年第 5 期，第 60~68、109 页。

区普遍存在。① 马翀炜、张雨龙的著作《流动的橡胶：中老边境地区两个哈尼/阿卡人村寨的经济交往研究》以中老边境两个民族村寨为例进行研究。中国政府兴边富民具体措施橡胶种植推广行动使橡胶从国有农场走向了民族村寨，橡胶种植也因其可以迅速使村民致富而很快跨过国境线在老挝的坝枯村等地开展起来，横亘两村之间的国境线并没有隔绝村民之间的社会交往。同属一个民族的国防村与坝枯村的村民因合作种植橡胶而使经济交往关系上升为彼此间最为重要的一种交往形式。经济发展在改变当地经济结构的同时，也在改变当地社会文化的方方面面，经济交往程度的加深使两村村民的民族认同与国家认同等观念发生了巨大变化。② 另外很多研究者的成果如代启福的《橡胶种植对傣族社会文化的影响——以西双版纳景洪市勐罕镇曼列寨为例》③，朱映占、尤伟琼的《橡胶种植对基诺族生境与社会文化的影响》④ 等，对橡胶种植在不同时期、不同民族社会中产生的影响进行了多维度的分析。

橡胶与本书中涉及的蓝莓同样在国家与地方政府推行下种植，对当地社会产生的影响有极大相似性，上述关于橡胶的研究为本书提供了重要的借鉴。但由于背景不同、区域环境不同橡胶与蓝莓种植的影响有着不同的表现形式。

在其他经济作物种植或生计转型方面的研究中，秦红增、唐剑玲的文章《定居与流动：布努瑶作物、生计与文化的共变》指出，20世纪80年代以来，在国家政策引导下，广西布努瑶族农民打破了旧的以玉米种植为主的生计方式，转向新型的养殖业和经济作物种植业。这一生计方式的转变，使其文化特质由定居转向流动，由此证明了作物、生计与文化的共变规则。⑤ 黄正宇、暨爱民的《国家权力与民族社会生计方式变迁——以湖南通

---

① 周建新、于玉慧：《橡胶种植与哈尼族生计转型探析——以西双版纳老坝荷为例》，《广西民族大学学报》（哲学社会科学版）2013年第2期。
② 马翀炜、张雨龙：《流动的橡胶：中老边境地区两个哈尼/阿卡人村寨的经济交往研究》，中国社会科学出版社，2014。
③ 代启福：《橡胶种植对傣族社会文化的影响——以西双版纳景洪市勐罕镇曼列寨为例》，《原生态民族文化学刊》2011年第1期，第87~93页。
④ 朱映占、尤伟琼：《橡胶种植对基诺族生境与社会文化的影响》，《原生态民族文化学刊》2012年第1期，第63~68页。
⑤ 秦红增、唐剑玲：《定居与流动：布努瑶作物、生计与文化的共变》，《思想战线》2006年第5期。

道县阳烂村侗族为例》一文认为，在民族社会的历史进程中，国家权力成为影响其生计方式变迁的主因。从湖南通道侗族自治县阳烂村个例分析中可以看出，制度转型完成后的国家权力"下探"，在完成地方社会秩序重建的同时，也左右了民族社会的生计方式"统一"步调，从而形成对这种社会构成和秩序的响应。① 陈祥军在《生计变迁下的环境与文化——以乌伦古河富蕴段牧民定居为例》一文中，指出了自公社化后，伴随农业开发及游牧生计的转变，乌伦古河河谷地区的人口、耕地及牲畜数量激增，流域生态环境发生巨大变化。尤其是 20 世纪 80 年代中期的牧民定居政策，促使牧民由游牧改为定居，这意味着他们将从事农业，而后越来越多的牧民变为农民，对乌伦古河生态环境造成一定的影响，这与国家牧民定居政策有一定的联系。② 刘银妹、韦丹芳的《甘蔗种植与壮族社会文化变迁——以广西壮族自治区崇左市江州区果怕屯为例》一文指出，20 世纪 90 年代后，甘蔗的大面积种植导致壮族社会文化发生了巨大的变化，村民的生计方式由种植粮食作物转为种植单一的经济作物，生活方式从依自然而行转变为围着甘蔗转，果怕屯经济性质从自给自足经济转变为商品经济。甘蔗种植既是果怕屯人改变生存状态的经济方式，又是当地社会文化变迁的重要诱因。③

国家乡村旅游政策实施使生计方式发生变化也体现了国家力量的作用。20 世纪 90 年代初，中国乡村旅游业兴起，进入 21 世纪后蓬勃发展，很多民族地区依托其民族文化资源与自然生态景观开展旅游，为当地带来经济利益，但也给当地生计与社会各方面带来多重影响。李辅敏、赵春波的《旅游开发背景下民族地区生计方式的变迁——以贵州省黔东南苗族侗族自治州郎德上寨为例》一文，探讨了旅游开发背景下贵州省黔东南苗族侗族自治州郎德上寨生计方式的变迁，以民族民间文化为内涵的旅游正逐渐为当地少数民族所接受，并改变着他们的生计模式，以传统农业为主的生计

---

① 黄正宇、暨爱民：《国家权力与民族社会生计方式变迁——以湖南通道县阳烂村侗族为例》，《原生态民族文化学刊》2010 年第 2 期，第 107~112 页。
② 陈祥军：《生计变迁下的环境与文化——以乌伦古河富蕴段牧民定居为例》，《开放时代》2009 年第 11 期，第 142~154 页。
③ 刘银妹、韦丹芳：《甘蔗种植与壮族社会文化变迁——以广西壮族自治区崇左市江州区果怕屯为例》，《中南民族大学学报》(人文社会科学版) 2014 年第 3 期。

方式正悄然向以文化谋取生计的方式转变。① 孙九霞、刘相军通过对雨崩村生计方式变迁对自然环境影响的民族志描述,发现传统社会中该村半农半牧、以牧为主的生计方式与自然资源基本处于平衡的良性状态,而在现代社会,旅游接待成为当地的主导生计方式,对自然环境产生了更为复杂、微妙的影响。这既与当地旅游开发过度商业化有关,又与雨崩村至今未通公路的封闭状态密切相关。② 贺爱琳等的研究指出,乡村旅游深刻改变了农户传统的生计组合模式,传统单一的生计方式趋于多样化。在乡村旅游的影响下,当地农业生产功能衰退,大量传统生计农户向新型生计(旅游经营和务工结合)农户转化,形成六种不同理性偏好共存的生计模式。乡村旅游发展改变了农户的生计资本储量和组合形式,改善了农户原有的生计环境。③ 吴爱华基于鄂西神农溪景区罗坪村的调查研究指出,发展旅游后,民族村落社会变迁主要表现为传统生计方式和生活方式的改变,新的地缘和业缘社会组织的形成,服务观念和传统价值观的转变,以及纤夫文化、撒尔嗬等民族民间文化的复兴,这些都是旅游对村落社会及其文化的影响。④ 尚前浪所写的《云南边境傣族村寨旅游发展中的生计变迁研究》一文从可持续生计理论角度探究旅游管理模式对生计变迁的影响,指出市场经济带来了旅游消费需求和产品供给,是社区和家庭生计变迁的重要动力。政府通过引导和支持社区居民参与旅游发展和提升谋生能力,营造了生计变迁的内外环境。旅游开发的土地利用改变了农民与土地之间的传统关系,促使生计活动发生变迁。⑤

在一系列的生计方式变迁背景下,土地利用方式的变化是其中最基本的背景,但很多学者在研究中常常忽视这一重要领域,有少数学者开始注意到这一问题并进行了探讨。土地利用方式的变化是影响农户生计变迁的

---

① 李辅敏、赵春波:《旅游开发背景下民族地区生计方式的变迁——以贵州省黔东南苗族侗族自治州郎德上寨为例》,《贵州民族研究》2014年第1期。
② 孙九霞、刘相军:《生计方式变迁对民族旅游村寨自然环境的影响——以雨崩村为例》,《广西民族大学学报》(哲学社会科学版)2015年第3期。
③ 贺爱琳、杨新军、陈佳、王子侨:《乡村旅游发展对农户生计的影响——以秦岭北麓乡村旅游地为例》,《经济地理》2014年第12期,第174~181页。
④ 吴爱华:《旅游发展与民族村落社会变迁——基于鄂西神农溪景区罗坪村的调查》,《中南民族大学学报》(人文社会科学版)2011年第3期,第14~17页。
⑤ 尚前浪:《云南边境傣族村寨旅游发展中的生计变迁研究》,博士学位论文,云南财经大学,2018。

重要媒介，而非农化和多样化的生计方式变迁通过诱发农业劳动力的不足和非农收入的不断增加，对农户的土地利用倾向和行为产生了重要影响。陈秧分等发现，农户非农就业程度与人均农村居民点用地面积之间存在倒 U 形曲线关系。① 农业劳动力缺乏和较高的务农机会成本诱发的非农化生计，使得越来越多的农户将土地部分或全部出租，土地从传统的小规模经营转向规模化集中经营，有效促进了土地的集约化利用。② 张丽萍等学者指出，以非农活动为中心的生计多样化变迁不仅是青藏高原东部山区构建可持续生计的核心，也是实现当地土地可持续利用的根本路径。③ 秦红增通过对广西桂村甘蔗种植的研究，认为农业产业化经营与现行的家庭小规模化土地经营之间的博弈，可在农村土地承包经营制度的框架下，通过多元产业结构的农业产业化途径得到解决，而不需要一味追求适度规模。④

（三）黔东南苗族生计方式研究

苗族是中国历史上典型的迁徙民族，在漫长的社会历史进程中，苗族及其先民经历了大幅度、远距离、长时期的迁徙。迁徙最主要的是由于战争及其他政治因素，其次是经济原因。迁徙的方向，先由东向西，然后由北而南，所以苗族分布的地区，自然环境差异极大。⑤ 自然环境对生计方式的直接影响使得苗族在生计方式上存在很大差异，但该民族总体是一个以农业为主的农耕民族。据有关史料记载，苗族先民至迟在"三苗"时期就已进入农业社会。《战国策·魏策》云："昔者三苗之居，左彭蠡之波，右有洞庭之水。"这个分布于今洞庭湖与鄱阳湖之间的民族，早先是一个比较

---

① 陈秧分、刘彦随、杨忍：《基于生计转型的中国农村居民点用地整治适宜区域》，《地理学报》2012 年第 3 期，第 420~427 页。
② 陈秧分、刘彦随、王介勇：《东部沿海地区农户非农就业对农地租赁行为的影响研究》，《自然资源学报》2010 年第 3 期，第 368~375 页；王成超、杨玉盛：《农户生计非农化对耕地流转的影响——以福建省长汀县为例》，《地理科学》2011 年第 11 期，第 1362~1367 页。
③ 张丽萍、张镱锂、阎建忠、吴莹莹：《青藏高原东部山地农牧区生计与耕地利用模式》，《地理学报》2008 年第 4 期，第 499~509 页。
④ 秦红增：《乡村土地使用制度与农业产业化经营——科技下乡的人类学视野之二》，《广西民族学院学报》（哲学社会科学版）2004 年第 4 期，第 75~82 页。
⑤ 韦茂繁、秦红增等：《苗族文化的变迁图像：广西融水雨卜村调查研究》，民族出版社，2007，第 4 页。

先进的农耕民族，社会经济比较发达。① 黔东南《苗族古歌》在叙述他们的祖先居住在海滨湖泊地带时描述道，"有鸡报晓，有狗撵山，房前种树，庄稼满坡"。这些表明苗族的农业社会一直延续了几千年，迄今为止，苗族基本上还是以农业作为自己赖以生存和发展的产业。②

黔东南苗族指处于苗岭山脉向湘桂丘陵和盆地过渡的斜坡地带上聚居的苗族人及其聚落，行政区域上指黔东南苗族侗族自治州的苗族。③ 黔东南位于云贵高原的边缘，地势由西北向东南倾斜，海拔从1000多米降到400米左右，苗岭山脉横亘其间，河流有清水江、都柳江和㵲阳河等。州境内有大小河流2900多条，山高谷深，河床陡降，水流湍急，一遇暴雨即发山洪，洪枯流量瞬时变化，易涨易退，形成雨源性河流的水文特征。④ 这些地区除个别高寒山区外，一般雨量充沛，气候温和，山上竹木青翠，地下宝藏丰富。农作物有水稻、玉米、薯类、高粱、豆类、烤烟、苎麻、甘蔗、油菜、花生、棉花等，还盛产油茶、油桐……木材资源十分丰富，有松、杉、柏、楠、青冈等，尤以杉木最负盛名。

区域内多变的自然地理环境导致生计方式因民族分布的具体区域不同而有所差异，但总体而言，苗族以种植水稻（河边苗族）、旱稻和玉米（高山苗族）为主，以采集、狩猎、林业为辅。黔东南苗族与侗族"稻鱼鸭共生"的生计方式备受国内外关注，这种模式是维系当地生态环境、生产生活与社会文化和谐共生的基础。⑤《苗族古歌》与《苗族古老话》传递出关于原始稻作生计如何得以形成的重要信息，同时也记录了苗族与古越族互为亲缘氏族的事实。李国栋结合城头山稻作遗址的考古成果，认为移栽野生稻是稻作生计形成的初始契机，而其根本原因则是稻作联邦的形成以及

---

① 何积全主编《苗族文化研究》，贵州人民出版社，1999，第3页。
② 何积全主编《苗族文化研究》，贵州人民出版社，1999，第4~6页。
③ 黔东南苗族侗族自治州地方志编纂委员会编《黔东南苗族侗族自治州志·民政志》，贵州人民出版社，2004。
④ 《黔东南苗族侗族自治州概况》编写组、《黔东南苗族侗族自治州概况》修订本编写组编《黔东南苗族侗族自治州概况》，民族出版社，2008，第2页。
⑤ 张琳杰、李峰、崔海洋：《传统农业生态系统的农业面源污染防治作用——以贵州从江稻鱼鸭共生模式为例》，《生态经济》2014年第5期；石庭明：《生态人类学视野下的侗族稻作文化研究——以贵州省榕江县宰章村为例》，硕士学位论文，中央民族大学，2013。

在此过程中氏族间的交流与迁徙。① 徐晓光对黔东南生计中的林业方式进行研究，指出黔东南清水江流域从明清时期就开始进行林业经营活动。几百年来，以林木为主要商品的生计活动成为苗族、侗族人民的"文化基石"，这里有独特的林业经营技术和生态传统，也有传统的"生态补偿"实践与经验。在大力进行生态文明制度建设的今天，清水江流域地方和民间林业经营活动中自觉摸索出的"生态补偿"的措施和方法还有值得借鉴之处。②

在乡村旅游方面，黔东南极佳的自然生态环境，丰富多彩且保存完整的苗族、侗族、瑶族、水族等民族传统文化成为乡村旅游开发的宝贵资源，20世纪末到21世纪初，西江千户苗寨、朗德苗寨、肇兴侗寨等民族旅游景点逐渐兴盛，成为贵州乡村民族文化旅游的名片，也成为学术界研究的热点。如吴如蒋的《挖掘村寨特色文化，探索旅游发展新模式——以朗德苗寨为例》③、徐燕等的《民族村寨乡村旅游开发与民族文化保护研究——以黔东南苗族侗族自治州肇兴侗寨为例》④、季诚迁的《古村落非物质文化遗产保护研究——以肇兴侗寨为个案》⑤等成果都以这些热点旅游村寨为个案，探讨了乡村民族文化旅游给当地生计方式改变、传统文化传承与保护等带来的机遇与挑战。

雷山县西江千户苗寨被称为世界上最大的苗寨，2008年正式进行乡村民族文化旅游开发。通过发展旅游，当地经济获得很大发展，年轻劳动力返乡就业，民族传统文化得到较好保护与彰显，村落生计方式、社会生活、社会性质也发生了质的改变。西江千户苗寨通过旅游促进民族村寨发展的做法，被称为乡村民族文化旅游发展的"西江模式"。⑥ "西江模式"的形

---

① 李国栋：《从〈苗族古歌〉看原始稻作生计的形成》，《中央民族大学学报》（哲学社会科学版）2015年第5期。
② 徐晓光：《清水江流域传统林业"生态补偿"的实践与经验》，《贵州大学学报》（社会科学版）2015年第1期。
③ 吴如蒋：《挖掘村寨特色文化，探索旅游发展新模式——以朗德苗寨为例》，《公关世界》2017年第21期。
④ 徐燕、吴再英、陆仙梅、陈洪智、石贤昌：《民族村寨乡村旅游开发与民族文化保护研究——以黔东南苗族侗族自治州肇兴侗寨为例》，《贵州师范大学学报》（自然科学版）2012年第4期，第53~58页。
⑤ 季诚迁：《古村落非物质文化遗产保护研究——以肇兴侗寨为个案》，博士学位论文，中央民族大学，2011。
⑥ 李天翼主编《西江模式——西江千户苗寨景区十年发展报告（2008~2018）》，社会科学文献出版社，2018。

成基底具有很多民族村寨不具备的条件,但其发展路径对黔东南地区民族村寨有重要启示。

本书的田野点乌村曾经历过乡村旅游开发与经营,并与蓝莓种植、苗族文化相结合,试图实现三次产业融合发展的规划,由于村寨体量小、民族文化特色不足、景观单一、参与性不足等原因失败,但对当地经济发展、社会关系、传统文化都产生了一定影响。前人关于黔东南乡村旅游、稻作农耕、林业经济等方面的研究成果,为本书研究提供了丰富的理论与经验借鉴。

二 土地与农业社会研究

(一) 人地关系研究

人地关系指人类社会和人类活动同自然环境(地理环境)之间的相互关系,是人文地理学的核心概念,在环境学、土地学、人口学、经济学、农学、社会学、民族学等学科领域也日益引起重视和得到研究。学者对人地关系的研究有不同的侧重点和出发点,或侧重于人,或侧重于地,或强调人类改造自然的能力,或强调自然对人类的控制。[1] 人地关系理论在人类思想史上占有重要的地位,它的主导思想随着各个时代生产方式的变化而变化,按照对人类在自然界中的地位认识的不同分为四种:天人感应论、决定论、征服论和"天人合一"。[2]

在东西方的远古传说中,土地是神话故事的载体,具有丰富的象征意义。作为总体双亲的天和地、太阳和月亮是传说故事的起点,日食和日落,被认为是英雄和少女被妖怪吞噬的缘故。关于大地是母亲的思想是比较朴实而明显的,比起天是父亲的观念流传得要广得多。在美洲部落的土著中,大地母亲是伟大的神话人物之一。秘鲁人把她作为普帕切妈妈或"大地妈妈"来崇拜。加勒比人在地震的时候说,这是大地母亲在跳舞,并以此来命令他们像她那样跳舞和高兴,于是他们就这样做了。北美印第安人中的

---

[1] 金其铭、杨山、杨雷:《人地关系论》,江苏教育出版社,1993,第11页。
[2] 杨文衡、杨勤业主编《中国地学史·古代卷》,广西教育出版社,2014,第135页。

科曼切人对待大地像对待母亲一样。① 而在易洛魁人中，土地是一个部落能力的象征，他们的领土包括他们实际居住的地域，还包括他们在渔猎时足迹所到的周围地区那么大的范围，同时也是他们有能力防御其他部落入侵的范围。② 在中国，土地信仰作为一项比较突出的、有特色的宗教信仰活动，从史前发端，直至今天形成了具有中国民族和地域特色的信仰体系。从原始自然崇拜的地母信仰开始，到夏商周时期掌管疆域的社神和生殖神高禖，从汉以后只有帝王才有资格祭祀的后土尊神，到宋代掌握阴阳生死、万物之美与大地山河之秀的道教"四御"之一以及宋明权力很小，只管一方的"土地"，土地信仰随着社会的发展、习俗的演变，被不同的文化机制赋予了不同的文化内涵，千余年来土地信仰始终处在自然/人格、宗教/世俗、主流/边缘、男性/女性、人性/神性、政统/民间的多元对立之中。③

从社会科学研究角度而言，人地关系构架包含两个变量，即人与自然的关系、国家与社会的关系。④ 人与自然的关系指向的是人与土地天然的关联，而人与土地社会的关联包括个体与个体、群体与国家之间的多重关系。从土地学与社会学交叉学科土地社会学角度来说，人与土地的关系，包括经济关系、社会关系和生态关系。这里的"人"是指在一定生产方式下，在一定地域空间上从事各种生产活动或社会活动的人。"土地"是指与人类活动有密切关系的、无机与有机自然界诸要素有规律结合的、存在地域空间差异的、在人的作用下已经改变了的资源环境。探索人与土地和谐共处的规律，就是要探索人类与土地之间互相适应的互感互动机理，探索人类社会经济活动作用于土地资源的机理和土地资源对人类活动所产生的反馈机制。⑤ 费孝通先生说，"文化使土地变成了农田"，揭示了人类行为、文化、制度、技术作用于土地使其发生的变化。

所有的农业文明都赋予土地一种崇高的价值，从不把土地视为一种类似其他物品的财产。无论是作为上帝的恩赐还是作为群体的体现，土地只

---

① 〔英〕爱德华·泰勒:《原始文化：神话、哲学、宗教、语言、艺术和习俗发展之研究》，连树声译，上海文艺出版社，1992，第 316~325 页。
② 〔美〕路易斯·亨利·摩尔根:《古代社会》(上册)，杨东莼等译，商务印书馆，1977，第 79 页。
③ 樊淑敏:《审美视阈中的土地崇拜研究》，中国文联出版社，2016，第 3 页。
④ 张佩国:《地权·家户·村落》，学林出版社，2007，第 8 页。
⑤ 吴次芳、吴丽:《土地社会学》，浙江人民出版社，2013，第 9~10 页。

有一个等同物：女人。即便是在农业劳动者以理性的和经济的方式对待土地资本的时候，他依然对土地保持着深厚的情感，在内心把土地和他的家庭以及职业视为一体，也就是把土地和他自己视为一体，这种情感在很大程度上是一种正在消失的历史境况的产物，在这种境况消失后，这种情感还会继续存在一段时间。①

人和土地的关系从性质上讲是一种人与自然关系的体现，在人类生产力落后、对自然改变能力弱的阶段，表现为人从属于自然、从属于土地的关系，土地是神灵的象征，是人类崇拜的对象。当人们改造自然、利用自然能力增强以后，这种从属关系逐渐弱化，土地从被征服的对象向被保护的对象转化，生产要素的作用越来越占主导，人们视土地为财富、权力和地位的象征。从民族学角度研究人地关系，应更多关注人与自然的和谐共生关系，挖掘当地人在生产实践中形成的地方性传统生态知识与土地文化，研究传统地方组织、家庭在国家土地政策下改造、利用、维护土地的机制。

（二）土地与农业经济社会研究

农业是土地利用的重要形式，以农业为主要生计方式的社会，其社会经济、社会结构、文化与社会关系相互影响与制约，且这一切与土地有着天然的关联。土地一方面指人们生活的自然生态环境面貌，另一方面指人类开发利用的作为生产要素之一的耕地，各民族生产生活都必然受土地的影响，人类特定的技术、分工与组织又反过来影响土地的利用。关于土地与农业社会的研究可谓数不胜数，尤其是生态学、地质学、法学、经济学、历史学等学科从不同角度对土地进行的研究，全面剖析了土地作为一种自然环境的重要组成部分、物的存在、价值的体现、景观的组成部分、权力的载体、制度的核心等而涉及的问题。在民族学领域，研究更多地集中在土地与社会文化、社会关系的相互影响，土地作为权力的象征、文化的载体等方面，土地是每个阶段每种类型的民族志研究中不可回避的重要主题。

1. 国外学者关于土地与农业经济社会的研究

人类得以生存的前提是生产所需的吃、穿、住、行的物质资料，面对如此基本的事实，人类学家无法避开对它们的讨论。基于此，以土地利用

---

① 〔法〕H. 孟德拉斯：《农民的终结》，李培林译，社会科学文献出版社，2010，第42~44页。

为基础的经济分析从一开始就是人类学研究中的一个重要内容,并在力图解释不同民族社会组织的方式和机制的过程中,展示出其基础性的作用。美国民族学家摩尔根在1877年写成的《古代社会》,就是以对原始土地经济的分析为聚焦中心,展开对财富和政治关系的研究。1881年出版的《美洲土著的房屋和家庭生活》,为他那个时代极少受到关注的土地经济话题提供了一些原始资料。随同人类学起步和发展而展开的经济分析,形成了具有丰富资料的经济民族史研究。

经济历史学家卡尔·波兰尼在《大转型:我们时代的政治与经济起源》中提到的"双向运动"理论,将经济与社会关系总结为"挂钩""脱钩""重新挂钩"几个阶段,强调经济生活与社会关系相互嵌入,提出社会整合经济有三种主要的方式——互惠、再分配和交换,体现了组织的文化、社会关系、中心权威及计划性的贸易,并以此批判自由资本主义经济。[①] 萨林斯的经典著作《石器时代经济学》一书铿锵有力地论证了"原初丰裕社会"的经济与社会逻辑,强调经济是文化不可分割的一部分,物质实践是由文化构成的,家户生产追求使用价值而不是交换价值。[②]

斯科特(James C. Scott)与波普金(Samuel L. Popkin)的研究中,体现了人类学与政治学领域对农民经济行为与文化之间的道德性及理性关系的争论。斯科特的《农民的道义经济学:东南亚的反叛与生存》[③] 一书中提出:由殖民权力推动的资本主义农业冲击着原来村庄环境中的生存传统,建立在商品输出和土地、劳动商品化基础上的资本主义农业体系严重危害了农民经济。农民的生产方式是一种村庄内的互惠经济,人们共同享有重要资源,并由公社进行管理,在劳动中人们实现互帮互助。这种经济已经植入了一系列的道德规范——互惠的义务、生存的权力、商品的公道价格。农民体系建立在道德秩序上,有一种在社区(而非个人)层面上进行操作的经济逻辑。农民与地主、封建贵族之间形成了一种双向义务的道德体系,

---

① 〔英〕卡尔·波兰尼:《大转型:我们时代的政治与经济起源》,冯钢、刘阳译,浙江人民出版社,2007;王绍光:《波兰尼〈大转型〉与中国的大转型》,生活·读书·新知三联书店,2012,第3页。

② 〔美〕马歇尔·萨林斯:《石器时代经济学》,张经纬等译,生活·读书·新知三联书店,2009。

③ James C. Scott, The Moral Economy of the Peasant (New Haven: Yale University Press, 1976).

困难时期有权者以"保护"和"援助"回报农民的忠诚。农民所表现的保守、不愿冒险（risk-averse）行为是一种长期生存工具，作为农民文化的一部分，它从古代一直流传下来。在道德经济中，农民村庄很大程度上是均质的，被地主和统治者的传统纽带所限制。① 波普金的《理性农民》，在研究20世纪农业的过程中，更深入地使用了历史方法。他认为在越南以及世界上其他地方发现的道德化、法团化（corporate）、合作化的农民社区，实际上并非资本主义的前提条件。它是封建主义的一个创造，为了使国家干预正当化，资本主义成为一个虚构的故事。农民社区否认农民个体的财产权利，对于重税和政府体系而言，这是一种理性回应，而国家也由此创设了农民村庄（peasant village）作为一种管理和抽税的手段。②

国外学者对中国农业经济与农村社会的经典研究中，很多成果对近代土地制度以及农民经济形态的梳理对本书的研究具有重要借鉴和启发意义。其中黄宗智利用中国第一历史档案明清档案、日本满铁调查资料、费孝通等对华北地区和长江三角洲地区的调查资料，并结合深入实地调查所写的《华北的小农经济与社会变迁》《长江三角洲小农家庭与乡村发展》等论著的意义尤为显著，在这些文本中，黄宗智提出了"农业商品化""经营式农场""家庭式农村""乡村工业化""过密化"等概念，"过密化"理论是贯穿中国乡村社会农业经济史研究的主线，对当下乡村农业发展仍具有对比和参考意义。黄宗智先生后期的著作《中国的隐性农业革命》一书则对中国20世纪80年代以来的三大历史变迁进行了深入分析，强调对于土地、市场、资本、技术、制度、国家体制和社会结构等其他经济因素，必须和人口压力这个基本国情联系在一起予以理解，该书对中国小农经济与规模农业发展提出了前瞻性的思考。③ 杜赞奇的《文化、权力与国家：1990—1942年的华北农村》以"国家政权建设"和"权力的文化网络"两个中心概念，分析了20世纪上半叶华北乡村的治理模式，指出"国家权力内卷化"对中

---

① 〔美〕詹姆斯·C.斯科特：《农民的道义经济学：东南亚的反叛与生存》，程立显等译，译林出版社，2001。

② Samuel L. Popkin, *The Rational Peasant: The Political Economy of Rural Society in Vietnam* (California: University of California Press, 1979).

③ 〔美〕黄宗智：《华北的小农经济与社会变迁》，中华书局，1986；〔美〕黄宗智：《长江三角洲小农家庭与乡村发展》，中华书局，1992；〔美〕黄宗智：《中国的隐性农业革命》，法律出版社，2010。

国乡村社会权力结构具有深远影响。书中有关土地制度、看青圈等的分析研究对土地与社会权力结构之间的关系探讨具有历史性参考价值。① 马若孟的《中国农民经济——河北和山东的农业发展，1890—1949》以华北沙井、寺北柴等几个村为例，讨论了土地、资本、劳动力、借贷、市场、村的领导与组织、分家与土地继承，从横向与纵向角度分析国家战乱、政策变化以及商业发展背景下农民的土地利用与社会结构及社会生活的变化。② 英国经济史学家托尼对中国土地、经济与社会的研究被费孝通先生认为是当时研究中国农村社区经济最好的一本书，研究的是中国乡村经济与社会转型的动力及方式。费孝通先生在中国乡村社会与经济研究中深受其影响，这体现在《江村经济》与托尼的著作《中国的土地和劳动》研究思路与观点的对话与比较中。而《江村经济》对中国乡村社会与经济研究领域的影响也间接地体现了托尼的著作对中国学界的影响力。③

2. 国内学者对中国土地与农村社会的研究

从人与自然的关系看，农民与土地之间复杂的经济关系，始终贯穿于中国农业文明几千年的历史中。基于对土地资源的分配而形成的人与人之间的种种权利关系，即土地制度问题，更是中国传统历史演变的主题。④ 在新中国成立之前，中国历史上已经形成大量土地与农村社会文化资料，它们与地域广阔的农村地区一起，为中国社会学与人类学发展提供丰富的研究素材，形成中国土地与农业经济研究范式经典。

民国时期一批著名学者的中国土地利用研究著作奠定了社会科学领域研究土地利用的基础。如卜凯主编的《中国土地利用》将中国分为水稻地带与小麦地带共8个农业区，并对不同区域的农业经济社会状况进行深入细致的统计研究，为农业发展提出重要建议。⑤ 他的著作《中国农家经济》从

---

① 〔美〕杜赞奇：《文化、权力与国家：1900—1942年的华北农村》，王福明译，江苏人民出版社，2010。
② 〔美〕马若孟：《中国农民经济——河北和山东的农业发展，1890—1949》，史建云译，江苏人民出版社，1999，第77~79页。
③ 〔英〕理查德·H.托尼：《中国的土地和劳动》，安佳译，商务印书馆，2014；杨清媚：《土地、市场与乡村社会的现代化——从费孝通与托尼的比较出发》，《社会学研究》2019年第4期，第218~240页。
④ 张佩国：《地权·家户·村落》，学林出版社，2007，第1页。
⑤ 卜凯主编《中国土地利用》，成都成城出版社，1941，第1~99页。

农业经济角度对1949年前较长时期内中国的土地利用、土地制度、家庭经营与作物种植等进行了全面研究。① 另外，陈翰笙的《解放前西双版纳土地制度》《广东的农村生产关系与农村生产力》也是新中国成立前中国农村社会经济的重要研究。② 以上这些著作基本围绕土地利用，从社会经济、土地制度、社会关系、社会文化等视角探讨土地与农村社会问题。

《江村经济》与《云南三村》是对中国1949年以前土地利用、农业经济与社会结构进行深入分析的社会学、民族学经典之作，是对沿海地区和西南山区不同类型农村对土地的利用及其形塑的社会结构关系的对比分析。《江村经济》揭示了中国农村20世纪二三十年代，乡村资本主义工商业发展的萌芽以及中国农村传统手工业与农业在国际市场冲击下的命运转变。家庭养蚕和缫丝业很长一段时间内使江村（开弦弓村）一带的村落得到很大的经济实惠，少量的农田是男人们创造生活资料的平台，由女性从事缫丝业赚取的收入进行补贴。土地种植、手工业、航船业、养羊、运输贩卖构成江村生计大网，在国际政治经济背景下支撑起江村人渐渐紧缩的生活。在西方工业革命后，资本主义工商业的发展，为全球提供大量机械制作的高质量生丝。新型纺织机械的使用也使得对生丝原料的质量要求大大提高，而日本能大量提供这样的高质量生丝，中国生丝市场于是被抢占，小作坊的劣等生丝被淘汰。手工业衰落，女性被迫歇业，有限的农田无法再吸收多余的女性劳动力，最终结局是农民在资金短缺的一系列链式影响下被迫转让土地权。"地面权"和"地底权"概念是费孝通先生对江村"不在地"地主和佃户关系的解读。生活被迫以节约的方式应对国际政治经济形势带来的冲击，一切娱乐与生命里程仪式被取消，年轻人的婚礼被推迟。费孝通先生提出，"最终解决中国土地问题的办法不在于紧缩农民的开支而应该增加农民的收入"。③

《云南三村》分析土地、手工业、商业在不同自然环境、社会文化背景下的农村结合模式，并以对时节、人口、收入、支出的深入细致的记录和计算，呈现不同经济结构的村庄生产、分配、交换、消费的各项细节。其

---

① 卜凯：《中国农家经济》，张履鸾译，商务印书馆，1936。
② 陈翰笙：《解放前西双版纳土地制度》，中国社会科学出版社，1984；陈翰笙编《广东的农村生产关系与农村生产力》，中山文化教育馆，1934。
③ 费孝通：《江村经济》，上海人民出版社，2006，第187~189页。

中以土地为主要财富指标,对不同的家庭进行等级分类、剖析和对比,以展示各等级家庭在土地占有量不同的基础上,如何在人力范围内协调有限的资源,使收益最大化,以维持这一等级上的平均生活水平。如土地少的怎么出卖劳动力(帮工、织篾器、养鸭、织布);土地多的怎么出租土地、雇工自营以获取最大资金积累,如何形成消遣经济和奢侈经济;土地居中的如何租种土地或更精打细算地经营自家土地。[①] 可以说,《云南三村》是经济结构与社会关系的研究范式经典,一切经济结构与社会关系围绕土地展开,土地的多寡催生不同的手工业或商业,土地收益的多少决定家庭在村里的地位等级。土地是研究农村社会关系的基础,而一切事项的讨论围绕经济指标,故《云南三村》最初在西方呈现的是"束缚在土地上的中国"的形态,这对后辈关于乡村经济发展中的土地利用方式的研究具有深刻的影响。另外,不同自然条件、社会环境、文化底蕴的村寨对土地支配方式的类型比较是该书的重大贡献之一,它提供了一种方法论的指导。

张宏明在世纪之交,以纵向与横向的视角对禄村土地利用、国家与地方关系进行了系统的再研究。其著作《土地象征:禄村再研究》,从纵向上梳理明清—民国—1949年以后禄村土地制度与土地利用的变迁入手,在此基础上进一步分析了村落内部社会关系以及公共仪式活动的变化。该书的研究核心在于国家对土地利用政策的强化、土地在建构国家权威中的意义,同时,关注国家是否给地方社会的建构留下足够的空间,从而从历史进程中寻找历史的连续点。[②] 该书是对费孝通先生所著的《禄村农田》在时间方向上的前后延展,呈现禄村土地利用的历史积淀与变迁、延续与变革,是在国家政策更迭、意识形态变化、国家与地方权力博弈的背景下思考经济、社会、文化、宗教、习俗等如何形成新的适应模式,构拟新的社会权力和文化网络。其不足之处是,依然未能剖析禄村一系列变迁过程中,社区中人们出现分化的根源。

有学者认为,费孝通的《江村经济》与《禄村农田》,对全球资本体系以及微观社区内土地、劳力、商品进行了深描,是两本兼具文化功能论与政治经济学色彩的民族志。费孝通在叙事过程中拒绝功能论的行文逻辑,也不愿抱持武断的阶级立场,而是将其社会文化视野与宏观、微观的经济

---

① 费孝通、张之毅:《云南三村》,天津人民出版社,1990年。
② 张宏明:《土地象征:禄村再研究》,社会科学文献出版社,2005年。

行为分析同时结合起来，开创了中国本土民族志的政治经济学研究范式。它既不是形式主义取向的经济社会学或人类学，也未走向相对主义的文化解释路径，而是在人类学、社会学追求平等与繁荣的知识目的下，对社会文化实体中的经济生产行动展开探索的实质主义研究范式，试图兼顾城市与乡村、资本与劳力、地主与农民，是一种迈向民族志的政治经济学的先声。①

在土地与社会关系的研究方面，尤其在1949年以后，以土地革命和政治革命为背景的研究成果主要关注在国家政策和意识形态变化、"耕者有其田"的背景下，中国农村掀起的土地分配与社会关系解构与建构的浪潮。经过集体化生产，中国在1980年重新分配土地，在市场经济、世界体系下，土地利用方式发生快速变化。基于这些变化，农村社会关系也发生深层的变革。王思斌在《经济体制改革对农村社会关系的影响》一文中指出生产经济活动与社会关系之间相互影响，并从亲属家庭间的经济合作入手，揭示农村社会关系的现状、变迁历程与变动趋势，指出社会关系是人们进行社会交往的行为模式，是社会交往的静态表现，它蕴含着社会交往的对象、方式、内容、频率等多方面内容。② 另有学者从地权分配方面入手，进行农民经济与社会关系的研究，如张佩国从社会史视角分析地权分配与宗族、家庭、传统组织之间的关系，以此认知中国近代土地在社会中的分配状况。③ 此外，温铁军等在对"三农"问题的研究中深入讨论了土地在中国农村经济发展中的作用，以及当下中国的土地制度对农业变革的影响。④ 刘守英则从社会转型背景下土地开发利用角度，剖析了社会发展中凸显的土地经济与农村社会问题。⑤

---

① 黄志辉：《〈江村经济〉与〈禄村农田〉：民族志的政治经济学》，《思想战线》2018年第2期，第51~60页；黄志辉：《重温先声：费孝通的政治经济学与类型学》，九州出版社，2018。
② 王思斌：《经济体制改革对农村社会关系的影响》，《北京大学学报》（哲学社会科学版）1987年第3期，第28~36页。
③ 张佩国：《地权·家户·村落》，学林出版社，2007，第1页。
④ 温铁军、刘亚慧、张振：《生态文明战略下的三农转型》，《国家行政学院学报》2018年第1期；温铁军：《"三农"问题与农村土地所有制形式》，《资源导刊》2009年第2期，第14~15页；温铁军：《中国的问题根本上是农民问题》，《北京党史》2004年第5期，第29~31页。
⑤ 刘守英：《城乡中国的土地问题》，《北京大学学报》（哲学社会科学版）2018年第3期，第79~93页；刘守英：《中国农业转型和农业现代化道路怎么走》，《中国合作经济》2015年第6期，第4~6页。

近年来，随着社会经济发展，土地成为乡村社会各领域问题的核心点，不少研究成果围绕土地权利与土地制度的微观实践、乡村社会传统文化与惯习在其中发挥的作用等方面进行研究。如陈靖在《土地的社会生命》[①]中指出，土地作为"总体性呈现"意义的物，区别于其他作为生产要素存在的物，土地是牵涉到政治、经济、文化等方面社会制度的总体因素。皖北黄村在土地流转、农民上楼与土地开发等方面的政策实践，已经深刻地改变了全盘社会结构的格式，一种以"生产主义"为发展观的土地改革思路正在塑造着基层社会的土地生命实践，农民被迫离开土地，此发展观指导下的政治经济文化力量正在推动土地社会生命的转换。土地的总体性意义被忽略，造成农民家庭的个体化、社会阶层分化、乡村价值被低估、村落公正观被消解。但在与土地相关的行为中，熟人社会中的道德经济仍尚未隐去，或已重新编织。郭亮的《地根政治——江镇地权纠纷研究（1998—2010）》[②]研究指出，农村税费改革之后，农村土地的市场行情开始逆转。祖业权、生存权和土地占有的平均主义所涉及与反映的是一连串土地制度的历史。乡域政治范围内基层政府、村委会、农民等多方利益主体在地权运动中相互碰撞与博弈。胡亮在《产权的文化视野——雨山村的集体、社群与土地》[③]一书中，从地方习惯权利的视角出发分析雨山村的土地所有权，指出现有农村土地所有权是一个多元结构，实质上的所有权、名义上的所有权以及实际上的经营权分别对应于国家、集体及农户三个权利主体，为了争取土地权利，人们会利用诸如神话、传说、地景、互惠与义务等地方文化观念，合法化"集体""本村人""大姓"等各个社群的权利。

以上成果对乡村社会治理逻辑、传统农业文化价值、农民主体性、土地社会价值等方面的研究，为本书的撰写提供了重要的参考。但土地利用实践中凸显出来的乡村社会关系多元性变化以及权力、资本在土地利用变化过程中的复杂作用未得到足够重视，这是本书力求有所补充与突破之处。

三 嵌入性理论研究

卡尔·波兰尼在其经典著作《大转型：我们时代的政治与经济起源》

[①] 陈靖：《土地的社会生命》，社会科学文献出版社，2018。
[②] 郭亮：《地根政治——江镇地权纠纷研究（1998—2010）》，社会科学文献出版社，2013。
[③] 胡亮：《产权的文化视野——雨山村的集体、社群与土地》，社会科学文献出版社，2012。

中，指出人类经济一直都是嵌入社会之中的。"嵌入"这个词表达了这样一种理念，即经济并非像经济理论中说的那样是自足（autonomous）的，而是从属于政治、宗教和社会关系。[①] 该书关注政治和经济之间复杂的纠葛关系，以及经济与社会的关系。波兰尼把市场看作一个更为广阔的经济的一部分，并且把这个广阔的经济看作一个还要广阔的社会的一部分，他指出自发调节经济具有特殊缺陷，并不像经济学家所指那样作用重大。在实际中，经济与社会之间的关系以及经济体系——或者经济变革——会影响人与人之间的关系，社会关系的重要性越来越被意识到，不仅经济急速变革会引起社会关系崩溃，这种崩溃本身也会产生非常不利的经济效应。[②] 使经济从社会中脱离，形成脱嵌性进而支配社会关系是不可能的，除非把人类与自然环境转变成纯粹的商品，经由市场定价，而这与千百年来统治着社会的那些原则相违背，且"自然与人的生命几乎一直都被认为有其神圣的一面"[③]。其结果是社会解体或经济进入更加嵌入的状态。波兰尼的嵌入性理论开启了经济社会学研究范式，此外，其为经济社会学提供的另一套工具是他的"整合形式"（forms of integration）概念。他认为互惠、再分配和交换这三种整合形式在每一种不同类型的经济中，都通常表现为这三种形式的混合体，其中一种占主要地位，其他两种处于次要地位。波兰尼"嵌入性"概念的提出对后来的经济社会学研究产生了深远影响，学者们逐渐认识到要理解市场问题、挣脱传统经济学理论的约束，就必须深入研究人和组织所处的社会关系。[④]

在20世纪40年代波兰尼嵌入性理论提出后的40年左右的时间内，相关研究与拓展并没有多大进步，直到20世纪80年代美国社会学家格兰诺维特将嵌入性理论研究推向新的高度，并得到快速发展。1985年，格兰诺维特发表在《美国社会学杂志》上的经典文章《经济行动与社会结构：嵌入性问题》对"嵌入性"做了新的理论阐释，一时引起经济学、人类学、政

---

① 〔英〕卡尔·波兰尼：《大转型：我们时代的政治与经济起源》，冯钢、刘阳译，浙江人民出版社，2007，导言第15页。
② 〔英〕卡尔·波兰尼：《大转型：我们时代的政治与经济起源》，冯钢、刘阳译，浙江人民出版社，2007，前言第2~4页。
③ 〔英〕卡尔·波兰尼：《大转型：我们时代的政治与经济起源》，冯钢、刘阳译，浙江人民出版社，2007，第17页。
④ 兰建平、苗文斌：《嵌入性理论研究综述》，《技术经济》2009年第1期，第104页。

治学学界的极大震动,后被誉为开启新经济社会学的奠基性论述。文章指出对人类行为的研究需要避免过度社会化与低度社会化,他们有目的行动的各种尝试嵌入(扎根于)具体的、持续的社会关系系统之中。人类在经济活动中产生信任的主要原因是社会关系而不是制度安排或泛化的道德。①格兰诺维特的嵌入性理论虽与波兰尼提出的"嵌入性"有必然的关联,但在理论阐释中存在很大不同。波兰尼强调经济活动是一个制度化的过程,格兰诺维特则认为这一社会过程应该被视为人际互动,并在研究组织理论时强调人际互动产生的信任是组织从事交易的基础,也是决定交易成本的重要因素。他认为经济活动是在社会网络内的互动过程中做出决定的,新古典经济学在分析经济行为时存在"社会化不足",社会学理论中则存在"过度社会化"。嵌入性理论成为连接经济学、社会学与组织理论的桥梁。②格兰诺维特的嵌入性理论为经济活动的研究提供了新的范式,建立了经济社会学研究的基本假设,指出人们之间的信任、违规等现象以及人的自利行为受所处的社会关系网络的影响。另外,格兰诺维特将网络研究作为经济社会学的方法论之一,提出关系嵌入性与结构嵌入性的嵌入性分析框架,并提出"强关系"与"弱关系"理论,是对新经济社会学发展的一大贡献。

在格兰诺维特之后,很多学者对嵌入性理论做出进一步发展与分析,提出嵌入性理论的分析框架,如结构嵌入性、认知嵌入性、文化嵌入性、政治嵌入性、业务嵌入性与技术嵌入性等。

格兰诺维特嵌入性理论形成以来对中国社会科学研究领域产生极大影响。在格兰诺维特的著作《社会与经济——信任、权力与制度》的序言中,李培林指出,因中国是一个注重"关系"的社会,格兰诺维特社会关系研究中的"弱关系"理论为很多中国学者所引用与阐释。格兰诺维特提出社会治理领域中,在科层治理与市场治理之外,社会网络治理是第三种治理模式。③而他试图建构一个逻辑自洽的人类行为动态复杂系统,使该系统既

---

① 〔美〕马克·格兰诺维特:《经济行动与社会结构:嵌入性问题》,载〔美〕马克·格兰诺维特、〔瑞典〕理查德·斯威德伯格编著《经济生活中的社会学》,上海人民出版社,2014,第60页。
② 兰建平、苗文斌:《嵌入性理论研究综述》,《技术经济》2009年第1期,第105页。
③ 〔美〕马克·格兰诺维特(Mark Granovetter):《社会与经济——信任、权力与制度》,王水雄、罗家德译,中信出版社,2019,序言第5页。

能解释个人对集体行动的建构，也能解释集体和制度对个人选择的约束，对中国社会中各种复杂"关系"交织着经济活动的社会现象进行分析无疑是件很值得期待的事。

结合本书的研究主题与研究对象，少数民族村寨在特殊的地理、历史与社会背景下，其社会关系盘根错节，且在村落社会运行中具有重要作用。近年来，伴随着乡村产业发展进程，传统社会短时期之内快速进入大市场，微妙的社会关系对经济活动具有重要决定作用，而在权力与资本作用下，强势入驻的经济项目对当地社会结构关系造成一定影响，社会结构关系反作用于经济活动。个体在不同场域的行动规范与目的受所处社会关系的影响，导致某些社会问题从经济学视角无从解释。在传统与现代碰撞且并存的小社会，庞杂的个体社会行动与经济活动的分析是一项艰巨的任务，嵌入性理论提供了一个很好的分析视角，其基于格兰诺维特丰富的经验研究，对本书研究的开展具有很高的借鉴价值。但由于西南少数民族地区社会复杂性，加之近年经济快速转型发展的特殊状况，不能照搬套用理论，应该结合实际，有反思、创造性地借鉴研究。

四　文化变迁理论研究

人类学家伍兹指出，变迁在所有社会文化系统中都是一种永恒的现象，尽管变迁的速度和表现的形式在不同的情形下大不相同。文化变迁（culture change）是由内部的发展，或由具有不同生活方式的人之间的接触，所引起的一个民族生活方式的任何改变，以及个人指导行为习惯上的改变。[①] 在人类学各理论流派中，文化变迁理论主要包括文化变迁过程论、原因论、动力论。[②] 古典进化论学派认为，人类社会文化变迁表现为一种由简单到复杂、由低级阶段到高级阶段单线进化的历史过程，并且各个阶段沿着前后相继的顺序逐渐演进，这是人类文化发展的总趋势。新进化论学派与古典进化论学派一样，都是着眼于整个人类文化的发展历程，莱斯利·怀特（Leslie White）提出，人类文化的进化本质上是人类不断发现和改进获取能量形式

[①] 〔美〕克莱德·M.伍兹：《文化变迁》，何瑞福译，河北人民出版社，1989，第22、120页。
[②] 唐婷婷、甘代军、李银兵、曹月如：《文化变迁的逻辑》，云南大学出版社，2014，第2～5页。

的历史过程,包括四个序列性阶段:一是人类完全依靠自身能力获取资源的阶段;二是栽培谷物和驯养家畜以把太阳能转化为可用能源的阶段;三是通过动力革命,利用燃料能量的阶段;四是核能利用阶段。[1] 传播学派认为人类文化的发展规律是:人类文化只在一个地方诞生,它以此地为中心向其他地区扩展,因而文化变迁的过程表现为文化特质在空间上的散布和在时间上的传承。功能学派认为共时性研究要优先于历时性研究,只有在能确定文化究竟是什么以及它是怎样起作用的时候,才能从事文化是怎样变迁的研究。[2]

变迁与转型是民族文化发展中带有普遍性的重要问题。任何文化都在不同程度上经历着生发、发展、变化、腐朽、衰亡或再生的过程,这个不断运动和变化的过程就是所谓的"文化变迁"。[3] 变迁是一种常态,与文化发现、文化创新、文化传播有关。在文化相互深入、全面接触的情况下,就会发生文化适应和文化移入,[4] 这被称为"涵化"(acculturation),是文化变迁的一种进程,是一种特殊的传播,它是在两个先前独立存在的文化传统进入持续的接触,并且其接触程度已强烈到足以引起一个或两个文化产生广泛变迁的时候发生的。这种变迁与单个文化特质和丛体的传播在性质上是不同的,涵化可能在相对较短的时间内,使一个或两个民族完全重新组合。涵化的情形和结果可以有很大的不同:也许会获得长久稳定的重新调整;也许一个民族会灭绝;也许会发生同化;也许会合并到其他文化中,成为一个亚文化。[5] 梅尔维尔·赫斯科维茨(Melville Jean Herskovits)在《涵化——文化接触的研究》一书中转述了他和 R. 雷德菲尔德(Robert Redfield)、R. 林顿(Ralph Linton)在《涵化研究备忘录》(1936 年)中对涵化的定义:涵化是"由个别分子组成而具有不同文化的群体,发生持续的文化接触,导致一方或双方原有文化模式的变化现象"。[6]

文化变迁理论指出引起文化变迁的根源在于文化接触,而文化持续、

---

[1] 夏建中:《文化人类学理论学派》,中国人民大学出版社,1997,第 227~228 页。
[2] 〔英〕拉德克利夫-布朗:《社会人类学方法》,夏建中译,华夏出版社,2002,第 72 页。
[3] 张文勋、施惟达、张胜冰、黄泽:《民族文化学》,中国社会科学出版社,1998,第 172~188 页。
[4] 聂丽君:《丽江华坪傈僳族民间歌舞的当代传承研究》,厦门大学出版社,2017,第 19 页。
[5] 〔美〕克莱德·M. 伍兹:《文化变迁》,何瑞福译,河北人民出版社,1989,第 46 页。
[6] 黄淑娉、龚佩华:《文化人类学理论方法研究》,广东高等教育出版社,1996,第 223 页。

深入接触引起文化变迁，源于一定的动因。在现实中，群体迁移、生产方式变化、道路修建、气候变化、突发的自然及社会变故等都成为文化变迁的重要动因。在民族学界、人类学界，基于以上不同动因引起的社会文化变迁研究形成独特的分支学科，如道路人类学、灾害人类学、生态人类学、旅游人类学等，贡献大批优秀研究成果，在前述文献梳理中大部分有提及，在此不赘述。

本书调查点因大规模引入蓝莓种植，土地利用方式急速改变，人们生产方式、生活方式发生变化，大批外来人员因蓝莓经营进入当地社会，与当地人产生持续、深入的接触与互动，构成外来文化与当地文化的接触，当地人一方面在积极能动状态下进行文化坚守，另一方面也在潜移默化中吸纳外来文化，使得当地社会文化发生解构与重构，形成我国乡村产业发展政策引导下，民族地区社会文化在特殊时期、特殊背景下的变迁样态。

第三节 田野点与研究方法

一 走进乌村

本书的田野调查点是贵州省黔东南苗族侗族自治州麻江县宣威镇乌村，乌村所在行政村翁保村距宣威镇政府所在地4公里，距麻江县城39公里，距黔东南州州府凯里市41公里，距黔南州州府都匀市61公里，距省会贵阳市177公里。截至2018年5月，该村共6个村民小组11个自然寨628户2576人，苗族人口占全村总人口的92%。全村总面积为16.2平方公里，耕地面积为6002亩，人均产粮532公斤。林地面积为16847亩，草地面积为675亩，森林覆盖率为52%。翁保村是宣威镇的东大门，北有蓝梦谷，南邻咸宁村，东接药谷江村，西依平定村，省道S311、都凯大道（都匀—凯里）穿村而过，交通便利。清水江、羊昌河自西向东流经村境，村落自然风光优美，资源丰富。[①] 本书以乌村为主调查点，其他自然寨作为参照，同时结合全镇区域内情况进行调查研究。乌村由羊昌河两岸的陈家寨和龙家寨组成，河流上的同心桥连接着两寨。全村有78户336人，苗族人口占99%。该村有

[①] 数据来源于对翁保村村支书何某的访谈与整理，访谈日期：2018年8月1日至9月10日。

耕地671亩，水面300多亩，林地2000多亩，森林覆盖率达70%，年平均气温为16.8℃，平均海拔为670米，年平均降水量为1100毫米。①

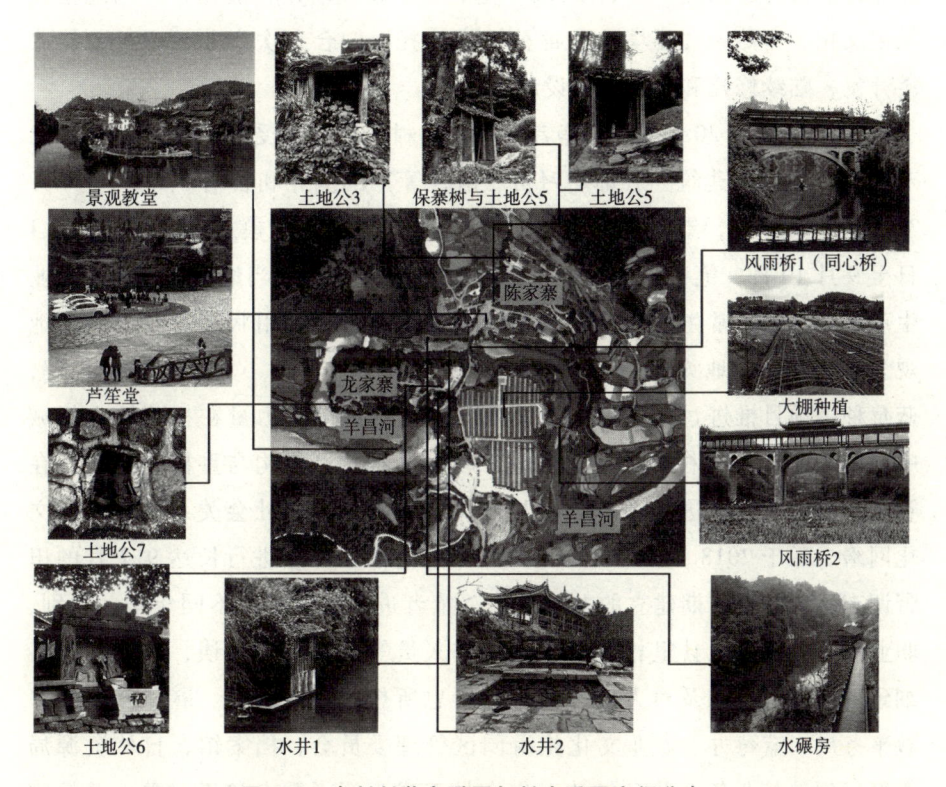

图0-1 乌村村落鸟瞰图与村中重要空间分布

资料来源：由王朝毅根据农文旅乌村养老休闲综合服务基地建设中心提供的影像地图与田野资料编辑。

在农业经济转型发展政策指导下，麻江县政府力图走出一条农业发展创新之路，遂在多地考察和研究后，结合区域自身环境，确定引进蓝莓种植计划。20世纪90年代中期，经过土质化验、气候对比，以麻江县宣威镇、龙山镇为主的连片土地被认为适合蓝莓种植。经过十来年的苗木研发、试种、检验，2010年冬逐渐向农户推行，由政府发放蓝莓秧苗，2011年春开始种植，自此很多村寨农业生产方式逐渐转变，蓝莓在大部分家庭种植

① 数据来源于2015年麻江县民宗局、文物局的吴秀义、聂凯华等组成的调查组，对翁保村进行的集中调查写成的《民族文化调查报告》，第4页，内部资料。

作物品类中占据较大份额。乌村是其中种植户数较多、村寨自然环境优美、民族文化氛围浓郁的村寨之一。随着蓝莓种植发展，每年 5～10 月到村里采摘蓝莓的游客越来越多。自 2011 年起，县、镇政府出台规划，以当地苗族风情文化、自然人文环境、蓝莓种植为依托，融合三次产业，进行乡村旅游开发，陆续修建和完善基础设施。

  2018 年 2 月 20～25 日，笔者初次到乌村，深刻感受到乌村人的热情及对本民族文化（建筑、服饰、习俗、语言等）的坚守和自信。2018 年 4 月 30 日至 5 月 4 日，笔者再次到乌村，了解当地蓝莓种植模式。2018 年 8 月 1 日至 9 月 10 日，笔者在乌村进行 40 天的预调查，了解当地农户在新的农业生产模式下的日常生活安排及具体农事变化；土地利用状况以及人们土地观念的变化；当地人对蓝莓种植之前和之后村寨社会、文化变迁的理解；蓝莓种植项目推进过程中政府、企业、地方组织多重力量在村落社会场域中的博弈，及其对村落社会、文化、权力的解构、建构与重构；当地人在卷入新的生产方式进程中，个体与群体如何构建新的社会关系、权力与文化网络。后于 2018 年 11 月至 2019 年 8 月返回田野点进行长达 9 个月的田野调查，得益于前期建立的友好关系，笔者进一步对村中不同年龄、性别、职业的人，镇里及县里相关部门的工作人员等进行深入访谈，收集到很多细致的田野材料以及对人们生活中的所思所想的深入感知。麻江县民族宗教事务局、蓝莓办、农业文化旅游园区管理委员会、档案馆、自然资源局等部门领导与业务涉及乌村的工作人员都成为笔者重点访谈对象，并提供丰富数据和文字材料。

  从初次进入乌村到第一次 40 天的预调查，再到后来 10 个月的正式调查，笔者都落脚在乌村龙家寨 LYH 大叔家。在初次进入乌村之前通过一位朋友认识了大叔的小儿子，他当时是贵州某大学大四的学生，在经过几次接触后了解到他的家庭和睦，家风正派，LYH 大叔家是村里的大家族，大叔和阿姨都非常热情好客，是田野期间生活与调研落脚的最佳选择。大叔非常热心支持笔者工作，他原来还担任过小组长，对村里情况很熟悉，为人友好，邻里关系融洽，具有小学文化水平，较熟练使用微信交流，他们一家是田野期间重要的报道人。笔者很多田野资料的获得是以他们的介绍为基础，再与当事人访谈求证补充等，他们一家为笔者田野调查顺利进行提供了很大帮助。难得的是大叔妻子的娘家是对面陈家寨的王家，大叔母亲的娘家是陈家寨的陈家，大叔的妹妹嫁在龙家寨杨家，姐姐嫁到陈家寨陈家，若以大叔一家为中心，以本家族宗亲为经线，以外家族的姻亲为纬线的话，基本可以将两边村子所有的家庭联系到这个纵横交错的关系网络中，使笔者能较快地感受到乌村内部和外部传统社会关系网络及其现今面临的变化，为进一步深入调查研究提供很好的切入口。

经过田野调查笔者深深感到，民族学研究者进入田野，对于被研究者从陌生到熟悉再到研究的过程，也是一种社会关系建立的过程，这个过程中研究者与被研究者之间存在一种微妙奇怪的力量，这种力量最开始的效用是成为彼此认识他者与自身的开端，继而成为新的社会关系的基础。

二　研究方法

1. 文献研究法

第一，收集民族学学科领域关于生计方式与人地关系的研究成果，收集学习社会学、人类学中关于权力、资本理论应用于小型社会研究的成果。第二，通过史料、档案、民间文书、实物资料等收集黔东南地区苗族传统生计方式，找出其中异同点，梳理黔东南地区苗族传统生计类型、社会传统文化与地方传统生产知识。

2. 参与观察法

"马林诺夫斯基革命"奠定民族学、人类学学科最基础也最具学科特点的研究方法——参与观察与访谈，经历科学民族志、实验民族志与反思民族志阶段的发展。不可否认，将参与观察和访谈作为收集资料最基本的途径，深入实地，通过全身感官感知调查点文化及社会事项依然是民族学研究的基础。本书的田野调查点及调查主题对笔者来说是一个新的开始，陌生的语言、陌生的人群、陌生的文化体系，使笔者更需要长时期深入实地与当地人共同生活，在日常生活中观察他们的"吃穿住行"、传统习俗、社会关系网络、农事安排等文化事实，为本书的第一部分——社区背景研究做支撑，以及为论证生计方式变迁与社会结构、社会关系相互影响与调适奠定基础。

3. 深度访谈

田野调查点所在的区域，从区位上看属于偏远地区民族村落，但在蓝莓经济网络、市场网络方面，它可被称作贵州乃至西南地区的中心，在市场、经济、政治、文化方面都与周围地区乃至更大的社会网络有着密切深入的联系。在调查中，为深入了解当地与外界的各种关联，对政府、企业、地方精英中的关键人士以及游客中的代表进行深度访谈是必需的，由此可以了解各种群体与个体围绕蓝莓种植展开的权力、资本、文化的互动与博弈。

4. 谱系法

在前期调查中，笔者发现，种植小户中能通过蓝莓种植大幅度增收的基本是土地面积为 10~30 亩的家庭。在西南地区喀斯特地貌较多的自然环境下，土地资源紧缺，人地矛盾尖锐，不通过租用土地达到这样种植规模的家庭首先必有较多的土地。而能实现"土地较多"有至少两种原因。一是与 1980 年"土地下放"时家庭人口数及人口性别有关。通常情况下，当地习俗中有女性出嫁不带走、不继承土地的规定，分田地时家中有老人，且女儿多、儿子少的家庭土地就会较多，当地称为"多进少出"。这样的家庭经过约 40 年土地经营的原始积累，现在经济基础相对较好，加之土地面积多，能在较早阶段进行蓝莓种植的投资，进而能够享受 2013~2016 年蓝莓盈利高峰带来的财富。相反，分田地时家中没有老人，且女儿少、儿子多的家庭，在兄弟分家时土地进一步分拨，每人分得的土地更少，当地称为"实进实出"。有的男性分田地时没有成家，在分家时仅分得自己名下的土地，婚后一家几口人靠一人的田地过活，使得土地占有量无法维持一家人生计。二是在本村或邻村有较大的亲属网络，通过代种、调换、借种等方式获取土地暂时的经营权以实现较大的种植面积。

以上两种原因是目前观察到的，或许还不全面，后期仍需进一步思考。但需要指出的是，原因背后的人力与土地之间的关联值得重视和研究，其中存在一个悖论：若将土地与人力都看作发展的资本，在中国地方风俗背景下，两者在作为生产单元的家庭空间中恰恰是互斥的。要厘清其中的关系，需要有大量数据材料做支撑以说明家庭结构与土地之间的逻辑。对家庭谱系关系的梳理是分析这一问题的关键，有学者指出要研究中国的土地问题至少要往上延伸三代，也许也是出于这样的考虑。因此在本书研究中，谱系法是收集资料和分析问题时必不可少的方法之一。

第一章　生境视野下的社会与文化

"生境"原是生物学、生态学中的概念,《辞海》这样对"生境"进行解释:生境是生物的个体、种群或群落所在的具体地段环境,生境内包含生物所必需的生存条件以及其他的生态因素。[①] 该定义主要针对非人类生物的生存与生活环境,而人类学研究借用此概念并进行完善,赋予新的意义。在基辛的《人类学绪论》里,他指出"一个物种变得特别适应于某生态区位(ecological niche),即适应于某生境(habitat)、某食物来源、生态系统中的其他物种(例如对特定的捕食者演化出防御方式)"。[②] 这主要是从生态角度进行解释,其后的研究者逐渐关注文化与社会因素。民族学中对"生境"的理解变化经历一个较长的过程,结合学科理论将生境分为自然生境和社会生境,有学者也将社会生境称为人文生境。[③] 杨庭硕教授等对生境有较全面的解释和定义,具体如下。围绕着一个民族的外部环境——自然环境与社会环境,是一个纷繁复杂的物质与精神的随机组合。每一个民族要生存,都必须凭借其自成体系的文化,向随机组合体索取生存物质,寻找精神寄托,以换取自身的生存延续和发展。在此过程中,文化成了工具,外部环境则是加工对象,加工者则是民族自身。这个经由特定文化加工,并与特定文化相应的人为外部空间体系,才是该民族的生存生境。一个民族的生存生境包括自然和社会两大组成部分,两者的结合才是完整的该民族的生存生境。一个民族的生境必须具有下述三种特性:社会性、文化归

[①] 辞海编辑委员会编《辞海》,上海辞书出版社,1980,第1728页。
[②] 〔美〕基辛(R. Keesing):《人类学绪论》,张恭启、于嘉云译,巨流图书公司,1989,第15页。
[③] 周建新:《和平跨居论——中国南方与大陆东南亚跨国民族"和平跨居"模式研究》,民族出版社,2008,第62页。

属性与系统性。① 对任何一个民族来说，它必须占有一片特定的自然空间，这片空间中的所有自然特性则构成了该民族特有的生存环境，这就是该民族的自然生境。此外，各民族还与其他民族以各种不同方式共存，也还要与其他社会范畴，如国家，以不同方式并存，这些围绕在一个具体民族周围的全部社会实体，又构成了该民族的另一种生存环境，即该民族的社会生境。②

生境体现外部环境、人及其文化之间的多重关系，是认识一个民族生活环境的重要理论切入点，根据其产生与形成逻辑，可以从某一民族所处地区的自然气候条件、生态地理环境、历史人文环境等几个方面剖析一个地方的生境，即将生境理解为"天、地、人"三元关系。费孝通曾说："中国人的生活是靠土地，传统的中国文化是土地里长出来的。"③ 这更突出土地在中国社会文化中的重要基质作用，基于土地的文化，随着时代的变化，其土性是天然的本质，但又有越来越多的特性凸显出来。

第一节 乌村生境与族群

乌村是云贵高原上、清水江上游的苗族村落，高原、山地、河谷为主的自然地理环境和苗族黑苗支系的历史与文化传统形成了特定的自然生境与人文生境，人们的社会活动与思想心性皆受生境的影响，同时反作用于各种生境要素。

一 区域"三才"特征

天地人"三才"之说出自《周易》："《易》之为书也，广大悉备：有天道焉，有人道焉，有地道焉。兼三才而两之，故六；六者非它也，三才之道也。"④《周易·说卦传》又言："立天之道曰阴与阳，立地之道曰柔与刚，立人之道曰仁与义。"⑤《老子》提出："人法地，地法天，天法道，道法自然。"⑥

---

① 杨庭硕、罗康隆、潘盛之：《民族、文化与生境》，贵州人民出版社，1992，第77页。
② 杨庭硕、罗康隆：《西南与中原》，云南教育出版社，1992，第48页。
③ 费孝通：《文化与文化自觉》，群言出版社，2010，第12页。
④ 于江山主编《周易》（插图版），王效平编译，中国纺织出版社，2015，第303页。
⑤ 于江山主编《周易》（插图版），王效平编译，中国纺织出版社，2015，第304页。
⑥ 卫广来译注《老子》，山西古籍出版社，2003，第38页。

中国古代传统文化中"天地人,乃三才"与"三才之道"蕴含的哲学意义是民族学"生境"概念之本质意涵的朴实思想体现。综上"生境"定义,笔者将生境分为天、地、人三个方面,分析一个民族或族群适应、构建与改造利用的自然与社会环境。天代表当地气候、温度、湿度、光照等自然条件,地代表地形、地貌、地质等地理条件,人代表民族与族群、历史、文化等人文条件。虽有不当的具象化操作之嫌,但以此体现一个民族与生活区域的自然环境与社会环境的关系未尝不可,因为自然气候、地理地质与人的关系都是交互影响而发生变化的,且这样做也为描述当地蓝莓引进种植的"天时地利人和"之基础做铺垫。

1. 天——高温高湿大生境与小气候

贵州地处云贵高原东部的滇东高原与湘西丘陵之间的过渡地区,在全国地势的第二级阶梯上,形成山地高原多、中山分布广、平原少、地貌类型多样等地理特征。其气候与自然景观既有南北分带,又有东西差异,更有垂直变化。[①] 贵州地处浅内陆位置,深受海洋季风的调节,东部处于全年温暖湿润的东南季风区内,西部处于东南季风向西南季风过渡的地带,干湿季节比较分明。全省处于较低的纬度位置,正午太阳高度较高,又有青藏高原、秦岭、大巴山对南下冷空气的阻挡,所以冬季较温暖,省内大部分地区年均温为14~16℃。贵州位于西部高原到东部丘陵之间的过渡地区,省内土壤、植物的水平地带性和垂直分带性规律显著,动植物的分布也有明显的过渡性特征。[②]

麻江县翁保村位于东经107.76°、北纬26.39°,属贵州省东南部,由于与省内大多数地区相似的南北、东西和海拔差异性,气候具有明显的区域特征,常受季风影响,属黔中亚热带季风湿润气候区,具有四季分明、光水热同季、降水较充沛的特点。麻江地处苗岭山脉中部陡坡地带,地势西高东低、南高北低,由东至西海拔递增,东北部海拔在600米左右,西南边缘海拔在1400米以上,县境内立体气候表现明显。[③]

概而言之,麻江总体气候特征为早春、早霜,夏季高温高湿,冬季温

---

① 孙金铸主编《中国地理》,高等教育出版社,1988,第378页。
② 贵州师范大学地理系编《贵州省地理》,贵州人民出版社,1990,第2~4页。
③ 麻江县地方志编纂委员会编《麻江县志(1991~2005)》,中州古籍出版社,2009,第77~78页。

暖多雨，全年无霜期长，利于作物生长。在田野点断断续续一年多的调研阶段内，笔者亲身体验了当地各个季节的气候特征，其对当地传统作物与蓝莓种植可谓有利有弊。

另外，由于麻江地处清水江上游，境内河流与山脉交错，形成山谷、台地、林地、高山等不同的地形地貌，构成了不同的区位小环境，从而在具有相同大气候特点范围内，局部地区由于地形方位、土壤条件和植被不一致，而具有独特的气候状况，主要表现在个别气象要素（温度、湿度和风）变化剧烈以及个别天气现象（雾、露、霜）上的差异，即气象学所称的小气候。① 小气候特征对蓝莓种植影响突出。在田野调查中了解到，不同的蓝莓种植园，在基本相同的技术、面积、管理条件下，由于选址不同，其下垫面构造及特征不同，热量和水分收支不一样，形成不同的小气候区，在蓝莓种植管理各环节的劳动和蓝莓产值上形成较大差异。对此，不同山头的蓝莓园种植者会形成一些应对小气候特征的经验和技术。

2. 地——八山一水一分田

因前述贵州地理位置的总体特征，省内地形地貌复杂多变，且呈现山多、河流多、平地少的特色，整个贵州"地无三尺平""八山一水一分田"人尽皆知。具体到麻江，同样具有这样的特征。

贵州全省海拔平均值为1104米，隆起于广西丘陵盆地和四川盆地之间，南北两面斜坡方向陡坡所占比重较大，东部边缘陡坡面积也较大，中部和西部较缓和，保存有相对较广的高原面，特别是处于苗岭西段和中段的安顺至贵阳一带平地较多。麻江处于云贵高原向湘西丘陵过渡的斜坡地带，统属黔中山原，县境东部和东南部为低山河谷区，由于北东向组与北西向组两组扭裂断层频繁交错，剥夷面发育，地表夷平强烈，多低矮山丘、缓坡平台和宽缓谷地连绵成片。河流、溪沟切割密度较大，河谷遍布，耕地连片，土层深厚，水源较丰富。②

羊昌河是清水江上游支流，从田野点——乌村呈S形穿村而过，此河源于笔架乡琅琊村，古名郎鸦水。过乌村纳宣威溪，再向北流经共和乡改江

---

① 贺庆棠主编《气象学》，中国林业出版社，1988，第163页。
② 麻江县地方志编纂委员会编《麻江县志（1991~2005）》，中州古籍出版社，2009，第70~71页。

村的赏改、瓮郎和共江村黄土寨、青桐林，折向东北至回龙乡龙里村汇入马尾河段。① 沿途形成低缓冲积滩地，也为河岸低缓台田台地灌溉提供了方便。

在土壤方面，贵州由于地质、地形和气候条件的复杂性，土壤类型也极为复杂。高原主体为黄壤地带，所以地带性土壤为黄壤，局部地方还有砖红壤性红壤、红壤、山地黄棕壤、山地灌丛草甸土、岩性土——石灰土、紫色土以及水稻土等多种土类分布。黄壤是亚热带常绿阔叶林地区的地带性土壤，在黔中高原和黔西南广大地区均可见到。母质为砂页岩残积物或第四纪红色黏土，局部石灰岩老风化壳上也有发育，而以砂页岩残积物上发育者最为典型。其特征是：具有明显的发生层次，土层厚度随地形条件而异，一般为60~100厘米，由于生物学过程比较强烈，因而枯枝落叶层较薄，半分解的有机质层较明显，有机质含量较为丰富，但当植被破坏以后，有机质含量迅速下降。矿物元素中，铁、铝较多，钙、镁、钾等较少，特别缺磷，全磷含量多数不超过0.1%，盐基饱和度低，呈酸性反应，pH值多在4.0~4.5，心土层在5.0左右。②

麻江县域内以黄壤为主成片分布，其他土壤类型如黄棕土壤、紫色土、潮土、水稻土为辅，呈带状或零星交叉分布。③ 具体到田野点所在的宣威镇，地带性土壤有山地黄棕壤、黄壤两类，非地带性土壤有紫色土、潮土、水稻土三类。全镇以酸性土壤为主，pH值在4.6~6.5的自然土占92.3%，旱作土占89.5%，水稻土占75.3%。经土壤样品化验，全镇土壤含氮、磷、钾三要素的基本结论为：弱酸性，富钾缺磷氮，一般适宜各种农作物生长。④ 这种天然弱酸性土质的基本特征恰巧符合蓝莓种植对弱酸性土壤的需求，为该地区蓝莓产业发展提供得天独厚的基础条件。

在土地占有量方面，本书田野点所在的行政村翁保村，2015年全村总面积为18.26平方公里，耕地面积为2686亩，其中水田1158亩。翁保村盛产大米、花生、玉米、烤烟、小米、金秋梨、柑橘等农产品，有林地约16.14亩，经果林850亩，森林覆盖率为64.9%。具体到乌村，有耕地671

---

① 贵州省麻江县志编纂委员会编《麻江县志》，贵州人民出版社，1992，第97~98页。
② 黄威廉、屠玉麟、杨龙编著《贵州植被》，贵州人民出版社，1988，第12~13页。
③ 麻江县地方志编纂委员会编《麻江县志（1991~2005）》，中州古籍出版社，2009，第39页。
④ 麻江县宣威镇志编纂委员会编《宣威镇志》，2006，"第二章　自然地理"第7页。

亩，水面 300 多亩，林地 2000 多亩，森林覆盖率达 70%，年平均气温为 16.8℃，平均海拔为 670 米，年平均降水量为 1100 毫米。①

此区域森林覆盖率极高，林地广阔，提供丰富的落叶有机质土壤，一方面形成良好的自然景观与生态环境，另一方面也提供大量可开发利用的土地，让很多家庭在林地周围开发荒地用于蓝莓经果林培植。

3. 人——历史人文环境

麻江古称麻峡、麻哈，因麻哈江流贯县境中部，县以江名。麻江县是西南地区较早纳入封建王朝统治的区域，由于独特的地理位置优势，其作为清朝时期入滇驿道上的重要通道，与外界接触较早，政治、经济、教育等方面都较早地受到中原文化的濡染。

（1）麻江县历史源流。麻江地理位置优越，有"扼滇枕桂望湖广"之势。县境东南部因地处清水江上游，是水路转陆路的重要据点，为周围州县的交通要道，战略位置重要，很早就设置土司、屯堡。明弘治七年（1494 年）设麻哈州，"都匀诸蛮目猖獗，维时抚按疏置郡治政之，而以麻哈地当都清咽喉，轮蹄交达之所，并请建州，辖平定、乐平两司"②。《黔南识略》记："（麻哈州）处平越（福泉）之肘腋，枕都匀之肩背，苗蛮错处，捍御所资。"③《黔南职方纪略》载："麻哈州东西广不及二百里，南北袤不及百里，四面为都匀、贵阳、平越两府一州各县环绕……地虽蕞尔弹丸，苗种甚多，客民之错处其间亦复不少。此通志所以云：'达荆楚之挽输，号苗蛮之窟穴也。'原辖平定、乐平长官司二员，后增设养鹅司土千总一员，宣威、落户、麻哈、旧司土舍四员。七司共管汉苗二百一十寨有奇。"④ 田雯《黔书》记载："其部落有辖于土司者，亦有散处于州县者。"⑤

近年来，贵州大学杨志强教授研究团队将元明清时期从湖南经贵州进入云南的古驿道及沿线称为"苗疆走廊"，并考证这条通道经过的区域，提出："苗疆走廊"是指元明清时期连接湖广与西南边陲云南省的一条重要的

---

① 数据来源于 2015 年麻江县民宗局、文物局调查组根据对翁保村进行的集中调查写成的《民族文化调查报告》，第 4 页，内部资料。
② 伍孝成、吴声军编著《黔记·舆图志考释》，贵州人民出版社，2013，第 316~317 页。
③ 杜文铎等点校《黔南识略·黔南职方纪略》，贵州人民出版社，1992，第 98~99 页。
④ 杜文铎等点校《黔南识略·黔南职方纪略》，贵州人民出版社，1992，第 315 页。
⑤ （清）田雯编《黔书 续黔书 黔记 黔语》，罗书勤等点校，贵州人民出版社，1992，第 17 页。

驿道，它起自今天湖南省的常德市，沿水陆两路溯沅江而上，经桃源、沅陵、怀化、芷江、新晃等地进入贵州省，然后至镇远改行陆路，东西横跨贵州中部的施秉、黄平、凯里、麻江、福泉、龙里、贵阳、清镇、平坝、安顺、关岭、晴隆、盘县等后进入云南省，经过富源、曲靖、马龙等地后至昆明。① 但伍孝成、吴声军编著的《黔记·舆图志考释》中阐述，明代在打通滇黔驿路主干线时，绕开了麻哈州，从北面走弯路。做出这一决策的原因是麻哈州所处的位置正好在乌江和清水江的分水岭上，州境内河流、山谷纵横，山岭峻高，驿路从这里横穿而过非常困难，在打通驿路时从清平卫向北绕道平越卫，再转南进入新添卫。这样一来，驿路路途虽远，但平坦易行。麻哈州所在地区由于地理环境原因，在明代以前经常处于播州土司、思州土司和都匀土司的争夺中。但终因交通困难，上述各土司都无法牢牢控制这一地区。明廷接管此地时，当地的北部与乌江相连的支流为播州土司所管，南部清水江的支流则归都匀安抚司管辖。因此，明初时的麻哈也是四川和贵州的土地插花地带。直到明弘治年间设置都匀府时，这一地区才被划拨出来，设置为麻哈州，交由都匀府统辖。但该州治下仅有平定、乐平两家土司，是一个典型的空壳州。② 据《黔南识略》记载，"（麻哈州）城中驻扎都匀千总一员，兵七十二名。分防谷洞外委一员，兵三十九名。无驿递。西南由谷洞出贵定以达于省"③。其中的"无驿递"与《黔记·舆图志考释》中的考释或相吻合。虽驿路官道未经州境，但由于河流纵横，能通木船行驶，又是周围军事重镇相夹区域，在官道的辐射效应下，想必达于官道的小路也非常多。

据史料与方志资料梳理麻江行政建制历史变迁如下。宋高宗绍兴二十七年（1157年）置麻哈平蛮安抚司，隶绍庆府，是为县地有专置之始。④ 元至元年间（1264~1294年）置麻峡县，隶湖广行省定远府（治所在今惠水县附近）。明洪武十六年（1383年）置麻哈长官司，隶平越卫（治所在今福泉市）。弘治七年（1494年）五月二十一日，置麻哈州，隶都匀府。清

---

① 杨志强、安芮：《南方丝绸之路与苗疆走廊——兼论中国西南的"线性文化空间"问题》，《社会科学战线》2018年第12期，第12页。
② 伍孝成、吴声军编著《黔记·舆图志考释》，贵州人民出版社，2013，第316页。
③ 杜文铎等点校《黔南识略·黔南职方纪略》，贵州人民出版社，1992，第98~99页。
④ 周恭寿：《麻江县志》（一、二），成文出版社，1938，第58页。

康熙七年（1668年）裁清平县入麻哈州，十年（1671年）复置清平县。民国3年（1914年）改麻哈州为县，隶黔中道（驻贵阳）；民国9年（1920年）裁黔中道麻哈县直隶贵州省；民国19年（1930年）改为麻江县，直隶省；民国24年（1935年）隶贵州第七行政督察区（驻平越）；民国25年（1936年）隶第八行政督察区（驻独山）；民国26年（1937年）直隶省；民国30年（1941年）炉山县隆昌堡、淑里堡、拔茅堡、沙坝、平寨等地划入麻江县，麻江县里禾、大营盘、大翁、黄金寨、虎场坡等地划入炉山县；民国37年（1948年）改隶第二行政督察区。1949年麻江解放，隶独山专区。1952年隶都匀专区。1956年划入黔东南苗族侗族自治州。1958年撤麻江等四县合建凯里县。1961年复置麻江县，管辖区域有调整。① 1990年，全县辖4个区，1个区级镇，3个乡级镇，2个民族乡，17个乡。中间经过"撤区并乡建镇"，行政区划几经更改，到2013年辖7镇1乡。2014年，将下司镇和碧波镇整建制划归凯里市管辖。至2015年末，全县有杏山镇、宣威镇、谷硐镇、龙山镇、贤昌镇和坝芒布依族乡6个乡镇63个行政村329个村民小组和6个居民委员会27个居民小组。

（2）区域教育与文化互动。在教育方面，麻江县历史上隶都匀府，地处明清封建朝廷视为"生苗"腹地之处与封建王朝统治区域的交锋阵地，又处于交通要道线上，文化交流频繁，受中原文化影响久且深远。在黔东南地区属较早进入封建国家王朝教育体系的县，取得科考功名的时间在省内较早。

据《麻江县志》记载，明隆庆五年（1571年），土同知宋儒中辛未科进士，开麻哈科第之先。清康熙三十八年（1699年），设立麻哈州学；四十四年（1705年），设麻哈州义学；五十八年（1719年），建州城书院。乾隆十六年（1751年），麻哈艾茂中进士，授翰林院检讨。光绪二十四年（1898年），麻哈夏同龢中戊戌科状元，授翰林院修撰，成为贵州历史上三个文武科状元之一。宣统二年（1910年），麻哈周恭寿任省谘议局副议长，辛亥革命后，代理议长，兼省教育总会会长。民国2年（1913年），夏同龢当选国

---

① 黔东南苗族侗族自治州人民政府编《贵州省黔东南苗族侗族自治州地名志》，黔东南师专印刷厂印刷（内部发行），1991，第32页；麻江县地方志编纂委员会编《麻江县志（1991～2005）》，中州古籍出版社，2009，第21页。

会众议院议员。民国6年（1917年），周恭寿当选国会参议院议员，县教育总会成立。民国9年（1920年），县公署组织人员收集资料编修《麻哈县志》，民国27年（1938年）5月出版，改称《麻江县志》。① 这在贵州省属于较早编撰的地方县志资料，是当地先进文化教育水平的标志，也为当地历史文化研究提供重要的本土参考资料。

（3）宣威镇翁保一带历史源流。宣威古有者亚、鼠场、宣威数称。者亚，为古名，系苗语音译地名，由梨树、梨果的苗语称谓"整雅"的译音演变而来，出现于元代，该地处于"千里苗疆"，从前这里漫山遍野梨树，果实累累，为古苗族人民所开拓。此地又按十二生肖排律逢"鼠"（子）、"羊"（未）赶场，苗语称场期为"响囊"，意即鼠场，故以此为名。明万历十四年（1586年）此地被立为营地，"设军于要害，恐苗民反抗，杂处以防之"。当时"屯之有兵，兵之有田，农闲习武，农忙种地"。故昔以"宣耀其兵威"之意，定名为宣威。②

《黔南识略·黔南职方纪略》载："宣威营土舍蒙氏，管宣威诸寨。"③据《明史》记载，当地有黑苗曰夭漂者，在湖、贵、川、广界，与者亚鼎足居。万历六年（1578年），夭漂请内附，都御史遣指挥郭怀恩及长官金篆往问状，而阻于者亚，乃远从丹彰间道通夭漂。会苗坪、党银等亦以格于者亚不得通，都御史王缉遣使责者亚部长阿斗。斗愿归附平定，缉谓斗故养善牌部，何故欲属平定，必有他谋。下吏按验，果得实，盖欲往平定借诸蒙兵袭养善，皆内地奸人夭金贵等导之。遂治金贵罪，以者亚仍属养善，路遂通……十四年（1586年），土舍吴楠、王国聘虑阿其叵测祸及己，请以答干、鸡贾、甲多诸寨属蒙诏，立宣威营，岁输赋。④ 夭漂即今丹寨县兴仁一带，者亚属现宣威镇光明村，鸡贾、甲多在宣威以南坝固属地，鸡贾地名至今保留。此段文字详细记载宣威营建立始末，同时呈现明朝初期宣威一带复杂的朝廷与地方势力关系，是研究清水江上游明清时期社会历史的重要文献，也是关于麻江宣威一带在正史里较为完整的记录，后世很多考

---

① 贵州省麻江县志编纂委员会编《麻江县志》，贵州人民出版社，1992，第5页。
② 麻江县人民政府编《贵州省麻江县地名志》，麻江县人民政府印刷（内部发行），1986，第194页。
③ 杜文铎等点校《黔南识略·黔南职方纪略》，贵州人民出版社，1992，第372页。
④ 《明史·贵州土司传》，中华书局标点本，1974，第8191页。

释、解读大多基于这段文字发散。可见明朝这片区域已经有大量古苗民聚居，且已归属当地土司，纳入朝廷的间接管辖。因与当时的湖、贵、川、广接界，社会活动相当频繁，也使得该地几百年来未曾远离"大传统"的影响而偏居一隅。

在今宣威镇地域，元朝时置瓮包（袍）蛮夷长官司，隶属新添葛蛮安抚司。明洪武二十二年（1389年），改置平定长官司，隶平越卫军民指挥使司，次年6月改隶清平卫指挥司。弘治七年（1494年），改隶麻哈州。交通方面，虽地处崇山峻岭之中闭塞偏远，但得益于水路交通，得以较早与外界进行接触和物流运输。清雍正七年（1729年），曾派役开浚清水江都匀至宣威龙江段，百余里水路可通木船，但年久泥沙淤塞，受阻如故。光绪八年（1882年），再次修浚鸡贾段后，自都匀经宣威、下司至湖南洪江畅通木船。①

翁保村位于宣威镇境北部，苗语称为"嗷褒"，"嗷"即苗语水的发音，翁保系"嗷褒"的音译。其意是村西北部有两口常年冒水的水井，村以井名。翁保村为行政村，辖6个村民小组组，含翁保、茅草塘、冬瓜冲、新寨、乌村、罗伊寨6个自然寨。后在脱贫攻坚时期调整为5个村民小组。②

乌村位于翁保村委会驻地西北部，曾译作"嗷羊麻"，系苗语称谓音译，直译为"水淹马"，因过去这里是清水江上游水路从卡乌渡口转陆路后，人员及货物经翁保至麻哈州必经的花街古道（也作"古花街道"，当地人对途经此地古商道的称呼）。羊昌河流经该地，河上架有石磴，供往来行人过河，据传常有驮盐及其他货物的商队，路人经此必定下鞍卸货过磴，放马凫水过河，故得名。③ 乌村包括陈家寨、龙家寨两个自然村。陈家寨苗语称"样诱"，意为小寨，因全村以陈姓为主而得名。龙家寨全村以龙姓为主，苗语称"样溜""嗷褒样溜"，意为大寨、翁保大寨。据村里老人讲述，从前龙家寨所在地是周围一带的大寨子，居住户比现在多，非常密集，在100多年前发生一场火灾，村寨烧毁，住户外迁，后有部分老住户回迁，加之周围村寨的住户迁入，形成现在的村寨。

---

① 麻江县宣威镇志编纂委员会编《宣威镇志》，2006，"宣威镇概况"第2~6页。
② 麻江县宣威镇志编纂委员会编《宣威镇志》，2006，"宣威镇概况"第13页。
③ 麻江县人民政府编《贵州省麻江县地名志》，麻江县人民政府印刷（内部发行），1986，第199页。

通过从大区域到小村落自然、地理、历史环境的简单回溯，能感受到当下乌村社会发展状态是历史延续性与时机偶然性相结合的产物。人们依赖环境而生存，也在改造与利用环境中形成自己的生产生活策略、文化体系与价值体系。每个村落在自然气候、地理生态、社会文化、历史脉络等方面，形成固有而独特的生境。

二 "百子莲"苗族支系

1. 苗族简介与乌村苗族支系

苗族是典型的跨境少数民族，2010年第六次全国人口普查有942.6万人，贵州苗族人口达396.8万人，遍及贵州所有市州。贵州是全国苗族人口最多的省。黔东南地区是贵州苗族人口最集中的区域，各县均有苗族人口分布。

苗族支系分类非常多，按照语言、服饰、习俗、居住区域、生产方式、自称等不同标准划分，支系名称与数量不同，至今专家学者也未能形成一致意见。许多知名的文化人类学家，如鸟居龙藏、凌纯声、芮逸夫、吴泽霖、陈国钧、罗荣宗、杨汉先、杨庭硕、杨正文等已进行深入研究，为笔者了解有关苗族背景知识提供了宝贵资料。涉及苗族支系的研究，引用最多的是按服饰主体颜色将苗族分为"白苗""花苗""青苗""黑苗""红苗"五大支系的分类标准。根据伍新福的《苗族史研究》，"黑苗"主要聚居在贵州省东南部，即今黔东南苗族侗族自治州所属各县（市），以及毗邻的湘西南、桂东北一带。[①] 根据语言学研究成果与各地苗族文化特征的异同情况，贵州苗族可分为湘西、黔东、罗泊河、重安江、川黔滇五大支系。黔东支系可分为凯里、锦屏、榕江三个亚支系。凯里亚支系分布于凯里、麻江、丹寨、雷山、台江……这一亚支系苗族操黔东方言的北部土语。[②] 苗族自称与苗语不同支系发音有关，有"果雄""仡熊""蒙""嘎弄""嘎闹"等。在元明清时期，由于苗族聚居区为崇山峻岭所阻隔，经济发展不平衡，与外界接触程度不一，因此对当时包括苗族在内的南方很多少数民

---

① 伍新福：《苗族史研究》，中国文史出版社，2006，第100页。
② 贵州省民族事务委员会、贵州省民族研究所编《贵州"六山六水"民族调查资料选编》（苗族卷），贵州民族出版社，2008，第165页。

族部族形成所谓"生苗"与"熟苗"的区分，这种区分见诸大量史料与流官著作中。简而言之，处于各经制府县和土司直接管辖下的苗族居民谓之"熟苗"，既未建置设官又无土司管辖的苗族被称为"生苗"。① 这种区分反映了一定历史时期不同地区苗族及其他少数民族聚居区社会经济发展状况，为考察现在不同地区苗族文化差异提供了一些历史线索。

《明史》《清史稿》《贵州通志》《黔书》《续黔书》《黔记》《黔志》《黔语》《黔南识略》《黔南职方纪略》《苗疆闻见录》等史料与著作中对现贵州境内苗族支系历史时期概况有丰富记载，贵州省文史研究馆点校的《贵州通志·土司·土民志》全面梳理了各种典籍中对明清时期苗族分支、分布与风俗的记载。笔者认为，由于各时期国家权力较大程度影响了民族文化习俗变迁、民族迁徙、村落演变等，故一是不能将今之苗族与古之"苗族"一一对应，二是没有十足依据不能随意将特定苗族分支归入某一历史苗族支系进行讨论。

麻江是个多民族聚居县，2021年统计的全县总人口为17.11万人，县内居住着32个民族，其中，苗族、畲族（东家）、布依族、仫佬族、瑶族（绕家）是主要的5个世居少数民族，少数民族人口占全县总人口的77.26%。②

麻江县内的苗族主要有自称为"蒙"（Hmongb）和"嘎闹"（Ghab Naos）的两个支系。后者在此居住的历史悠久，距今750~800年时迁入，主要定居于县境清水江马尾河段及其支流羊昌河、扬远河、龙山河、下坝河、老山河一带，广泛分布于下司、白午、回龙、铜鼓、卡乌、共河、宣威以及龙山的大塘、里三寨，杏山的长兴、河山，大粮田的羊昌坡等地。聚居大小村寨共300多个，散居其他乡（镇）的村寨20余个。

吴泽霖、陈国钧等在《贵州苗夷社会研究》中提到，清水江上的住民，以苗人为主，此外有夷人、汉人和仡佬等。所谓苗人，大部分为黑苗之一类，男女衣服尚黑色。黔东的地理环境较比他处要佳，尤以黑苗居住的清水江流域一带为优，物产丰盛，合清水江所有各族而统计之，黑苗可居十分之八以上。麻江县是清水江的上源，当时全县人口为8万人，苗夷占50%

---

① 伍新福、龙伯亚：《苗族史》，四川民族出版社，1992，第171页。
② 《麻江简介》，麻江县人民政府官网，2022年6月13日，http://www.majiang.gov.cn/zjmj/tzjj/，最后访问日期：2022年10月30日。

以上。苗有黑苗，居二区之卡乌、撮箕，和四区之摆仰一带；夷有夭家（绕家），多居于三区夭家、平寨、瓮里、秧塘一带；尚有少数仡佬居于拔茅堡一带。①

严谨起见，在没有科学证据支撑的情况下，仅从语言上区分乌村苗族为操黔东方言的北部土语的黔东支系凯里亚支系。按史料记载，宣威一带在明朝时期已设经制土司，当地苗寨归属朝廷管辖范围，属于"熟苗"区域，受汉文化影响较早。结合民间的"开路经"，乌村一支苗族大约在几百年前从现丹寨的翻仰、翻杠一带迁入，或与历史记载中"八寨、麻哈、清平"之"长裙苗""短裙苗""簸裙苗"②条目中记载的细节有一定联系。因苗族支系区分不为本书探讨主要问题，且支系内部各地的文化差异性大，故笔者仅就已有资料和田野调查所得，对乌村苗族及其更小范围内相同分支的文化特征进行简要介绍。

2. 乌村苗族习俗概况

乌村苗族自称"乃尤""嘎闹乃尤"，意为我们是属于"尤"这个苗族支系的人，是自称为"嘎闹"的苗族中的"嘎尤"分支，与凯里、雷山、丹寨等县（市）自称"嘎闹"的苗族在服饰、语言上有一定差异。麻江畲族（东家）称其为"阿哟""阿尤"，意为崇拜鸟的族人。周边汉族称其为"稗子黎"或"百子莲"，当地人有时也这样自称，此名称来由一说是该支苗族是上古九黎部落中的燕子部落（苗族称燕子为"闹把灵"），一说是该支系苗族妇女的发箍顶呈多籽莲花状，具体来由需进一步考证。在宣威一带，人们将自称"嘎闹"的苗族分为卡乌型和城中型，卡乌型与下司、凯里舟溪一带苗族在服饰、习俗、语言等文化方面相近。乌村苗族属城中型，与县内城中村、咸宁村鲤尾、比富村、甲树村、冬瓜冲、瓮依、改江上寨，丹寨县兴仁镇城江村和兴仁村，都匀市的坝固、王司、基场、甲双、甲登等地苗族为同一地域内的同一苗族分支，约有10000人。③

据清《黔书》《黔南识略》，民国《八寨县志稿》《三合县志略》《都匀

---

① 吴泽霖、陈国钧等：《贵州苗夷社会研究》，民族出版社，2004，第81~83页。
② 贵州省文史研究馆点校《贵州通志·土司·土民志》，贵州人民出版社，2008，第157~158页。
③ 参考2015年麻江县民宗局、文物局的吴秀义、聂凯华等组成的调查组，根据对翁保村进行的集中调查写成的《民族文化调查报告》，第4~5页，内部资料。

县志稿》等记载,被称为"尤"的这支古苗族元朝以前居住在丹寨县中部、西部夭坝司地区(宣威地区在明清属八寨厅飞地),后因尤人"赘果"起兵反抗朝廷〔大约明朝天顺四年(1460年)至成化十六年(1480年)〕遭到镇压而外迁。《苗族贾理·村落篇》记述,"居住在佐梭,居住在匝亚,是个尤人崽,是个崽名奏,来耕佐梭田,来耘嘎峒塘","居住在凹菇,居住在撒搜,是尤人名奏,是尤人名琊"。① 意为居住在佐梭(今宣威镇咸宁)和匝亚(今宣威镇光明村所在地)的,是个名字叫奏的尤人的后代。匝亚即元明代史籍中记载的"者亚",在今麻江县宣威镇;"凹菇""撒搜"也为苗语称谓的古村落名,"凹菇"即翁保大寨一带的苗名。据此推算,乌村苗族迁居到此可能已有530~580年。

在服饰上,翁保乌村苗族妇女服饰为上衣下裙形制。上身穿窄袖低领右衽短衣,古时衣色尚青、深蓝、黑等,衣料多选自织花椒土布。领口和漫肩用手工编织花带及织锦缝缀装饰,衣服款型不分老幼,盛装时戴螺旋状简单粗体银项圈。下穿长裤,长裤外面前后各系长及膝盖围片一块,成为分开式裙样。围片多为蓝色、深蓝色土布,左、右、下方包以10厘米左右白布边,后片颜色通常较前片深,尺寸也略比前片宽。围片上端两边缝自织花带便于系拴腰间。农忙季节下田地干活时将下端两角压于腰间,轻便利落。有时当作围兜装各种田间收集物品,有时也见人们将其解下当作孩子的临时盖被,可谓美观与实用功能兼而有之。传统时期人们的衣服从织布到裁剪、编花带、做织锦、缝制都是手工完成,后来集市上有花色多样的类似土布,娶新媳妇时多从集市购买布料到专门制作苗衣的门店加工缝制,但花带织锦还是手工自制,近年除一些中老年人自制衣服的一些零件外,很多人选择在集市购买成品衣,颜色也多选择大红、大紫、大绿等鲜艳的颜色,但下面的围片依然保持蓝色包白边样式。乌村苗族的头饰相对黔东南其他支系简单,束发在头顶挽成髻,头部围以黑白相间方格织锦头围,未婚成年女性或已婚年轻妇女发髻戴莲花形状银质发箍,左右插圆形银泡,顶上插以燕子鸟雀形状的银质发簪,后面插一把尖齿大银梳,银梳下插帘瀑一样的银花遮盖整个后脑。中老年已婚妇女仅束发挽髻,围头围后搭上织锦方巾或毛巾并卷成向上耸立的尖牛角状。男性日常装上身着

---

① 王凤刚搜集整理译注《苗族贾理》(下),贵州人民出版社,2009,第423页。

黑色对襟衣服，下着大裆宽裤，头戴青布包头，特殊节日穿右衽长衫。老年男女普遍喜好吸烟，早年时期出门腰间系挂烟袋、烟斗，现多抽新式纸烟，这一现象现已少见。

图 1-1　乌村"嘎尤"苗族分支服饰
说明：左图为传统中老年服饰，右图为年轻女性新式服饰。

在语言上，将苗语作为村寨内部与周围苗族村寨交流的语言，90%的人能用国家通用语言与外来人交流，中年以上女性和老年男性国家通用语言表达不够娴熟，十岁以下小孩多数已不说苗语，只能听懂。

当地人喜爱养鸟、养斗牛、养狗等，与苗族鸟崇拜、牛崇拜、采集渔猎的习俗和生活方式密切相关。常养的鸟类有画眉、八哥、竹鸡、黄豆鸟等，人们将鸟笼挂在屋檐下，村中的早晨总会听到各种鸟鸣合奏，下田干农活时把鸟笼挂在田边听其叽叽喳喳，颇为热闹。而人们上山、下河或赶集，狗都会随时跟着，就像家庭成员一般。现在村里只有几家饲养，都属于比较有财力之家，不仅是爱好，更多的是当成一种投资。因为在每年春节、"二月二"、"四月八"等节日举行"看会"时会有斗鸟和斗牛活动，胜利者获得奖旗和高额奖金。这种风俗在苗族地区历史久远，《明史》记载黔东南苗民"好蓄牯牛，出则负笼罗雀"。①

在婚丧事宜、节日活动等方面，乌村苗族有其独特的仪式及其内涵，下文中另做介绍，在此暂不赘述。

第二节 风俗习惯、集镇与风物

风俗习惯、集镇会期、地方风物是人们经过较长历史阶段形成的与特定自然环境和社会环境相适应的物质与非物质文化体系，具有调适人们日常生活、体现社会秩序与形成社会节令的作用，具有浓郁的地方特色，是当地文化体系的重要组成部分。

一 乌村人的婚丧之事

婚丧之事是一个民族中严肃谨慎而具有历史延续性的风俗习惯，是民族文化的缩影。人们称婚礼为红喜，葬礼为白喜，红白喜事上的仪式、物品、人物关系都体现一定时间与空间中人与自然、人与土地的关系。

1. "磕头婚"与"嫁娶婚"

乌村的婚姻缔结形式分为"磕头婚"与"嫁娶婚"两种，简单地说，"磕头婚"是自由恋爱结婚，"嫁娶婚"则是奉父母之命、媒妁之言成婚。这是乌村社会发展进程中的本土、本民族文化与外来文化影响并存的结果。宣威一带在明清时期就受到封建王朝统治体系的影响，儒家礼教在婚姻缔结方面讲究父母之命、媒妁之言、"三回九转"的思想较早传入；另清末民初统治者的苗民风俗改革在这些靠近汉族的苗族聚居区大力推行，对当地社会造成深刻影响。

"磕头婚"是男女青年在"看会"、赶集、对歌等公开交流情景下认识并彼此心仪，自由恋爱一段时间以后，男生引领女生回家举行"磕头"仪式完婚的方式。"磕头"仪式举行时女生父母并不知情，女生仅在好姐妹的陪伴下来到男方家。"磕头"之前，男方选好良辰吉日，当事人双方商定相约时间和地点，女生从家里收拾简单衣物后，男生就带着女生到集市或县城购买新衣服，包括现代装和苗家服饰。届时男方家会宴请族中老幼，白

---

① （清）张廷玉编《明史·贵州地理志考释》，贵州人民出版社，2008，第126页。

天办席吃酒，天黑以后女生到男方屋外某处避开，男方的女性家人拿结婚专穿的苗衣给女生穿衣打扮，到凌晨以后（吉时每家不一样），女生被男方家人拉（故意做强拉状）到家里磕头。两人在家人亲戚的见证下在堂屋拜祖宗、拜父母、拜夫妻后仪式完成。这天晚上男方亲戚和邻里来放爆竹贺喜，送米、礼金等，晚上夜宵尽情饮酒唱歌到天亮才逐渐散去。第二天男方办酒菜答谢亲戚和邻里。三天后男方家请能说会道的长者到女方家报喜，带酒一壶、公鸡一只、肉一块、糯米饭一篮。到女方家后人进屋，物品只能放在大门外，若女方家同意就将信物收下，若不同意就全部带回，经过协商选日子再去报喜，通常情况下第一次都会被拒绝，第二次才同意。也有的坚决不同意，将自家女儿强行带回，有可能就棒打鸳鸯了。

"嫁娶婚"一般是经亲戚长辈介绍撮合，男方父母请媒人到女方家提亲，若女方家同意，则商定良辰吉日举行接亲、办酒等仪式。其大致过程与很多汉族地区一样，但在礼节与物品方面稍有区别。"嫁娶婚"需要男方有较好的经济基础，时代因素的影响也比较突出。访谈过程中了解到，三四十岁及以上妇女基本是"嫁娶婚"，三十岁以下年轻妇女基本是"磕头婚"。

2. "接魂走亲送西天"的丧葬活动

乌村的丧葬仪式复杂，持续时间长。老人过世后的一个月，家人一直处于办丧事状态，直到去世满30天举行"送西天"仪式后才告一段落，中间有"喊魂""走姑娘""送饭吃""走舅公"等环节。在后续的三年还有几次比较大的仪式，满三年之后才真正完成，之后进入扫墓祭拜的常态。

老人去世后首先通知母舅、姑妈等内亲来看，之后请鬼师确定说客的日期。如果逝世者是女性，第一时间通知母舅来探视，过去母舅主要看是否为正常死亡、有无疑问、是否有意见等，但是现在通信方便，信息技术发达，有什么不公，情况早已知晓，疑问越来越少，母舅家族也理解。如果逝世者是男性，即通知母舅、女儿女婿等到场看望。

确定安葬日子后，姑妈请芦笙、花鼓队，做棺罩、纸伞，抬祭猪来祭祀，放爆竹，撒糖等。原来只有姑妈家抬祭猪，现在逝者的亲妹、女儿、舅家都抬祭猪。

安葬满三晚时，由鬼师做法事，举行喊魂仪式。子女会在坟边喊"爸/妈，我们来接你了，接你回家吃饭喝水"。鬼师将一根铁锹从坟边插进土里，等到土里有小蜘蛛爬出——其被认为是逝者灵魂的背负者，人们说是背魂的蜘蛛，之后用纸钱引导蜘蛛爬上去，表示接到逝者的亡魂带回家。在这天姑妈、母舅等内亲都用竹篮装糯米饭、酒、肉来参加仪式，喻示送给亡魂的吃食，每个内亲来到都会放一串爆竹。喊魂回家当晚，鬼师经过类似通灵的仪式后会问亡魂愿不愿意"走姑娘"，即去已出嫁的女儿家走亲戚，如愿意走，满五天时开始举行，有多个姑娘的话，逢满5天、7天、9天走一个，以此单数天类推。之后的一个月家人每天三餐供饭，平时泡茶点烟，坐着聊天也会提到逝者，就像他还在世跟大家一起生活一样。

走姑娘时，逝者家里人准备一篮糯米饭、一块肉、一壶酒、一根篮子上的苗家花带，孝子拄着拐杖代替过世老人，家族中每家1~2人参加，总人数须是单数，最少7人前往。姑娘家早上9点要做好一桌酒菜摆在堂屋的八仙桌上，众人到达后每人喝两口拦门酒，之后两边家族的人围坐聊天，空出神龛下的上方位置供奉亡魂，人们边聊天边仔细观察着桌子周围何时出现亡魂化身的小蜘蛛，据此判断其真正到来。大家沿着桌子仔细查找，一旦谁发现就通知大家围过去看，之后用纸钱将蜘蛛搁到神龛上，滴酒、掐肉在地上，表示亡人已经来到姑娘家享用过酒菜，人们开始吃菜喝酒，直到吃完晚饭才返程。

现在仪式简化，当天较早就返回，10年前的习俗是在姑娘家吃完第一餐后，其家族中每家都要吃遍，到每家去每个人至少要喝两次半碗酒，很多酒量不好的中途就溜走，最后只剩几个人。家族大的要吃到半夜才结束，最后回到姑娘家吃团圆饭，出发前姑娘家赠予每人一根花带、一块帕子，到家后放爆竹和三响铁炮，表示已经走姑娘回来。

若是不走姑娘或姑娘嫁得远不方便的，就在满五晚那天带逝者亡魂去赶场。从家里拿米，去集市买肉，找一家小餐馆做饭打平伙，之后给老板一些钱。这在当地被认为是好事，老板们都比较愿意接待，表示有亡灵选中他家，对其来说是一种荣幸，会带来好运。

走完姑娘，满十七晚的时候拿饭和水给亡魂吃喝，仪式隆重。这天，姑妈、姨妈、舅妈等亲戚好友都会来，每家带一篮糯米饭、一块肉、一壶酒、一包糖、一包烟，鬼师做法事先是请亡灵，然后再向亡灵逐一告知亲戚朋友拿来的供品让其享用，之后主家留一半，给亲戚朋友带回一半。当鬼师喊到享用谁家供品时，客人上前喝一碗酒，拿走回礼的糯米饭等物品。

满二十八晚举行"走舅公",仪式过程和"走姑娘"相近,带一篮糯米饭、一条烟、一块肉、一壶酒,吃饭到天黑才返程。舅公家像办酒席一样,整个家族的人都来陪客吃饭。若舅公家离得远,就不用走,改为带去赶场。

满二十九晚休息一天,满三十晚送亡魂归西天。这天舅公家、姑娘家带一块肉,或几只鸡,一壶酒,吃完早饭后在鬼师选的吉时(一般是上午10~11点)送逝者亡灵上西天,即把逝者的衣物拿到三岔路口烧掉,放一双鞋在路口,点燃所有爆竹,表示已经送其到西天。

之后三年内的大年初二举行拜年,所有的内亲,每家带来一篮糯米饭、一块肉、一壶酒、一串爆竹,放主家堂屋,请族中老人烧香烧纸,将拿来的东西留一半回一半,主家安排吃一餐早饭之后散去。

在去世第三年举行"挂社"立碑仪式。多在清明前十几天(具体日子由鬼师推算),把餐具搬到坟边,主家拉一头猪到坟边杀,所有内亲每家一篮糯米饭、一只鸡(逝者是男性用公鸡,逝者是女性用母鸡)、一块肉、一壶酒、一串爆竹、一串挂青钱(有的称坟飘纸)。将所有带来的鸡都杀掉,

图 1-2 乌村丧葬仪式活动

说明:左图为逝者安葬满十七晚鬼师主持"送饭吃"仪式,右图为满三十晚的"送西天"仪式。

将猪的三分之一和每只鸡的一半在山上烹煮吃早饭,将剩下的糯米饭、酒、肉带回家再取一半用于午饭,立了碑吃完饭后亲戚各自回去。

乌村人的丧葬习俗体现出浓郁的灵魂崇拜,滴酒、掐肉在地上表示对亡魂的祭奠以及土葬的方式,都体现出在人们心中,灵魂附着于土地,从土而生,终归于土,这是一种对生死界限明确又释然的认知。葬仪过程中不同的仪式将一个家庭的亲属关系网络重新梳理和加强,是一种强有力的社会整合方式。

二 "看会"与赶场:集镇与会场的时空交错

"看会"与赶场是乌村人日常生活中的娱乐与经济的"外交"形式。初到乌村,总听人们提及什么时候去哪儿"看会",哪里在"看会",一词多用,可表示人们要去参加这项活动,也可表示某地点正处于这一状态,还可表示"看会"这件事。后来才了解"看会"就是当地的节日集会,是娱乐、交友、会友的时间、地点与活动的总称。宣威一带会期很多,不同的会期在不同的时间、地点,都安排在农闲季节,正月最多,从正月初五到二月初二,近一个月时间里会期不断。地点一般选择比较宽敞的坝子,方便举行斗鸟、斗牛、划龙舟、对歌、跳芦笙等娱乐活动,"看会"是年轻人谈情说爱的重要场合,也是中老年人休息会亲友的重要机会。田野调查中一位大叔说:"这个地方的人,有个特点,非常爱看会,哪里有会无论多忙都要去,有的只要哪里看会天天都要去。"相对于婚礼和丧葬仪式是当地社会亲属网络巩固和加强的方式,"看会"则更多的是组建新的社会关系网络的途径,因为很多年轻人是"看会"时相识而缔结婚姻成为姻亲关系的,很多同性朋友因在"看会"过程中加深感情而打伙计或认姊妹等。

表1-1中都是翁保一带人们常去的会期。逢"看会"时,年轻姑娘们梳妆打扮去跳芦笙,妇女们喜欢去唱山歌,年轻小伙们则在芦笙场边打望,中年男人们喜欢去看斗牛、斗鸟、斗鸡等,临近下午邀约兄弟老表姊妹等在场边摊吃顿"狗汤锅"才回家。有的人说去"看会"就是盼那顿汤锅,吃喝玩乐,开心快活,"看会"是人们在农闲季节或农忙偷闲放松的好机会。人们通过"看会"认识很多外村的青年朋友,常常成为打伙计的关系,经过伙计认识新的朋友,就像滚雪球一样形成一个遍布"看会圈"的伙计网络。

表 1-1　翁保一带"看会"时空分布

时间	地点	时长	主要活动
正月初五	城中	四天	跳芦笙　打篮球
正月初八	翁保	三天	斗牛　跳芦笙　斗鸟斗鸡　打篮球
正月十一	宣威	五天	斗牛　跳芦笙　打篮球（男女赛）
正月十六	兴仁	三天	斗牛　跳芦笙　打篮球
正月二十五	周家桥	三天	斗牛　打篮球
二月二	卡乌	三天	斗牛　跳鼓　划龙舟　斗鸟
三月三	丹寨龙泉山	三天	爬龙泉山　赏映山红
四月八	隆昌	三天	爬坡节　唱山歌
五月二十八	龙山	三天	迎雨节　斗牛　打篮球　唱山歌
六月六	咸宁	三天	跳芦笙　唱山歌　打篮球
七月半	城江	三天	西瓜节　斗牛　跳芦笙　打篮球
八月二十四	沙飘	三天	斗牛　打篮球
九月重阳	蒲席塘	三天	斗牛　唱山歌
十月十八	改江	三天	太子参节　斗牛　跳芦笙

资料来源：根据田野调查资料整理。

图 1-3　卡乌村二月二"看会"活动

说明：上图为跳鼓，以女性参加为主；下图为斗牛，多为男性围观。

赶场是农村地区兼具经济交换、信息沟通、男女青年相识恋爱、娱乐等功能的时空组合。一个村寨在周围不同"场"的时间与空间覆盖下，每个场也包括无数个周围的村寨，形成类似于施坚雅所说的"市场圈"的形态。表1-2为翁保一带场期分布的时间、地点和周期。

表1-2　翁保一带场期时空分布图

单位：天

地点	场期	间隔	周期
宣威	鼠场、羊场天	5、7	12
下司	星期五	7	7
兴仁	鸡场、虎场天	5、7	12
龙山	龙场、猪场天	5、7	12
坝固	阳历日期末尾逢2、7	5	10
麻江	龙场、猪场天	5、7	12
丹寨	龙场、狗场天	6	12
凯里	星期天	7	7

资料来源：根据田野调查资料整理。

宣威镇的集市置于镇政府所在地——光明村，位于全镇中心，周围村寨星罗棋布，人口密集，且有公路经龙山乡通麻江、福泉，经下司通凯里，经兴仁通丹寨、三都，经坝固通都匀等县市，交通方便，四通八达，是人们购物和商贾经商的好场所，也是地方农特产品的集散地，逢鼠、羊两天赶场，人数过万。[①] 在翁保一带，首选的集市是宣威，主要原因一是距离近，二是熟人多，三是位于镇行政和教育中心地带，人们通常在赶集时到镇上办事、到学校看孩子，可算是基层中心市场。兴仁和下司是次选，两地分属东西两面，距离几乎相等，可算是次中心。坝固较远，若没有特殊物品需要到坝固买或卖的话很少去。龙山属于另一个镇的行政中心，在周围的集市中没有特别的优势和特点，所以人们较少去。丹寨和麻江属于县级市场，人们需要到麻江县里办事、看病、购买大宗物品或特殊物品时才会去，因麻江是所属县行政中心，但距离比丹寨县城远，所以在两个县城中人们也会按需求选择，看病、办事附带一般购物多去麻江，若购买大宗

---

① 麻江县宣威镇志编纂委员会编《宣威镇志》，2006，"宣威镇概况"第10页。

物品如木材、建材等选择丹寨的较多。凯里属于州府一级市场，属于翁保一带的大市场，距离41公里，以前有大事才去凯里，随着经济水平的提高，私家车普及，人们对凯里集市的选择率逐步提高。

在文化与社会交往功能方面，翁保一带"看会"的功能作用远比赶场大。首先，"看会"都在农闲季节，人们身心闲适，"看会"以年轻人为主，他们有时间与心情进行社交活动；其次，"看会"隐含意义就是年轻人的"看"与"会"，年轻人"看会"往往抱着一定的交友目的；再次，"看会"以娱乐活动为主题，人们会在活动中被带入特殊的氛围激发新的关系的建立，促进文化交流与信息沟通，这也是长期的民间风俗形成的惯性；最后，"看会"以年为周期，时间长，人们会更加珍惜难得的机会。所以探讨翁保一带的通婚圈时，除了民族支系以外，另一个重要层面就是这种"看会圈"范围，而市场圈对婚姻圈的影响稍弱一些。

施坚雅关于中国基层市场研究的理论为分析中国村落社会关系提供了新的范式。其在《中国农村的市场和社会结构》中认为，农民消费需求的周期性促成了农村周期性集市的产生，农民经济自给程度高，对市场贸易需求不足以维持商业者生存，商业者需要集中生产和销售，周期性可以支持流动商业者到不同的市场聚集，免去农民长途跋涉的困难。① 对于集市集期的排列，施坚雅指出中国集期体系中两个最重要的谱系是以阴历旬和十二进位周期为基础的。以十二进位周期为基础的集期安排，有三个规则的体系，即12日、6日和3日的交易周。以12日为周期的市场集日，用十二地支来表示，6日周集日用十二地支中的两个来表示，3日周集日用十二地支中的四个来表示。采用阴历旬谱系的集期体系，这一谱系中有三个紧密相关的集期体系：每旬1个、2个或4个集日。所有以阴历旬为基础的集期都只用阴历月上旬的开市日期来表示。②

结合翁保一带常赶的市场集期规律，以十二生肖周期循环确定的比较常见，但除丹寨外其余几个按十二生肖周期循环的集期都未平均分配间隔天数，而是分为"大场"（7天）和"小场"（5天）。也有以旬为周期的坝

---

① 〔美〕施坚雅：《中国农村的市场和社会结构》，史建云、徐秀丽译，中国社会科学出版社，1998。
② 刘招成：《美国中国学研究：以施坚雅模式社会科学化取向为中心的考察》，上海人民出版社，2009，第130页。

固市场，10天为一循环，平均间隔5天，但是由于大小月份会产生差异。也有以星期为周期的，如凯里和下司，7天一循环。

施坚雅的基层市场共同体理论虽可为分析乡村集市的功能提供理论借鉴，但就翁保而言，一个村寨在不同时间赶不同集市的状况有别于施坚雅理论成立的假设前提。施坚雅基层市场共同体理论成立的前提，一是一个村庄只属于一个基层集市覆盖区域，也只会赶一个基层集市，二是到某个基层集市赶集的不同村落的人之间会有充分的交流。[1] 显然，翁保村在具体实践中，有其自身约定俗成的惯习。

三　米酒制作与饮酒习俗

饮酒是潮湿寒冷地区一种应对生活环境必不可少的调适方式。在我国南方地区，少数民族多居于山间或林箐，劳作环境相对恶劣，饮酒解乏舒筋活血成为人们日常生活中的习俗，也是重要的娱乐与感情交流的纽带。苗族分布地区饮酒习俗盛行与他们的生活环境、生产方式、物产种类有关，史料里有不少关于苗族饮酒习俗的记载，如清咸丰年间徐家干在《苗疆闻见录》中描述："苗妇多好饮，或置酒召之，则老幼偕至，饮次唱歌为乐，群以酒奉召者。"[2]

笔者第一次到田野点，对一些地方习俗虽早有耳闻，但亲身经历依然有不一样的感触，和自己生长环境中的习惯对比仍稍感震撼。在乌村，可以见到吃饭时一家人成年以上男女老少同桌饮酒，有客人，尤其是女客人来时，家庭主妇扮演饭桌上的"酒司令"。

村里每家喝的酒都是自家酿制，妇女们都是酿酒好手，女孩们从小耳濡目染，十七八岁便能掌握酿酒技术。苗族先民很早就掌握水稻旱稻种植技术，大米成为酿酒的主要原料，又由于粮食产量不高，一些杂粮如红薯、高粱、小米等也成为酿酒的原材料。人们在收完稻谷以后，进入冬、腊月，开始酿酒、做豆腐、炕腊肉等，为过年做准备。

酿酒程序需要一周多时间，先将米淘洗浸泡一晚，蒸煮晾温之后拌上相

---

[1] 刘永华：《传统中国的市场与社会结构——对施坚雅中国市场体系理论和宏观区域理论的反思》，《中国经济史研究》1993年第4期，第133~139页。

[2] （清）徐家干：《苗疆闻见录》，吴一文校注，贵州人民出版社，1997，第170页。

应比例的酒曲,将其装缸里密封发酵,三四天后加温水搅拌二次发酵,一星期左右发酵充分即可以蒸馏提取,称为烤酒。入秋之后,山上有很多野果成熟,妇女儿童闲时到山上收集晾干后用于泡酒,一般选择有糖分、有色素或有药物作用的野果。在乌村常采集一种叫蜂糖罐、形似刺梨的野果来泡酒,泡出来的酒色泽明黄,有香味。还有一种叫拐枣的,泡酒有浓郁的甜香味。也喜欢泡野猕猴桃的根,据说有治病效果。还有的在夏天泡杨梅酒,色泽鲜艳,加以冰糖泡制有酸甜味。2010年以后,地方引进蓝莓种植,人们很快摸索出各种蓝莓酒的制作技艺。酿酒工序和原理都一样,但酒曲的不同选择、温度的略微差异、制作习惯不同等导致每家酒的味道都不一样。

乌村每逢有客人来,按以前的习俗是客人在主人家吃完饭,会被家族中各家邀请去宴饮款待,这样走客会持续两三天。后来人们事务繁忙交通方便,客人吃一顿饭之后就返程,家族的各家会带上酒菜一起招待客人,如此便会在一顿饭的过程中品尝很多家的酒,用餐时间自然就会比较久。正月里是人们走客的日子,这期间到村子里转一圈会发现很多家庭一大桌人围着饮酒聊天,酒兴正酣时还主客对唱祝酒歌。通常在开饭前主客都会掐肉、滴酒在地上先敬祖宗、神鬼,然后才会欣然开始吃喝。诚然,在人们生活中,饮酒起到很好的勾连作用,不仅在人与人之间,在人与神鬼、人与土地山川自然之间,同样如此。

四 在"宣威"之前:卖梨果的地方

宣威地名的由来在前文有详述。明朝万历年间,宣威一带为苗族首领阿斗的族部领地,属平定土司管辖,因山路阻隔,距离遥远,部族常据扼堵狭,使道路不得通,又因当时周边一些小部族叛乱,地处当时湖、广、川、贵交界的交通要道枢纽,明朝廷遂于万历十四年(1586年)在此地设营,驻扎军队,"设军于要害,控苗民反抗,杂处以防之",以"宣耀其兵威"之意,定名为宣威。① 在设营立名之前,宣威所在的光明村一带地名在官方历史记载中为"者亚""者牙",在民间贾理辞中记为"匦亚""匦丫"等,最早出现于元代,这些称呼是苗语"梨树、梨果"的音译"整雅"在不

---

① 麻江县人民政府编《贵州省麻江县地名志》,麻江县人民政府印刷(内部发行),1986,第194页。

同的记录者笔下的转述。据记载，从前这里漫山遍野都是梨树，果实累累，为古苗族人民所开拓，这一地名含义表明这是一个广种梨树、盛产梨果的地方。

另外，此地在开通集市以后，按十二生肖排列逢"鼠"（子）、"羊"（未）赶场，又有鼠场的称呼。集市具体开通时间暂待考证，大致在清中后期，故在明清时期，民间都称宣威为鼠场。据对当地文化人WXY与JP①两人的访谈，属于乌村苗族分支的WXY说：

　　宣威的苗名我们喊"跟喏"，"跟"是场坝、集会、赶集。"喏"是耗子、老鼠，就是赶鼠场天的集会。我们还喊"厢贰"，"厢"是集市、场，"贰"是梨子，意思就是卖梨子多的地方，梨子树多的地方。

而属于卡乌苗族分支的受访者JP说：

　　我们那边（卡乌）喊宣威是"厢喏"，"厢"就是场、集市、赶场的意思，"喏"还是鼠，赶鼠日的集市。

"厢"和"跟"是不同苗语习惯里对"场"的称呼。共同表明的含义即现在通称的宣威这一集市最早开市是赶"鼠场"天，以卖梨而著称，是周边寨子中典型的水果集市。而售卖的梨是宣威一带自产自销，这一情况持续到20世纪80年代前后。WXY回忆：

　　以前宣威这个地方像个大果园，一直种鸭梨、橘子、橙子，我们小时候这里每家都有个十来亩的大果园，满山满野都是果树，一到春天开花白生生一片，果树大棵大棵的都是精心培育的，宣威周围全部是梨子，咸宁那边到处是一抱多大的梨子树。后来烤烟种植兴起以后，为了腾出土地种烤烟，也需要木柴，就砍那些大树来烤烤烟，整个寨子的大梨子树被全部砍光。

---

① 访谈日期：2019年6月16日；访谈地点：翁保大寨WXY家中。WXY，1973年生，翁保大寨人，笔者调研时其任麻江县民宗局副局长。JP，1973年生，卡乌人，时任麻江县民宗局办公室主任。二人作为本地人，又在民族文化相关部门工作，平时热心收集和研究地方民族文化。

对两人回忆和讲述的情况，当笔者访问一些老年人时也得到类似的信息，虽不能将20世纪七八十年代的情况推导到更早，但至少可以确定的是宣威一带大量种植水果的情况早已有之，根据WXY描述的梨树大小推算，上溯一百年左右是可以成立的。

综合上述，宣威地区"三回九转"的丧葬仪式、轻松开放与严肃谨慎并存的嫁娶风俗、赶场与"看会"各有司职的大众聚交、日常礼仪中的烟酒故事、丰富的民间物产等是一个地方物质文化与精神文化的集中体现，深思其中深刻意涵，可以说是自然与人的一种互惠的自洽循环，循环中的各种多向式约束与限制力量在某种状态下达到一种阶段性均衡与向均衡过渡的形态，使人发挥主观能动性时刻进行创作与改变，生成人与人之间、人与自然之间多维的力量网络。

第三节　传统社会结构与关系

行政权力犹如村落社会中的硬权力，凡事讲政策、按规矩、响应国家号召，在村组干部权力威望与人格魅力的辅助下实现村落公共事务的管理与运行。但在多元复杂的村落社会中，公私杂糅、内外相交，很多领域行政权力无法影响与干预。在中国许多乡村社会，基于对社会秩序的维护，千百年来形成了一系列约定俗成的规约与风俗习惯，在国家行政权力无法干预的领域里约束和影响社会秩序与社会中个体的行为。在乌村，鬼师与神秘规则力量、寨老的地方法理力量、同姓宗族力量、异姓姻亲力量等像一个纵横交错、层叠覆盖的编织网，将村落社会中的个体网罗其间，每个人被多种力量约束的同时也创造和发挥自身的力量反作用于村落社会关系力量网。

一　鬼师与寨老

关于鬼师，前文有介绍，是苗族社会对从事卜卦问鬼、选址择日、主持丧葬仪式等民间信仰活动的兼业者的称呼，不少鬼师同时扮演赤脚医生的角色。他们平时参与劳作生产，有人求巫问医则进行解难答疑。清徐家干在其书中描述道："其俗信鬼尚巫，有病不用医药，辄延巫宰牛禳之，多费不惜也。"① 另外清田雯所编《黔书续黔书 黔记 黔语》中"花苗"词条记载:"病不服药,惟祷于鬼,谓其巫曰鬼师。鬼师乘是以愚之,或宰牲磔鸡,或杀牛,虽极贫亦必称贷而为之,往往以此破产终不悔悟。动作必卜,或折茅,或熟鸡,取其胫骨与脑验之。"② 吴一文在徐家干《苗疆闻见录》点校本中介绍说,苗族普遍信鬼神,各地鬼种和数量不同,性质也不尽一样,然种数之多,实属少见。据王凤刚介绍丹寨苗族社会中有十大鬼系 101 种鬼,这还只是不详尽统计,可见苗族民间崇信鬼神之风在历史时期相当盛行,其实南方很多少数民族社会中亦是如此。近现代以来,随着对医疗技术、生物、地理领域科学认识的不断深入,鬼神崇信之风有所消减,但直至今天仍然有些现象让人们无法解释而诉诸鬼神,抑或科学与鬼神双系解释才会让人们感到正确、充分与获得安全感。因此,鬼师及其施行的神秘仪式与规则在苗族民间始终具有重要影响力。他们通过丧葬仪式、卜卦问鬼、灭鬼解结等巫事活动安抚人们对鬼神的恐惧,传达鬼神对人的要求,传递社会的控制力量,从而教化人们谨遵恪守符合当地社会规范的伦理观与价值观。除了正向的帮助人驱鬼驱邪外,也有人请鬼师施行害人的负向操作,如操纵咒人鬼可让记恨的人生病甚至死亡,但这会遭到怨恨,还有损鬼师"阴德",所以鬼师一般不会应请。但基于这方面考虑,人们对鬼师抱有畏惧与不敢怠慢的心理,无形中又加强了鬼师在苗族社会中的影响力量。

20 世纪 50~80 年代,乌村有位方圆百里苗族人公认的法力最高的鬼师先生,其为杨姓家族人,现村民 LGZ 的外公。其生前育有两女,一女外嫁他寨,一女嫁乌村龙家,即 LGZ 的母亲,现年 84 岁。翁保大寨现年 85 岁的鬼师 WSQ 是他的徒弟,据 WSQ 老人讲述,杨公在世时是方圆百里苗寨人公认的法力高强的鬼师,为人正派,人们有事都喜欢找他,特别信任他。笔者在村中就这一问题进行访谈时,有记忆的中老年人都相当推崇这位已故鬼师先生,人们凡是有大事小情都要求教于他,听取他的意见。后文将提到乌村"坐中保寨"的土地公在村民 LZW 1987 年建新房时被其搬移,事前专门请鬼师用公鸡敬过才敢动,当时就是请这位杨公鬼师做的法事。

---

① (清)徐家干:《苗疆闻见录》,吴一文点校,贵州人民出版社,1997,第 173 页。
② (清)田雯编《黔书 续黔书 黔记 黔语》,罗书勤等点校,贵州人民出版社,1992,第 20 页。

WSQ 老人是翁保一带健在的年纪最大、人们认为最"正宗"的鬼师。据村人和他本人的介绍，他的家族已经有过五代鬼师，他属于以鬼师先祖神灵附体方式接传鬼师一职的，在周围村落中具有很大影响力，即使他现已 84 岁高龄，在人们观念变化如此之快、科学技术如此发达的今天，笔者到访时也偶尔会遇到有人登门求助。

鬼师在村里是具有神性约束力的存在，人们对其依赖而敬畏，常将其作为以科学方式无法解决问题时的最后一根救命稻草。鬼师通过驱除鬼怪、寻求神灵护佑而给予祈求者心理安慰，即使最后结果依然不变，人们也会认为这是已经尽全力后的上天安排。鬼师在土地资源分配、土地纠纷裁决、土地信仰等方面都是重要的直接参与者，其社会权威从这些方面体现出来，其神性力量一部分也来源于土地，如仪式中石头、泥土、水、稻谷、稻草等的使用都是重要的与土地关系的象征。

寨老一般是苗族村寨中进行民间管理的德高望重、有本领能组织力量保护寨子之人。若说鬼师管理人们生活中与鬼神相关的神异之事的话，那么寨老通常管理人们生活中的俗事，如村规民约、矛盾纠纷、分家析产等。寨老与鬼师的职责有着模糊的界限，如当发生纠纷，寨老出面讲理协调，调解不成，双方各执一词时则会采取神判，这时往往会请鬼师出面。有时鬼师与寨老是同一人的不同身份与角色扮演，多数是区分单独存在的。

丹寨苗族地区有专门传唱教诲讲理古歌的贾师与理老，这一系列古歌称为贾理，平时诵唱教化子民，有纠纷时断案讲理，贾师和理老有时身份也类似于寨老，在苗族社会中有较高权威。王凤刚搜集整理译注的《苗族贾理》记载说："此是教子《贾》，此是诲幼理。教子去互市，诲幼务稼穑，教子才聪明，诲幼才懂理。弹墨线才造成屋，懂贾理才做成人……作贾签解纠纷，作理片断案件。"[①] 宣威属于麻江县与丹寨县交界之地，在翁保一带早年有能传唱贾理的人，随着这些人逐渐离世，贾理现在已经失传。寨老这一称呼以及专门行此职责的人也已经不存在，但寨中能被请来调解纠纷断案的长老仍存在，一般是村里或家族中有一定学识、有威望、有公心的长者，这些人在村中依然是一股不可忽略的民间力量。

在当地苗族社会中，土地是非常重要的财产与资源，当涉及土地分配、

---

① 王凤刚搜集整理译注《苗族贾理》(上)，贵州人民出版社，2009，第 2、9 页。

管理与纠纷处理等时,寨老和鬼师的力量是一种隐性的权威,他们具有较高的发言权,监督与维持约定俗成的分配与管理秩序,在土地利用变化过程中,形成一种与外来力量如国家行政权力和资本等相抗衡的内部传统力量。

二 姓氏与家族力量

聚族而居是南方许多少数民族村寨的普遍情形,通常一个村寨以一个姓氏为主、其他几个姓氏为辅,或一个村寨就由一个姓氏的人组成,这种村寨里家族力量是形成民间非正式权力的重要基础。

在乌村,龙家寨以龙姓人数最多,其余有少量杨姓、罗姓人家,陈家寨以陈姓为主、王姓为辅,形成几个大小不等的家族。家族成员数量、从事职务、受教育水平、经济收入等是形成家族力量的基础。平时婚丧嫁娶之类的大事整个家族互助合办,家族是每个人在小家庭之外最重要的依附组织,对外事务一律由家族共担,家族对家族内每个小家庭及个体成员都具有重要影响力。人们依靠家族力量立足和发展,同时自身也为家族力量添砖加瓦,家族力量对村落公共事务处理具有较大的影响力。

就乌村而言,很多场合人们常常以家族集体的形式参与公共行动或事务,加之村寨小,姓氏成员数量差距大,所以村人心里的家族边界非常明晰,十五六岁的人能清晰知道与谁是同一个家族,和谁不是同一个家族。

在乌村,74户分属六个姓氏,其中陈姓在陈家寨,龙、杨、文三姓在龙家寨,王姓、罗姓两寨均有。陈姓分为三个家族,王姓分为两个,龙姓分为五个,杨姓分为两个,罗姓有两个家族,文姓目前只有一户家庭,是小时候来投靠龙姓家族定居下来的,目前归属龙姓家族,但随着家族的繁衍以后会分立自成一家。总体而言,现在乌村分为六个姓氏15个家族,概况见表1-3。

表1-3 乌村家族概况

姓氏	序号	家族代号	家族代表	分布	家庭	人口	备注
陈姓	1	C1	CZL	陈家寨	11	57	陈家祖上收养的孤儿发迹
	2	C2	CZX		12	54	陈家寨老住户
	3	C3	CYZ		14	53	陈家寨老住户

续表

姓氏	序号	家族代号	家族代表	分布	家庭	人口	备注
龙姓	4	L1	LGZ	龙家寨	8	41	乌村牛寨迁入
	5	L2	LJ		4	17	龙家寨老住户抱养而发迹
	6	L3	LGY		4	16	龙家寨老住户
	7	L4	LYP		3	14	乌村姊妹坡脚迁入
	8	L5	LGP		2	6	龙家寨老住户
王姓	9	W1	WYL	陈家寨	2	14	迁入100余年
	10	W2	WCH	龙家寨	1	4	随母改嫁杨家迁入后与W1家族认本家
杨姓	11	Y1	YDM	龙家寨	4	22	70年前自杨家山迁入
	12	Y2	YDX		1	6	100余年前从晴郎迁入
罗姓	13	LA	LYG	陈家寨	4	18	100年前自外地迁入
	14	LB	LHK	龙家寨	3	7	100年前自青曼迁入
文姓	15	WA	WZR	龙家寨	1	7	原居罗伊，50年前投靠L4家族迁入，双方为姑舅亲

资料来源：根据访谈资料与被访谈者LYP提供数据整理。每个家族以笔者田野期间访谈较多者为家族代表，以其姓名首字母记入表中。家族代号第一个字母为"姓氏"的首字母，第二个数字表示家族人口排序，姓氏首字母相同的排序用字母区别。家庭则按照民间是否分家的标准统计，有的为核心家庭，有的为主干家庭。

根据人们的记忆，相同姓氏的不同家族的来源地与迁入村寨时间不同，所有家族分为迁入户与老住户两类。人们认为的老住户指目前村人记忆中与口传历史中已不知其何时何地迁入，只知道很早就有的家族。即使是同为村寨老住户的相同姓氏下的不同家族，祖上也分属不同的来源，没有血缘关系。不过，按乌村的规矩，同姓不能开亲。笔者认为同姓氏的不同家族或许在久远的祖上依然有血缘关系，只是人们对家族的认定范围大概只在五代以内，往后推演即成为不同家族，但同姓不开亲的规矩得以保留。也有可能是受到汉族的影响，认为"五百年前是一家"！

所谓"人多力量大"，家族力量首先与家族人口数相关，家族人口数越多家族力量越大，在村里公共事务处理方面越有话语权。表1-3中，可以看出陈姓与龙姓是村中家族力量相对较大的。随着社会发展，在人多力量大基础上，人口质量对力量的影响越来越多元化。在村中，家族内个体的知识教育水平、经济水平以及在某一领域享有的权威是家族力量的组成部分，当家族里有一个或多个在某方面有突出表现的成员时，本家族在村中虽不一定是大家族，但人们心目中会认可这是一个厉害的家族。如 WYL 家族在村中家庭人口少，但他的大儿子现在是村里蓝莓销售方面经验丰富、渠道广的人物，除了自家蓝莓卖得好，还能带着村里各家销售蓝莓，就他的影响力足以让他的家族在村中具有重要地位，尤其在蓝莓发展相关领域中很有发言权。而 LYP 的家族本是村中人口较多的家族，加之家族中目前有三个大学生、两个公职人员、三个当兵退伍人员，遂在村里成为名副其实的大家族，对村中事宜的决策很有影响力。

总之，传统社会人多力量大，家族人口多少决定家族力量大小。随着社会发展，衡量家族力量大小的标准越来越多元化，人们也会多渠道谋发展，使自己能够在某方面取得一定的成绩。更重要的一点，家族人口多少决定土地占有量多少，在土地利用变化过程中，人口多的家族涉及土地面积更广，在土地利用决策中的意见起主导作用，也代表村中主要力量传达村人的诉求，与外来力量进行博弈与周旋。

三 "同心桥"——隔河两寨姑舅亲

连接陈家寨和龙家寨的风雨桥现名为"同心桥"，是 2014 年麻江县旅游部门打造乌村景区时取的名字，在之前村里就叫木桥，也叫陈龙桥，意为连接陈家寨与龙家寨的桥，谐音"成龙桥"，取成龙成凤之意。20 世纪 70 年代前，此桥还未修建时，两寨人都是蹚水过河，遇上洪水季节经常被阻隔。后为方便两寨往来，便于 1978 年在河上搭建了木桥，但枯水季节能正常行走，丰水期桥面木板常被大水冲走。1987~1988 年，陈家寨用出售集体山林木材的收入，自筹劳工修建石桥，才真正解决了两岸村民的过往行走问题。2006 年在新农村建设项目资助下，在原有桥体基础上将其加宽加高加固，使其可承受汽车通行。2012 年开始打造乌村旅游景观，在桥上修建廊亭，进行夜景灯光美化。2014 年正式取名为"同心桥"，以增加其村寨景观的浪漫气息与故事性。

"同心桥"虽是旅游部门在开发建设中赋予的名字，但乌村在几百年的发展历程中早已形成"陈龙同心"的格局。两岸寨子长期以来都有开亲传统，尤其在早期交通条件不佳状况下，村里青年女性不易出去，外面青年女性不易进来，两边村寨姓氏不同又属于同一苗族分支刚好形成最佳通婚群体，于是就有了"隔河两寨姑舅亲"的姻亲网络。就笔者田野期间了解的情况，以 2019 年 10 月为统计截止时间，嫁入的女性共 105 人，其中陈家寨和龙家寨相互嫁娶的有 13 人（见表 1-4）。

表 1-4　乌村嫁入女性中陈家寨与龙家寨之间及内部嫁娶关系

序号	所在村寨	涉及人	家庭关系	所在家族代号	来源家庭	来源家族代号
1	龙家寨	LHQ	户主	L1	陈家寨（CDJ 二姐）	C3
		CDZ	配偶			
2	龙家寨	YQJ	户主	Y1	龙家寨（LYP 亲妹）	L4-WA
		LYF	之母			
3	龙家寨	LGZ	户主	L1	陈家寨（CDQ 之女）	C3
		CWH	配偶			
4	龙家寨	LYH	户主	L4-WA	陈家寨（WYL 之妹）	W1
		WYL	配偶			
5	龙家寨	LYQ	户主	L4-WA	陈家寨（CWK 姑妈）	C1
		CDY	之母			
6	龙家寨	LGP	户主	L5	陈家寨（CDJ 之妹）	C2
		CDL	之母			
7	龙家寨	LCR	户主	L3	陈家寨（CWX 之女）	C2
		CYZ	之儿媳			
8	龙家寨	LZJ	户主	L2	陈家寨（CDJ 之妹）	C2
		CDF	之母			
9	陈家寨	CZQ	户主	C2	龙家寨（YDX 之妹）	Y2
		YDM	配偶			
10	陈家寨	CZX	户主	C2	龙家寨（LYP 之姐）	L4-WA
		LYL	配偶			
11	陈家寨	CYG	户主	C1	龙家寨（YDH 之妹）	L4-WA
		YDX	之母			
12	陈家寨	CYX	户主	C1	龙家寨（YQX 之妹）	Y1
		YQZ	配偶			
13	陈家寨	CWH	户主	C2	龙家寨（YDH 姑太）	Y1
		CYS	之母			

注：表中"所在家族代号"与"来源家族代号"来源于表 1-3。
资料来源：结合翁保村扶贫攻坚工作组数据与笔者田野访谈资料整理编辑。

如表 1-4 所示，陈家寨嫁到龙家寨的有 7 人，龙家寨嫁到陈家寨的有 5 人，龙家寨嫁到本寨的有 1 人。一组姻亲关系建立的亲属网络会涉及两个家族，家族中的每个家庭与成员都在这一姻亲关系网络之下，从中得到帮助并受其影响与限制。如图 1-5 所示，将村内嫁娶的 13 组姻亲关系用线形图表示，形成一个村寨亲属关系网，将村内 15 个家族中的 12 个都网罗其中，形成盘根错节的亲属关系。其中涉及 C2 家族的有 6 组，与 L4-WA 家族相关的有 5 组，Y1 与 C1 家族各有 3 组，这些是与村内其他家族建立姻亲关系较为密切的家族。另外还有一些去世未统计的老年妇女，由她们形成的姻亲关系组织依然存在，按照民间"一辈亲，二辈表，三辈四辈认不了"的习惯，老人虽过世，但其形成的姻亲关系至少要持续到第三代。如 LA、LB 与 W2 家族从图表上看虽无相关姻亲关系，但在过去时期这些家族也有与村内其他家族的嫁娶关系。笔者观察到，在陈家寨与龙家寨朝夕相处打交道的背景下，三辈四辈亲族依然还会盘算亲戚关系，某些场合依然利用亲族关系形成的力量，而关系远近亲疏的力量会在不同的场合中左右村落运行系统。故可以说，村寨每个家族中的每个家庭及其中所有成员都可以容纳进两寨组成的较为亲近的姑舅关系网络中。

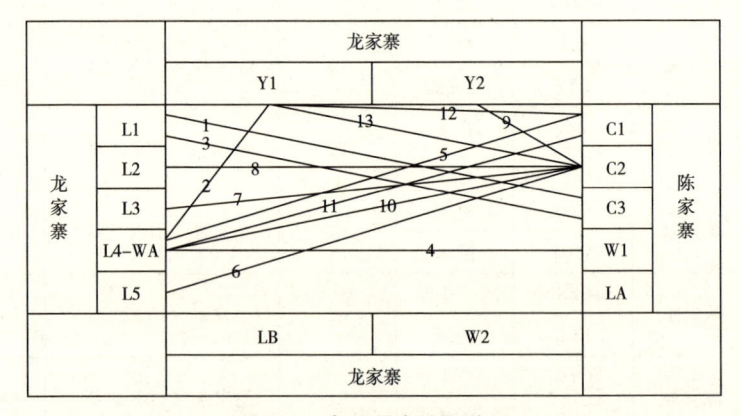

图 1-4　乌村村内嫁娶关系

说明：结合表 1-3 与表 1-4 中家族情况与嫁娶关系资料，矩形四周为家族代号，中间斜线表示村内 13 组嫁娶关系。

资料来源：笔者手绘，朱厚玺编辑。

如笔者在田野期间食宿的 LYH 大叔家，他的妻子来自陈家寨的王家，母亲是陈家寨陈家，一个妹妹嫁到龙家寨杨家，姐姐嫁到陈家寨陈家。若以大叔一家为原点，以本家族宗亲为经线，以外家族的姻亲为纬线的话，纵向可以串联起龙家寨他这一龙氏家族各家庭；横向上以自己的妻子、母亲、姐姐和妹妹形成的姻亲关系为纽带，可串联起龙家寨的杨姓家族、陈家寨陈姓的两个家族与王姓家族。细数一下完全可将两边寨子除罗姓几个家庭以外所有的家庭联系到这个纵横交错的关系网络中，这些家庭与个体若在日常生活中出现困难、遇到来自外力的侵扰时，可以依靠整个网络中的家庭与个体施予帮助，形成不可估量的力量。

笔者田野调查期间曾多次参与大叔一家无数家族与亲族之间的人亲客往活动，常以他们家里女儿的身份被介绍给他们的亲戚朋友，以至于到田野后期，无论笔者在村里、集市还是外出访谈回村的路上遇到村里每个人，都能明确以大叔女儿的身份称呼其公奶、叔伯、哥嫂、姐弟、外公外婆、姑爹姑妈、姨爹姨妈、舅舅舅妈、表哥表嫂、表姐表弟等，进而得到每个人极大关心与帮助，同时也深刻感受到家族与亲族之间的亲疏关系与相互间关系的密切度，以及在日常生活中各家庭及成员之间依赖这些关系获得的力量支持与自身的力量贡献。由此可见，个体看起来似乎微不足道，但却是特定社会关系中的某个结点，能够串联起上下、左右的不同关系网络。

这些亲族之间的密切关系也导致土地在村内产生一些细微的流动与变化。村落的土地分配与继承主要依据男性成员进行，但特殊情况下，在嫁出去的女性经济困难时娘家会以土地短期赠送耕种的方式提供帮助，由于乌村村寨内部的嫁娶关系为这种帮助机制提供方便，所以土地原本是家族内部的固定财产，但在特殊背景下也会在有姻亲关系的家族之间短暂性流动。

四 通婚范围与支系选择

通婚范围选择是一个民族或族群社会内部文化稳定的自我保持与修复机制，受原始社会族外婚、部落内婚的历史因素影响，这一影响至今在很多少数民族地区仍有明显印记。乌村人的通婚范围选择具有明显的支系内部婚特征，因乌村苗族属自称嘎闹支系中的嘎尤分支，分布的范围比较狭小，如前文所述集中在麻江宣威、丹寨兴仁、都匀坝固交界的少数几个连片村落中。通婚范围同时也受到集市与"看会圈"的影响，"看会"成为年轻人建立关系、缔结婚姻的重要场合。在苗族婚姻习俗中，一般同宗同姓不婚，不同服装不婚。这两种禁忌是原始社会族婚制的反映，不同服装不婚是部落内婚的反映，同宗不婚，是氏族外婚的延续。① 笔者在村落进行访谈时，45 岁以上中老年人表示他们相互认识的方式主要是走亲戚、"看会"、老人介绍等，通常情况下都是在穿相同衣服的这一带村子选择，各个村寨都有长辈们的亲戚关系，比较熟悉，也由此进一步限制了认识、介绍的范围。总体而言，全村 80% 的通婚集中在这一范围内，在更早的时期这一比例则更高。因地域分布狭窄，组建婚姻关系的两个家族相隔较近，在日常生活中的交往互动频繁，能够得到相互间更多的帮助，充分展示村落或族群的外部支持力量。

笔者对乌村嫁入女性来源地进行了统计，截止到 2019 年 8 月 30 日，外嫁入的女性共 104 人，其中来自宣威镇与紧邻的丹寨县兴仁镇 79 人，以乌村、城中、鲤尾和丹寨县兴仁镇城江等村居多；龙山镇 10 人，杏山镇 2 人，麻江县城 1 人，雷山县西江镇 1 人，都匀市 1 人，贵定县、下司镇等地共 5 人，外省 5 人（来自湖南、重庆、四川、江西等省市）。其中来自宣威镇与兴仁镇的共 79 人，约占总人数的 76%，基本属乌村这一苗族分支分布的村落。少数几个外省媳妇是 20 世纪 90 年代外出打工浪潮兴起以后通过打工认识带回来的。

因为离得近，人们在农事生产、婚丧嫁娶、意外事故等方面能及时得到来自邻近村落的外家亲戚的帮助，在土地与经济方面也能获得一定的支持。在翁保一带，女孩出嫁前常在自己家田边地坎开荒种棉花、麻等私人使用的农作物，土地宽裕的家庭还专门划拨一定面积土地给未出嫁女儿个人种植管理，其产出品供女孩个人支配，由女孩自己制作女红使用或拿到集市卖钱换取其他生活所需工业品，这种土地称为"姑娘地"，与布依族地区的"客田"含义相近。"姑娘地"的作用是一方面让女孩学会园子种植打理技术，另一方面让其积攒私房钱为出嫁做准备。通常情况下，女孩出嫁后"姑娘地"归属原生家庭种植管理，但若女孩嫁入的家庭兄弟多，分家后得到的土地少，在难以为继的情况下一般会允许女方继续种植"姑娘地"，以解决其婚后家庭生活因土地不足造成的困难，情况好转后土地再归还女方的兄弟或父母。这一措施为新的小家庭提供了重要的经济支持，帮

---

① 王慧琴：《关于苗族支系的研究》，《贵州民族研究》1988 年第 2 期，第 123 页。

助小家庭度过刚分家时的拮据困境。在 20 世纪 90 年代以后,随着打工潮兴起,大量农村青壮年劳动力外流,农村土地出现撂荒,有余力再种多余土地的也会从家族、外家亲戚中优先选择。

土地是传统农村家庭的命根子,在大家都依赖土地生存、土地明显紧缺的年代,即使是亲兄弟之间也要先顾及自己的小家庭,只有父母才有这种赠送土地的怜悯之心。土地都能给予支持,其他方面如劳力、时间、少量金钱等更是尽其全力相互帮衬。

五 伙计、姨孃与干亲

在乌村,除血缘关系、姻亲关系将不同个体和家庭联系在一起外,一些非血缘关系或拟制血缘关系也成为建构村落社会关系的重要方式,如伙计、姨孃、干亲等。

伙计是成年男性所建立的社会同辈群体关系,关系亲密度介于亲兄弟与一般朋友之间,与堂兄弟、表兄弟之间关系相当或更密切一些。通常情况是男性成年但未婚阶段通过参与"看会"、走亲戚等活动认识、建立的关系,也有同学间发展起来的。用被访谈人的话说是年轻时常在一起玩,觉得趣味相投、合得来就打伙计。伙计不限于两人间关系,而是像滚雪球一样形成一个伙计团体,如 A 与 B 在某种场合相识打伙计,后来 B 与 C 打伙计、C 与 D 打伙计,或 A 与 C 打伙计,B 与 D 打伙计,在四人能同时相聚时他们都会相互称为伙计,彼此之间身份相同,只是每两个人之间关系远近不同。总之,每个人会同时有多个伙计,也会同时在不同的伙计圈子中占据不同的位置和扮演不同的角色。

伙计的形成方式,导致同一伙计圈子里的人在多数情况下属于同一行业,或从事相同的业余生产,传统时期常见的有木匠、石匠、瓦匠、打鱼、打猎等伙计圈。这样的圈子,使同行之间更有共同的话语,也更能体现互帮互助与互通有无。伙计多为年轻时认识建立关系,到成家立业后一直维系,一般比较稳定,但随着社会发展速度加快,这种没有血缘与婚姻关系为基础而形成的朋辈关系也会有疏淡甚至翻脸僵化的个例。

姨孃是女性之间与男性伙计相似的社会关系,人们称为打姨孃,方式与男性打伙计类似,也是通过赶集、"看会"、走亲戚、上学等年轻人的活动相识发展起来的。建立姨孃关系后,一般会请双方家里老人互走,主要是在正月里备上一些礼品到对方家吃饭喝酒，以此确立关系，之后村人与邻里亲戚间也知晓这种关系。年轻时的姨嬢通常是女孩间"看会"、交流恋爱故事、分享编织技术的亲密关系，成家以后也会成为两个家庭生产与经营的互助联盟。女性间的姨嬢关系由于受到女性婚后被家庭束缚太多的影响，疏远的比较多，但若能维持，又比男性伙计间的关系更亲近，这也许与男性女性之间对待友谊的天生区别有关。

认干亲是下文将提到的孩子认俗人作保爷形成的关系，是以孩子为纽带，两个家庭之间建立的亲缘关系，区别于男女婚嫁组成的亲家关系，称为干亲家。干亲家也是一个家庭互助合作的选择对象之一，有的甚至是先有较好的合作互助关系，进而发展成干亲家。

任何一个家庭，每个成员都处于各种方式缔结的社会关系网络中，这些关系将家庭与家族也牵带进入，形成一定程度上的熟悉关系，在特定的场合成为关系网络内成员与家庭之间汲取力量的源泉。村落传统的社会关系具有多维度、多层次、多渠道的特征，其内部因亲疏差异、远近差异形成不同的类型，在社会内部形成不同的力量，影响着社会的发展。

当出现危机事件时，村落层面的行政权力与各种民间力量就会呈现，以不同的方式促进危机解除，体现传统村落社会中正式权力与非正式力量的社会功能与运行方式。如在2019年正月初七当天，村民WZR家木屋不幸发生火灾，整栋房子全部化为灰烬。当人们发现时，第一时间奋力救人，所幸没有发生人员伤亡，但对于一个普通的家庭，经过几十年的积攒才于一年前入住新房子，日子刚刚好起来，一把火可以说是将家庭拉回到原点，使家庭遭受严重损失，一家人陷入无尽的悲伤中。在之后的一段时间里，其家庭成员横向与纵向关系中的家族、姻亲力量成为他们渡过难关的关键性支持力量，亲朋好友也是重要的帮助力量。人们纷纷伸出援手进行资助，据笔者了解，家族及内亲中每家捐资200~500元不等，还有的家庭送去粮食，帮助他们解决燃眉之急。由于突发的灾祸，到四五月耕田下秧时，WZR儿媳妇邻近村寨的娘家将一些水田相赠，让他们一家暂时耕种，以增加粮食产量弥补损失。政府层面，在基层领导及工作人员了解灾情后，将这个本来已经脱贫的家庭重新纳入精准扶贫建档立卡户，使其享受一些国家扶贫政策，一定程度上解决了今后老人医疗与小孩上学的经济负担问题。在此案例中，国家及基层政府从长远和宏观角度对其实施帮助，而村落的民间与社会力量尤其是来自家族与亲族的力量则是解决燃眉之急、帮其度过危机的关键性保障机制。

　　本章研究生境视野下乌村的社会与文化。区域"三才"中自然气候、地理条件与人文历史特征构成当地的自然生境与社会生境,生境中的苗族"嘎尤"分支具有独特的风俗习惯、娱乐活动与地方风物。"磕头婚"与"嫁娶婚"并存的婚礼仪式、"三回九转"持续一个月的丧葬仪式、规律分布的"看会"与赶场、历史悠久的酒果文化等,组成丰富多彩的地方社会文化。传统社会结构中,鬼师与寨老具有较高的社会权威。家族是人们在家庭之上有重要影响的血缘组织,在同宗同姓不婚、不同服装不婚的规则影响下,村内两寨之间形成盘根错节的姑舅亲关系。通婚圈受"看会"、集市、服饰、语言等空间与文化表征影响,形成支系内部通婚的特点,加之民间认伙计、姨嬢、干亲的习俗,共同构成小范围内密切的社会关系网络。

　　从上述各节探讨的内容与一些发生在田野点的案例可以看到,村落传统社会充满费孝通先生所说的乡土性与熟人社会特征。社会关系网络主要以血缘、地缘为纽带,具有内聚性、稳定性与具体性,每个个体从社会关系网络中获得力量与帮助,同时也被关系网络束缚与规训,这种关系属于典型的"强关系"。而传统文化具有典型的民族性与地方特色,这些都是在人们日常生产生活中产生、发展与延续的。尤其是地处西南地区的少数民族,其生计方式及土地利用的多样性与独特性是多元社会关系与文化的基础。故在社会关系与文化背后,对传统生计与土地利用方式的梳理与挖掘显得尤为重要,其为更进一步认识社会关系与文化奠定基础,也是分析当下生计方式与土地利用方式变化的前提,需据此研究当下社会关系与文化变迁的内在机理与逻辑。

第二章 传统生计方式与土地文化制度

在特定生境中的生存需求使得当地人在长期的实践积累中，形成稳定的生计方式，共建一种人与自然相互作用、相互依存的关系。人们依赖土地而生存，在自然、地理环境条件下，需要掌握合适的生产技术及对不同类型土地进行合理利用才能获得充分的劳动成果。由于土地资源的有限性与人口不断增长之间的张力，土地分配与继承是每个社会的基础性制度。在国家土地制度大背景下，各少数民族地区形成区域内部认可的土地分配与继承制度。人们对土地的珍视、保护与敬畏形成具有地方特色的土地观念、土地信仰与土地文化。

第一节 传统生计方式与土地利用

乌村坐落于羊昌河沿岸，山高谷低，耕地少林地多，水资源丰富，人们世代形成坐山吃山、临水吃水的农耕兼采集渔猎生计方式，农耕种植和家庭养殖产品是其主要生计来源，辅以丰富的采集渔猎物品。当地人根据不同的土地利用方式对土地有不同的命名，种植玉米、豆类等较远的旱地称为"土"，寨脚较近的种菜旱地叫"园子"，种水稻、养鱼、养鸭的称为"田"，种植用材林的称为"山林"，长灌木丛或薪炭林的称为"坡"。不同的称呼代表不同类型土地的利用方式，也意味着不同的生计资源，在生活中有明确的区分与文化意义。

一 杀个肥猪过大年——旱地玉米与杂粮种植

乌村人家每年进入腊月就开始准备杀年猪，当天会邀请邻里亲戚一起宴饮，以煮火锅的方式食用猪的内脏、脖颈肉、后臀肉、血旺等，表示请大家吃全猪，在云贵川多地的苗族、侗族、水族聚居区人们称为"吃庖汤"。当地有句玩笑话"无论大小,杀个娃娃欢喜",外来人乍一听被吓坏,其实这句话表达的意思是无论猪大小,过年都杀个年猪让孩子开心欢喜,请大家吃顿庖汤热闹热闹。能请人吃庖汤是一种自豪,表明男女主人持家有道,吃用富足。

猪每家每户都饲养,人们的"土"以种玉米为主,目的就是为养猪做饲料准备。他们分出少量"土"种黄豆、辣椒、花生,或直接与玉米套种,这些都是全家一年中的生活必需品。黄豆用来打豆腐,在办酒席或逢年节都是必备的;辣椒对于贵州所有家庭来说是必不可少的大宗消耗品;花生是待客用品,虽不是生活必需品,但对注重人情往来、热情好客的苗家人来说也可称得上必需品。只要土里能长的东西都最大限度地自给自足,在无特殊情况下,若某家从集市购买土里能长的物品,买粮食产品与男主人关联,买瓜果蔬菜干货棉麻等与女主人关联,都会被村人评价为懒惰、不懂农事与农时,种不出需要的东西。

人们精打细算地规划着有限的土地,充分利用地力以满足家庭需要,有盈余的才会拿到集市换取其他土里无法生长出来的生活必需品。施坚雅在其研究中指出,中国南方传统农村家庭是世界上自给自足程度最高的,"自给是一种美德"。[①] 这种高度自给自足状况是在农村集市的空间与时间间隔和当地经济、文化、社会等多重背景下形成的。在具体生活中,养猪、杀年猪、打豆腐、待客等生活场景,其背后隐藏的是人们一年四季对家庭人均不到1亩耕地的精心安排和利用,也体现人们赖以生存的土地发挥着生活中各种活动和文化的承载功能。

二 开田捉鱼过月半——稻-鱼-鸭种养复合利用

汉族"七月半"又叫"鬼节",这一天要供奉家中逝去的先人,给祖先烧纸钱、衣物、用具等,意为给阴间的人备办秋冬物资。在乌村乃至翁保一带的苗族村寨,七月半和汉族的七月半称呼一样,但含义稍不同,七月半兼具汉族的"鬼节"与苗族的"吃新节"双重功能与含义。因两个节日时间相近,在清末民初改革社会风俗时融合在一起。吃新节是南方很多少

---

① 〔美〕施坚雅:《中国农村的市场和社会结构》,史建云、徐秀丽译,中国社会科学出版社,1998,第12页。

数民族的传统节日,在乌村,吃新节苗语称"农敢嘿",是吃新米、新饭的意思。时间在农历七月十三或十四,是当地隆重的节日,素有"年小月半大"的说法。

宣威镇一带受汉文化影响较早,很多苗族传统节日消失或与汉族的节日相融合。比如苗年,是苗族自己的节日,根据苗历岁首的时间而定,通常在十、冬、腊月的丑、卯、辰等日过年。近代以来,绝大多数苗族已改成正月过年,但"苗年"的苗语称呼依旧保持下来。① 宣威地区很早以前就不过苗年,也没有鼓藏节。有研究指出,"清平、麻哈、八寨三厅县交界处之苗族,则在清末废除了吃牯脏的习俗"②。

乌村人每年七月半这天,家家户户开田捉鱼、煮新米饭、插香瓜。傍晚在门口烧纸钱送鬼,是时,家家准备好酒菜、纸钱等物,在家祭祀一番后将纸钱等物抬出门口,朝天焚烧以祭供过往神灵,祈求神灵保佑人畜平安。③ 大家饭后欢聚一堂跳芦笙、唱苗歌。在这期间的夜晚,村人齐聚一堂放"腰箩神"通灵问卜、放"地牯牛"自娱自乐,仪式神秘庄重,祭祀、歌舞、宗教等文化展示得淋漓尽致。④ 以前人们喜欢种一种叫"早市香""早熟香"的糯米,其特点是成熟早,七月半就能收割,但产量低,故常常不种整田,而是在边上种一圈这种早熟糯米。七月半这天割这种糯米来做饭,煮田里捉的或河里捞的鲤鱼供神尝新庆祝丰收,富含"吃新节"的寓意。

因为糯米饭和鱼是七月半这天必备的食物,尤其供奉神灵祖先时必须有,所以人们在端午节前后种完水稻的半个月,待稻秧定根、田水充足就会将半大鱼苗放到田里,七月半的时候开田捉鱼来过节。之后放水炕田,促进水稻饱满成熟,不再灌溉田水,一些没捉完的小鱼多数钻到田泥里死掉,部分聚集在田里比较凹陷的水窝里存活到割稻谷。割完稻谷后再把田埂缺口堵上灌水,称为"泡冬田",经过泡冬的田来年肥力更好且有利于庄稼生长。有的田割完稻谷后不泡冬的话会种上紫云英作为第二年的绿肥。

---

① 《苗族简史》编写组、《苗族简史》修订本编写组编《苗族简史》,民族出版社,2008,第370页。
② 伍新福、龙伯亚:《苗族史》,四川民族出版社,1992,第602页。
③ 黔东南苗族侗族自治州地方志编纂委员会编《黔东南苗族侗族自治州志·民族志》,贵州人民出版社,2000,第105页。
④ 参考2015年麻江县民宗局、文物局的吴秀义、聂凯华等组成的调查组,根据对翁保村进行的集中调查写成的《民族文化调查报告》,内部资料。

图 2-1　放养田鱼与开田捉鱼
说明：左图为农历五月初往稻田放鱼；右图为七月半当天开田捉鱼。

泡冬期田并不闲着，人们会将平常放河里的半大鸭子放到田里捡食虫子、螺蛳、小鱼、杂草和散落的谷粒等。由于田土零碎化，每家都会有大大小小很多块田，并不是每块田都会放鱼，一般只选择靠近河或小溪方便灌溉但又不容易被河水翻灌，且大小、远近适中，便于照料的田。放鱼的田不能打农药，不能施化肥，只能用农家肥。这与以黄岗村为代表的侗族地区"稻鱼鸭共生系统"[①]相比显得松散开放，正反映了乌村水面空间宽阔、田土生产压力不大的特点。

[①] 参见崔海洋《人与稻田——贵州黎平黄岗侗族传统生计研究》，云南人民出版社，2009；罗康智、谢景连《文化生态视阈下的黔东南侗族》，民族出版社，2016。前书中研究指出：黄岗村"稻鱼鸭共生系统"是当地人经过漫长的适应与能动摸索形成的一整套立体利用农田资源的机制。在田中种植水稻（糯稻），同时在田里养鱼和养鸭。系统产出包括田里野生的螺、蚌、泥鳅、黄鳝等动物以及茭白、水芹菜、莲藕等植物。具有丰富的生物多样性、较强的防虫功效，还有较强的抗御水稻病害的功效。

笔者第一次到乌村时正值冬天，好奇田地里为何没有油菜，询问后得到的解释是因为一般第二年种水稻、玉米时油菜还不够成熟，等完全成熟收割油菜后会有些许耽搁犁田种水稻和玉米的农时。被访者LYH大叔说：

> 时间太赶，田土没有休息、储肥的时间，肥力下降庄稼歉收。以前没有化肥时，年轻人在过完正月后相约互助铲草烧灰、挑粪放田土里，为种田土积肥。

其实这与当地气候密切相关，这一带冬天多阴雨、气温偏低，开春后春旱来得早，影响油菜收成，油菜收割和水稻、玉米下种过渡时间短，人们劳动量集中，劳作时间太仓促。人们在实践中总结出土地能承受的利用限度，一旦过分"压榨"土地就会疲惫，降低产出能力。

乌村人在有限的河谷台田上有效进行复合利用，还留出足够的修复时间，有限的生计模式，是为满足基本生存需求，而不是为了剩余价值的生产。经过长期的实践经验总结，充分了解与顾及土地的承受能力，这是人与自然和谐相处的前提，体现土地在人们心中有生命力、需要维护，不只是简单的物质存在。

三　山珍与河味——野生物产与采集渔猎

若说乌村人靠土能养猪、靠田有米吃是以家庭为单位的土地利用的话，那采集渔猎就是全村人对山川河流田土的集体利用方式。天然的气候环境与区域土壤地理条件，让乌村人一年四季都有丰富的野生物产满足多元味蕾的需求。乌村周边有羊昌河和无数条小溪，还有茂密的山林，都蕴藏着各种美味佳肴，人们在相应的季节凭着精准的识别能力以及娴熟的技能，上山采摘下河捕捞，使得每个季节都有专属的山珍与河味，这是大自然对人类的馈赠。

乌村周围的小溪与田边地坎，长着许多野生毛竹，每年春天从二三月直到五一劳动节之前，毛竹笋一茬一茬地生长。这个时段是人们"讨笋"的季节，讨笋是女性的业余活计，她们在农活之余抽闲等空地上山讨笋，总能满载而归，有时人们劳动归途中沿着路边也能摘一把笋回家解决晚饭吃菜问题，家人围坐剥笋聊天，其乐融融。嫩白的笋尖是这个时段饭桌上的主角，煮、炒、炖都鲜美可口。长笋与讨笋一般是在公共的溪边河边没有明确的所属的范围，即使是某家的田边地坎，野生的笋任何人都可以采，人们不会在这个问题上有限制。但经过多年的探索，每个讨笋的人都有相对熟悉而固定的区域。采笋的季节同时也是采蕨菜的季节，漫山遍野的蕨菜也是这个季节饭桌上的美食。人们经常出门带两个袋子，回来就收获一袋笋一袋蕨菜。这个季节在乌村会由衷感觉到春天真是一个生机盎然、无比幸福的季节。

采完笋开始进入插秧的大忙季节，人们很少有时间到山上转，等插秧接近尾声，野生杨梅开始成熟，当地人话说"栽秧上坎，放下裤脚，接着上树摘杨梅"。乌村周围的山上长了不少野生的大杨梅树，果实成熟以后颜色红到发黑，酸甜可口。在以前，杨梅填补了水果的大量空缺，还能用来泡酒、制作酸梅汤解暑，有的还被带到集市卖钱。

进入夏天，人们常徘徊于河边戏水降暑，同时钓鱼摸蟹捡螺蛳，又为餐桌上增加新的美味。在乌村，男女老少都是划船能手，在以前，七八岁的小孩也能轻松驾驭小木船在河上来回穿梭。农闲季节，男人们晚上常划着小木船在河上撒网、放鱼笼，第二天清晨去收网捞鱼。而妇女们白日间三五相约划着小船在河岸边水浅的地方，用漏勺在河底舀一勺沙子，从中捡出好几颗螺蛳，一两个小时就能拾获半桶。而在河中间的沙子中还藏着大量贝壳，初秋季节水位下降后，年轻妇女和孩子们蹲在水里，逆着水流的方向用双手捧起沙子，挑出里面大颗的贝壳放在桶里，无数次重复这个动作，两三个小时就能满载而归。

四季草木荣枯代序中，人们常用某种野生物产指代特定季节，如春天在记忆中以"讨笋时"特指，人们对广阔土地空间的利用带着一种虔诚的获取与感恩之心，从不多取与破坏，维持着一种有限度和有序的平衡。

四 酸汤菜的四季恒常与变化——菜园子的精准利用

某社交媒体上一个黔东南苗族朋友曾说："世界上只有两种人，一种是吃酸汤菜的人，另一种是不吃酸汤菜的人。"经过断断续续一年多的田野生活后，笔者深感酸汤菜在黔东南地区苗家人生活中的角色与意义，可以用家的味道之核心、饮食之灵魂来形容。酸汤菜是每家人每顿饭餐桌上永不缺席的菜式。不同地区不同季节酸汤菜制作方式稍有差别，根本的区别在

图 2-2　采集渔猎剪影

说明：左上图为清洗河里拾回的螺蛳；右上图为蒸熟准备冷冻储存的笋；左下图为清早收鱼笼；右下图为刚采回的蕨菜和笋。

于酸源，有红酸、白酸、盐酸、臭酸、虾酸等。乌村的酸汤菜以红酸为主，酸源是每家用红辣椒和"毛辣果"（一种小的圆形的西红柿）自制的。辣椒成熟的季节将辣椒、姜、蒜按一定比例混合剁碎后，拌上一定比例的米酒，装进坛子里密封发酵，刚发酵的称为新酸，储存一两年的叫老酸，LYH 大叔根据多年经验，说一年半左右的老酸味道最正，所以他每年制作的酸都是预备第二三年用的。每家制酸手法和喜好稍有不同，味道略有区别。平常食用的酸需不定期从发酵坛里分装出来，发酵坛要尽量保持密封，一坛酸开启以后保持好密封的话可以食用几个月。

煮酸汤菜的过程简单又深有奥秘。一般是用大锅把水烧开，陆续放红酸、姜蒜、木姜子、盐、毛辣果煮沸后，将所有准备下锅的蔬菜按先后顺序间隔放入锅中，难煮的先放，易煮的后放，前一种下锅后待汤再次沸腾再放下一种，全程只能将菜轻微压下去，在所有菜放完最后沸腾前不能翻搅。顺序安排错的话会有的菜煮过火而有的又没熟，提前翻搅的话菜会不爽脆。每次要放六七种蔬菜，预备吃整天的量，做饭的人会在开饭前一两个小时把酸汤菜煮好，冷了再吃。在田野的日子，看似简单的制作过程笔者尝试帮忙，但总是错漏不断。

酸汤菜的恒常与变化，需要用一年的时间去体验，恒常的是一年四季不缺席，变化的是每个季节蔬菜组合取决于当季时蔬，变化无穷，另外还有不同的制酸方式，更增添了酸的奥秘。煮酸汤菜需要质地稍硬、不化汤、不易变味的蔬菜。人们常说什么都可以煮，但其中又大有讲究，春天以笋为主，配以白菜苔、蕨菜等；初夏开始直到初秋，就是茄子、莲花白、各种瓜豆的舞台；秋天以后主打白菜，配以莴笋尖、豆芽等。

看似平常的酸汤菜背后体现的是家里的女主人对一片小小菜园子的精准利用。正如 WYL 阿姨说的：

> 菜园子就那么一点点，分厢种不同的东西，一样罢脚另一样刚好接上，要算好时间种。全家人要吃菜啊，煮酸汤菜一次要一大盆，如果都去买很贵的。

这里的家庭主妇们非常勤劳能吃苦，菜园子是她们在共同承担家中农活后额外附加的，打理菜园子总是在清晨或傍晚利用业余的时间，小小一块菜园子被分成无数小片，一年四季的葱姜蒜和各种瓜果蔬菜分别种在小块区域，时令与品种衔接安排得井井有条，这是对寨脚非常有限田土的充分有效综合利用。

五　木房子的来历——山林维护与利用

乌村住房为木质干栏式建筑，分为地楼和楼房，地楼只有一层，楼板上面有低矮储物空间，楼板上不能住人；楼房为二层或三层，一般为三到四间。房屋格局前后分为两隔，地楼的话左边前半间做火塘，后面做子女睡房；中间前面为堂屋，后面为家中男女主人或老年人睡房；右边前面为火塘，后面为老人或子女睡房。若有四间的话也基本是前面火塘后面睡房的格局。兄弟多的人家，结婚分家还没立新房的儿子们各分住一间，生活都集中在火塘与卧房的方寸之间。随着经济发展，财力渐增，村里建了不少二层三层的楼房，前后两间的格局不变，火塘只在一楼，堂屋多安排在二楼，带有各种新式家电的客厅也在二楼，有的还在阳台设计娱乐室等，有三楼的话基本为卧房。整体生活空间增大，功能分区也越来越注重私密性和多元化。厨房一般是在正房的旁边靠山墙另搭偏厦，牲畜圈则是在房屋周围另建的小房。每家都有很宽敞的院坝，一个家族的家庭多围着一个院坝建房，形成四合院的形式。

乌村人家至今保持着木房子的建筑风格，整个村寨木楼青瓦，层层叠叠高低起伏，错落有致，成为一道美丽景观，这也是村落近十几年来成为贵州省新农村建设示范点、麻江县"四在农家·美丽乡村"示范点、少数民族特色村寨翁保村的重要组成的基础特色。乌村周围山上种植着茂密的松树林和杉树林，木房子即就地取材，结合当地气候和地势的民间建筑智慧结晶。在1952年分田地、山林到户以后，每家精心管理山林，将其作为建房原材料和经济来源的基础。一般父母在儿子几岁时就开始植树，待其快成家立业时树木基本成材，请人砍树、改板、晾干之后才开始考虑建房的具体事宜，需要攒十几年的材料。木房子多选用杉树，其质地坚硬，不易出虫，抗腐蚀。人们建房的木材80%是自家准备，少量要求很长很直的优质木材需要到丹寨木材市场购买，那里是黔东南最大的木材交易市场。过去每家建房基本是村里人相帮，大多数成年男子是技艺精湛的木匠，主人家只要提供一日三餐就行，木材是自家储备，立房子时全村一起帮忙，所以建房花不了多少钱。现在会木匠活的人越来越少，装修房屋的风格和花样也越来越多，需要专门的装修队伍建房。周围的木材在"大炼钢时期"砍伐过度，后发展蓝莓种植，很多农户开挖山林自种，或出租给外地人种植蓝莓，更减弱了木材的自给能力，建房所需木材大部分需要从集市购买，这样建房花费就增加很多。村民LYH准备和建筑共用5年时间，于2018年修成一栋三间三层的木楼，木材和人工等总计花费37万余元。

传统时期每家的木房子与山林都有着天然的联系，随着政策变化、人们观念改变等的影响，这种天然的关联逐渐被打破，代之而起的是山林与货币、木房子与金钱的关联。这反映出人们对林地的利用方式变得更加经济化、市场化和理性化，而且从直接利用方式转变为间接利用方式，这种变化有主动也有被动，是国家、地方政府与村民三层主体交互作用的结果。

图 2-3 乌村的木房子
说明：上图为传统地楼，下图为新式楼房。

第二节 民间信仰与土地文化

苗族是多神信仰的民族，几千年的迁徙历史与艰苦的生活环境使得人们将自然中的山水土石、花草树木、鸟兽虫鱼都视为有灵性的存在，在日常生活中方方面面体现出对自然中万物有灵的信仰，形成朴实的世界认知系统，支配着人们在很长时期内开发与利用自然时保持谦逊与谨慎态度。在乌村，若仔细体会，人们一举一动、一言一行中都体现出对神鬼世界信仰与避讳的心态。

一 祖先崇拜与神、鬼信仰

在乌村，人们对另一个世界的信仰大致可分为三个层次：遥远的祖先神灵、亲近且庇护着人们的家族先祖神灵与充斥在每个角落会对人作恶的鬼。而这三个层次有时又会有变化，如有时一些逝去的人会被认为阴魂不散，尤其是一些非正常死亡的会被认为对在世的人作恶，这时就被认为是不良的鬼。

乌村苗族自称尤人一支，具有典型的蚩尤崇拜。传说蚩尤为牛首人身、无所不能的神，人们在神龛上供奉象征蚩尤头像的牛角，鬼师在做法事时均以牛角形状的铜质法器驱邪赶鬼，村人"好蓄牯牛"，四月八、吃新节时人们在享用糯米饭之前要先喂家中的牛，都体现了人们对远古始祖神灵的信仰。

在当地，每家堂屋都有神龛，上为"某氏宗亲之位"，下为土地公位，中间是神龛台，上面摆放香炉、塑料花束和家中故去老人遗像。人们称神龛为"香火"或"香火台"，凡家中有婚丧大事及逢年过节都要敬"香火"，新娶的媳妇进门要拜"香火"表示认祖归宗。在苗族聚居区，家中堂屋以神龛供奉祖先神位的比较少，很多地区是在堂屋的一角放置三块石头表示祖先神灵神位，有的还在堂屋墙壁悬挂牛角，"家不祀神，只取所宰牛角悬诸厅壁"。[①] 而在乌村，每家堂屋设置神龛、不少家庭将牛角悬置于"香火"上的习俗，是这一带汉、苗文化交流影响的迹象。在人们用餐前，有父母亡故的家主必先往地上掐肉、滴酒、拨饭粒进行供奉。每逢节庆，家家户户必须在神龛前摆上酒菜供奉先祖，并一一邀请亡故祖宗前来享用。老人们将"有没有香火"作为区分乌村这支苗族与周围其他苗族分支的重要标志，在这一点上乌村苗族与同镇的卡乌苗族分支存在很大差异，与雷山、台江一带也不同。

而鬼在另一世界未可知却又充斥于人们生活的每个角落，人们日常的一言一行都谨守老人们嘱咐的规约，生怕触犯某个领域的鬼，一旦触犯则请巫师问鬼、用鬼。清徐家干描述："其俗信鬼尚巫，有病不用医药，辄延巫宰牛禳之，多费不惜也。"[②] 在科技水平、经济水平与文化知识水平极大提高的今天，人们早已认识到驱鬼其实不能消除病灾，但其给予人们的精神安慰无可取代。笔者田野调查期间还能偶尔见到用鬼仪式，甚至有个别民间医者将用鬼仪式与中西药相结合为人们诊疗。通常人们认为鬼分为恶

[①] （清）徐家干：《苗疆闻见录》，吴一文校注，贵州人民出版社，1997，第175页。
[②] （清）徐家干：《苗疆闻见录》，吴一文校注，贵州人民出版社，1997，第173页。

鬼和好鬼,其中又有大鬼、中鬼、小鬼之分,一般鬼师的问鬼仪式中常涉及的鬼有几十种。前人调查研究中描述丹寨一带苗族社会中有十大鬼系,下分种类达101种之多。① 人们称帮助解决鬼之事宜的巫师为鬼师,鬼师做法事时根据不同类型的鬼以及鬼的危害程度提供不同的解脱方式,主要有"贿赂""赎罪"等。若某家家运不顺或家人遇上病灾,人们会请鬼师卜卦问鬼、用鬼,知道是什么鬼作恶后鬼师一般会与鬼"商量",让其停止侵扰主家,主家准备祭品以示报答。祭品有牛、猪、狗、鸡、鸭等,按鬼的大小区别使用,大鬼用大祭品,小鬼用小祭品,不同鬼的巫事过程和祭品都有严格且固定的要求,同时也考虑主家经济条件。鬼师也可能会采取训斥、恐吓鬼的方式,若不放过主家就会采取杀鬼方式,这时祭品主要作用则是提高杀鬼的效力,如狗血就特别具有这种法力。

漫步在乌村,留心一点就会发现很多家户大门顶上放有一捆绑着五色花纸的木棍,称为"做保家",家运不顺时请鬼师来看,有的会需要做保家仪式。准备期间需要到山上找当地称的刺蒙树一节、白刺藤一节、泡桐树一节、金竹一节、野竹叶一把、白纸花两串,绑在一起。届时需要一条狗,鬼师做完仪式后杀狗用狗血淋在木棍上,烹煮狗肉,将熬煮脱肉洗净并保持完整的狗下颌骨捆绑在木棍上,一起悬挂于大门顶上。内亲各家带一壶米酒、一升大米来贺喜,大家共饮一餐。还有很多家庭在堂屋中柱下栽有"花树",若家中有小孩体弱多病,看了鬼师有的需要通过栽花树化解病灾,保佑小孩健康平安。花树必须是山上野生的并蒂金竹,要求根上面至少三道竹节一样平,要找到合适金竹需花几个月甚至一年多时间。栽上后每年农历二月二要给花树插纸花,供酒、肉、饭和红蛋。

在乌村还有信仰水稻神的习俗,祭祀、问卜、驱鬼、送丧等活动均请水稻神当先。农历七月或七月、八月之交,水稻扬花的秋夜,雷山、丹寨、台江、剑河、凯里、麻江等地苗族青年男女还有跳"豇豆花神""米花神""腰箩神""七姊妹"之俗。在水稻扬花、秋风凉爽的月夜,男女青年集中在一起,点上几炷香,烧上几张纸钱,由一个或几个男女青年用毛巾蒙住脸,坐在凳子上,喷上几口凉水,然后由几个人用簸箕扇风使其处于昏睡状态,由一人或数人与其对唱苗歌,谓之"放七姊妹""放七姑娘"或跳

---

① 王凤刚:《丹寨苗族鬼巫文化一瞥》,《苗侗文坛》1990年第3期,第90~106页。

"米花神",据当地人说人在受簸箕风扇了以后其灵魂可以升天,到祖先们居住的地方去访问,众人可通过该人之口卜问吉凶、婚嫁、姻缘等大事。①田野调查期间,人们对此习俗基本只有记忆,已经多年未见操作,在信息传递不畅和交通不便时期,此习俗有很大的娱乐功能,也具有重要的社会功能,通常情况下老鬼师会通过放"腰箩神"寻找传承人,据传能被选中的人具有通灵和"过阴"的特质,能与鬼神交流,老鬼师会将其收为徒弟培养,作为新一代鬼师传承人。

二 土地、山林与石头信仰

在漫长的迁徙历程中,苗族很多支系长期居住于深山密林中,在技术、科学认知水平有限的较长时期里,形成对自然及周遭事物朴素的灵魂崇拜体系。尤其生产与生活中赖以生存的土地、山林与石头等被赋予神性,被人们虔诚膜拜,占据着苗族先民们自然认知体系的主要部分,影响着后世子孙,并形成一系列信仰习俗与实操程式,从乌村人的土地神、山林神与石头神信仰中或可窥见一斑。

1. 土地信仰

在乌村,人们对土地神的信仰无可言说却时刻践行。首先,表现在每家堂屋香火台的设置上,神龛上面为"某氏宗亲之位",下面为土地神之位。相关研究者通常认为这体现出苗族与汉族文化交流的相互影响,尤其是中原汉文化对苗族地区的影响。但从古歌可见苗族先民对土地神的崇拜在久远的历史时期未步上迁徙征途时就已有之,将土地神置于家中重要位置只是一种土地神获得认可的更好体现方式。其次,人们在吃饭前以向地上掐肉、滴酒的方式供奉先祖及各路神灵,体现人们对土地之神性的依赖与认可。在人们的认知中,土地乃万物之主,也是万物产生联系之基础,先祖及各路神灵皆能从土中获取人们进献的供奉与传达的祈禳之意。

土地公的设立更突出体现了土地神信仰。在田野工作期间,笔者了解到乌村这个小小的村寨范围内就有 8 座土地公,图 2-4 中标记出具体坐落位置。每座土地公具有不同的设立起源与目的,也有不同的社会功能,背

---

① 黔东南苗族侗族自治州地方志编纂委员会编《黔东南苗族侗族自治州志·民族志》,贵州人民出版社,2000,第 106 页。

第二章 传统生计方式与土地文化制度 | 099

图 2-4 乌村村落

资料来源：由王朝毅结合麻江县农文旅乌村康养园区建设中心提供的影像图与田野资料编辑绘制。

后反映出土地神信仰在乌村苗族社会中的不同意涵与表现。

其中陈家寨有 5 座，大致分布于村寨的东西南北中五处。南面的土地公（图 2-4 中土$_1$）位于现芦笙堂往村人 CDJ 家门口爬坡处。在 2010 年芦笙堂修建之前，其位置是一片凹地，中间一条小路通往陈家寨，小路两边是高高的茅草杂树丛。土地公所在位置是村前路口，由村寨集体修立的土地公，有保护村寨安宁、防止鬼怪不洁侵扰村寨之意。修建芦笙堂时将凹地填高与现同心桥同高，土地公被搬移到旁边，后因道路扩宽车辆频繁进出，土地公所在位置挡道，加之芦笙雕塑修建占地，最后将土地公移除。

北面的土地公（图 2-4 中土$_2$）位于村人 WYL 家房屋背后，所在位置以前是村寨北面的出口小道。在 2006~2008 年新农村建设时村基整改、入户路改道与硬化过程中，原来的出村小道被砌上堡坎封堵，十几年时间早已杂草丛生，笔者在 WYL 的指点下仔细找寻才发现这座简陋的土地公，由两块石头支撑两侧，上面一块石板盖顶建成，里面放置一块小石头象征土地公。这座土地公兼具集体与个人所属特征，集体层面，位于村寨北面出口，具有对村寨"保境安民"的职责；个人层面，这座土地公据说是为 WYL 家一个祖公所立。在乌村，小孩年幼时若身体虚弱、娇气难养，会在鬼师的主持下拜土地公为保爷，在村口岔路位置立土地公。此后，立土地公的当事人及家庭每年二月二和其他年节都要祭拜土地公，土地公兼具神性与世俗性特征，形同家族长辈中的一员，当事人去世由子女后代看管祭拜。若子女分家，土地公与拜土地公的当事人一起归属子女的家庭，子女像敬奉老人一样世代照管。WYL 告诉笔者：

> 这座土地公是我家一个公（男性先祖）的，后来我二闺女也拜过这个土地公（当保爷）。我和大哥分家时老人和我住，土地公就归我看护，逢年过节是我们去拜，去打理，大哥一家偶尔也会来拜，但是一般不来。

至于是为哪个公立的，WYL 84 岁高龄的母亲也不清楚，老人告诉笔者，她 20 岁嫁到王家时就已经有了这座土地公，由王家看护祭拜，那时候村寨很小，他们王家最晚搬到本村，居住在村寨最高处，下面的人家也不会来拜，因为大家都知道是他家的土地公。2017 年 WYL 家建新房，厢房直抵这座土地公旁边，显得更加逼仄，他专门请来鬼师斟酌能不能搬移到宽敞明亮的位置，鬼师看后说保持原位较好，后一直未动。

西北面的土地公（图 2-4 中土$_3$）位于村寨西北面的出村路口，一座木架构小房子里立着两块石头象征土地公和土地婆，上面盖着瓦片，很规整，看得出曾被细心地看护。LYH 大叔[①]介绍说，这座土地公是他舅公的（保爷），他的舅公属陈家寨陈姓，已经去世十多年。据说他舅公幼年立这个土地公时在旁边种了一株枫香树，后来枫香树越长越大，土地公被枫香树遮掩，十几年前舅公去世将枫香树砍用后只剩土地公在那。笔者调研时看到，经过多年风雨侵蚀土地公几近坍塌，老树桩旁还长出一些新枝。

---

① LYH，男，52 岁，曾担任过两届组长，笔者田野期间的重要访谈对象。

东面的土地公（图 2-4 中土$_4$）现已不存在，原位于村东口的沟渠边，正对着村东面出村的路。只有老年人记得那里曾经有个土地公，大约在修建沟渠时销毁，因不归属于任何家庭或个人，随着人们土地神信仰的淡薄而无人问询和看护。

陈家寨中心的土地公（图 2-4 中土$_5$）位于村人 CDJ 家屋后，周围有四五棵大枫香树，属于陈家寨"坐中保寨"的土地公。人们观念里这是陈家寨 5 座土地公中神位最大的，典型特征是村里进行"扫寨"时，鬼师和村中众人用鸭和另外一些祈禳祭品挨家挨户进行清扫，到各个路口的土地公禳除不洁之物后，将鸭子丢于村口，喻示将不洁的东西渡走，将牛、狗、猪等祭品集中在"坐中保寨"的大土地公面前进行宰杀祭祀后烹煮，村人共享庆贺，祈祷此后村寨人畜兴旺、邻里和睦、出入平安、风调雨顺。

龙家寨有 3 座土地公，南面是深潭，无路可走，故无土地公。东面是村寨的重要三岔路，一条通往陈家寨，一条进入龙家寨，一条是出入村的大路，进入乌村必经这里。在三岔路口的大枫香树下有一座"豪华"的土地公（图 2-4 中土$_6$），这是 2006 年以来陆续进行新农村建设、"四在农家·美丽乡村"项目建设与乡村旅游开发时，政府部门捐资在原有土地公的位置扩建的。只见大理石雕刻的土地公和土地婆放在石头建造的小房子里，上面挂着红布，甚是庄严肃穆。土地公下有一口水井，建于 2014 年，分为三个水池，平时人们在最上面的水池洗菜，中间洗碗等生活用具，最下面洗衣服洗脚等。这是出入村寨的必经之路，游客及外来人进入村寨第一幕就会看到这"古树"、"古井"、土地公等象征着一个村寨历史底蕴与祥和之征的景观。

西面的土地公（图 2-4 中土$_7$）位于村寨最西端，在村人 YQL 家院坝堡坎下。据访谈了解，原来这座土地公非常气派，坐落在河边的一个平台上，两边各一株冬青树长得圆圆的，以前河流没有筑坝，此地有一条蹚水过河出入村寨的路，这座土地公专管这个路口。陈家寨和龙家寨所在的山丘被羊昌河倒转呈八卦形分割，从上空俯瞰，民间形容两山如两只头凑在一起的乌龟，称之为二龟戏水。至于河流水域，民间称为"倒转龙"，比喻羊昌河自西向东波涛汹涌而下，在深潭处折回倒转向北，犹如猛龙翻身昂首。而这座土地公居于"龙"与"龟"碰头之处，被赋予极高的神性与玄妙色彩。十几年前龙家寨每一年或两年要杀牛"扫寨"一次，每遇"扫寨"，牛要拿到那里去杀，敬完土地公烹煮后村人共享。笔者调研时，特意到被访者所指的位置去寻访这座土地公，钻头觅缝才发现玄妙而富有神性的土地公安居于堡坎中部的一个狭窄缝台中，不仔细看基本发现不了。历经村寨建设、庭院整改与YQL家新房扩建，土地公落得无处安放又不能怠慢的尴尬境地。

北面的土地公（图2-4中土$_8$）为龙家寨"坐中保寨"的土地公，位于村人LZW家屋后。据老人们相传，龙家寨100多年前发生过一场火灾，房屋全部被烧以后，大家四处分散求生，现居住的家户是少部分留下的以及后期陆续迁入的。LZW家屋后这个土地公旁边原有棵松树，该树在寨子被烧时烧死了，因为长在土地公旁边一直没人敢砍。被访人LYP[①]回忆，他们小时候树还在，像避雷针一样直直挺立着，树尖经过长期风化像针尖一样，从村口山垭口处远远就能看到。直到1987年LZW立新房需要扩大用地，请鬼师用公鸡敬土地公后将其搬移退让，随之也将树砍了。笔者根据LYP的介绍寻访未果，兴许是曾经坐中保寨的土地公如今被遗忘而销毁。

总体而言，乌村有8座土地公，其中有2座属于家庭或个人（图2-4中土$_2$和土$_3$），6座属于集体（图2-4中土$_1$、土$_4$、土$_5$、土$_6$、土$_7$、土$_8$）。现存的有5座（图2-4中土$_2$、土$_3$、土$_5$、土$_6$、土$_7$），销毁无迹可寻的有3座（图2-4中土$_1$、土$_4$、土$_8$）。

土地公有集体建立的，也有家庭或个人建立的，体现土地公在当地民间社会中兼具神性与世俗性的特点，也显示出在苗族社会中民间信仰的集体性与个体性。而不同位置的土地公职责与地位不同，村外围的类似于守卫，村中的形同坐镇长官，具有较高地位。随着时代变化、村落变迁、人们观念变化以及土地用途的改变，土地公的境遇与社会功能也发生变化。村寨改扩建中，将土地公占据的土地另作他用时，土地公被搬移或销毁，不顺道的土地公被遗忘而变得残破，顺道的土地公得到修复扩大成为村寨景观的组成部分。8座土地公的际遇变化体现了传统村落中人们土地神信仰在社会、经济与文化发展进程中的变化，也能窥探出村落土地利用方式变化中人们土地观念的变化。

[①] LYP，男，54岁，曾担任过三届组长，在村中较有权威，笔者田野期间的重要访谈对象。

图 2-5 村中现存五座土地公中的四座
说明：左上为图 2-4 中土$_7$，右上为土$_3$，左下为土$_5$，右下为土$_6$。

另在村外的田边地坎，也会时常见到一些简陋的土地公，而这种土地公的功能和村中的又稍微有别。在乌村一带，有的夫妻婚后较长时间不生育或只生育女儿，人们会认为是触犯掌桥鬼，男婴被掌桥鬼拦截不能投胎到他家，遂请鬼师搭桥祈求生育男婴。鬼师执行一系列复杂仪式后，便在村外人们常走的田边地坎处搭建石桥或木桥，并于桥旁边较高的堡坎上建土地公。该土地公的职责类似于桥的守护神，守护桥即能成功实现主家愿望，俨然发挥着送子观音的作用。由此可看出土地神功能在人们生活中的多变性与广泛性。

2. 山林与石头信仰

山林、树木和石头神的信仰，在当地人的生活中也随处可见。人们普遍认为山林中住着山神，只有规定的季节才能上山伐木与打猎，不然会触犯山神。枫树神的崇拜有图腾信仰的意涵，他们认为苗族人为枫树所生。而对构皮树的信仰，则是认为衣服为其所赠。苗族迁徙定居之处，大多选

图 2-6　村外的送子桥与充当保护神的土地公

择这两种树生长较多的地方，立寨时会留护一些野生枫树，使其经年累月成长为村寨护寨神树。信仰石神，首先石头是鬼师问卜的重要法器，将稻草芯系在石头上，鬼师念咒语时观察石头的摆动以判断触犯什么鬼系；其次在乌村及周边苗寨，体弱多病的小孩可拜石神保佑，取带"岩""石"的乳名。笔者田野调查期间的一位受访者小名"岩林"，原因是幼时体弱多病，在鬼师的巫事中拜水井边的大岩石，祈求它的保佑而另取了名字。古时候不少苗寨举行议榔立规必栽岩石为证，也体现了岩石的坚定稳固在当地苗族社会中具有神性的象征意义。

三　地方传说故事[①]

在美丽的乌村，良好的生态环境与山水相融的自然景观相结合，可谓一步一景。在村中寻访常常会听到很多美妙的传说故事，体现了居民对居住地的热爱、想象与阐释，也为这个小村增添了神秘性与故事性。

---

① 本部分多处参考麻江县民宗局与文物局编写的《民族文化调查报告》，2015。

关于龙家寨的传说。相传龙家寨寨脚下是一个由四根石柱支撑的龙洞，有一条马首、牛角、蛇身、牛蹄的神龙居住在洞中，保佑翁保一带风调雨顺、五谷丰登。龙家寨村头的悬崖下原是深不见底的龙潭，人们时常看见一个马首牛角的怪兽在潭中游动，以为是一匹长牛角的神马，其实是那条龙喜欢到此戏水玩乐。这龙原是天神的一位神子，下凡游玩到了乌村，看这里山环水绕、人们勤劳善良，就舍不得回天宫。后来七仙女也游玩到此，发现了龙的踪迹，神龙惊慌失措之中撞断了一根柱子返回天宫，弄得龙洞上顶往宣威方向倾塌，所以现在河边码头一侧是倾斜的。

龙家寨龙姓人家迁居于此之后这里才改名叫龙家寨。传说古时龙家寨全是一家连着一家的青瓦吊脚木楼，天下大雨，人走完全寨都不会被淋湿。那时龙家寨是乌村过往客商的一个重要歇息留宿地点，也是翁保一带的大寨子。100多年前那场火灾把原龙家寨烧毁之后，寨里的子孙便迁出往外居住，现在周边如都匀坝固一带许多龙姓人家，祖籍可追溯到乌村。

仙女姊妹坡传说。乌村桃花岛往上150米左右处有个古枫树环绕的湖潭，名叫仙女湖。仙女湖往沟渠上方有五个连成一排的山坡群，前面并排的两个亭亭玉立，当地人把她们叫仙女姊妹坡。传说七仙女下凡到乌村一带，发现这里风景胜过天界。返回天界之后，央求玉皇大帝让她们回到乌村玩耍，玉皇大帝执拗不过只得同意，但给她们立了一个规矩：给一天时间去乌村，晚上鸡鸣三遍前必须返回。如果能给当地百姓办一件以上好事，可以允许化身为山坡随时游玩，完不成任务的，就仅此一次。七仙女一起到了乌村便分开自由活动。老大、老二、老三、老四、老五各自选择了修水坝蓄水、教百姓刺绣、医病、唱歌娱乐、吹芦笙跳舞等。老六、老七年幼贪玩，忘记了天庭法纪的严厉，老六腾云驾雾前往罗伊下面的清水江边戏水，老七顺乌村羊昌河水往下游到陡岩潭瀑布游泳。她们玩到鸡鸣一遍时才想起有任务在身，老六想搬来巨石堵住罗伊下面清水江峡谷建成水库，灌溉翁保、罗伊一带的农田，老七想在老大修坝的下方再修一道坝。玉皇大帝为让七个女儿早点回家，安排公鸡菩萨缩短了鸣叫时间，弄得老六只能慌慌张张往清水江里扔了几块石头，慌乱之中居然把张三丰的碓叉石搬来了，就是今天当地人叫作碓叉石的那几块石头。老七仅仅胡乱用石块泥土垒了个土坝，后来土被水冲了，现在只有一道蓄不了水的"坝"。老大、老二、老三、老四、老五的任务完成得很好。老大修的那道坝现在仍沿用，当地人叫"古老坝""仙女坝",龙家寨人称为"龙家坝",坝址在翁保大寨对面牛寨坡下。老二、老三、老四、老五教当地苗民学会了刺绣、医病、唱歌娱乐、吹芦笙跳舞等技艺。现在的五个仙女坡就是她们的灵魂可以随时寄身游玩的化身。老六、老七完不成任务,就永远没有机会回到乌村了。

天河的传说。清水江上游一带的苗族人称乌村段羊昌河为天河,是天上仙女出没的地方。人们在举行放"腰箩神"仪式时,会指引被放"腰箩神"的人的灵魂一路来到天河,再由仙女把灵魂带到天上,进而能够与各路神灵交流,向人们传达神灵的信息。

这些传说故事体现人们对所处自然与生活环境的解读与认知,凸显先民朴素的自然观与世界观,为自然景观与环境赋予神性,人以一种谦逊、依从的姿态与自然共融共处。

四 命名规则里的土地与生产意涵

清水江流域的苗族都是典型的农耕稻作民族,一年四季生活和节庆均与农事生产相关,从人们的命名规则里能明显感受到农事生产的影子。在乌村,人们的命名一般与出生季节里典型的自然现象、节庆活动、生产劳作及其中用具有关,"保爷"取名与鬼师取名时主要体现一种祈愿与祝福。

正月到二月是当地"看会"隆重时节,苗语"看会"叫"喜给喜略","给"是芦笙,"略"是鼓,寓意看跳鼓、跳芦笙。这期间出生的男孩常取名为"阿略",寓意着正月"看会",看跳鼓、跳芦笙。而女孩一般称为"阿旺","旺"意为重视妆容和穿着,也就是要打扮得漂漂亮亮、穿得好看去"看会"。

三月,树木花草发芽生叶,苗语称"弄囊弄道","弄"是生长,"囊"意为草,"道"是树。这期间出生的男孩一般取名为"阿道",女孩则会取名为"阿囊"。喻示像小草生长,树木发枝发芽、抽条长叶一样生命旺盛,寓意着万物复苏,生机蓬勃。

四月,人们开始春耕播种,苗语"卡里卡涅"指犁田犁土。这期间出生的孩子根据季节则称为"阿里""阿涅",一般男孩用得多,意味着种田种土。女孩会取名为"凹薇",表示水妹,祈愿雨水丰富,抽水打田栽秧。若家里长幼几代中有重月的,小辈出生时则依照其他规则取名。

五月由于处于栽秧季节,也可以称为"阿里"。由于六月没有典型特征,有些就称为"阿六""老六"。

七月、八月出生的孩子取名最多的是"老箩"或"阿箩"。因这个季节割草喂牛、收稻谷、晒粮食常用到草箩、米箩而得名。

九月到十一月处于农闲季节,这段时间出生的孩子名字取得比较随意,有些称为"阿九""老九""老十",冬月间出生的孩子则称为"老冬""冬梅"等。也有男孩称为"阿侬",意为装稻谷的谷仓,寓意着丰收。女孩则称为"阿枧","枧"是苗语房子的意思,表示农闲季节很多人家开始起房建屋。

腊月间出生的孩子,按汉语男孩多取名为"老腊",女孩则称为"菜妹""阿莴","莴"是苗语中菜的意思,指十月以后冬季田地里长起来的油菜与菜园里的各种蔬菜,郁郁葱葱的菜代表冬季旺盛的生命力,给人无限希望。

例如,被访者 LYH 的大女儿叫"凹薇",汉名"水妹",因生于四月,处于雨季犁田时期。二女儿生于农历十月末,取名"菜妹"。三女儿生在九月,取名九妹。小儿子出生时取名"十林",因出生在十月,后因娇气难养,鬼师建议拜祭保爷,改名为"金王",其中"王"是苗语的"官",表示以贵重的金子银子傍身,寓意富贵荣华、锦绣前程。孩子拜祭保爷有找鬼师和拜俗人两种,找鬼师一般是拜某种神灵保佑,拜俗人则在黎明时打水放神龛或放衣服在路边,将清晨遇见的第一人拜为保爷,具有一定的偶然性。人们很少寻找特定的人拜祭,而是顺其自然。保爷所改名字比较重要,有时还要改姓氏随保爷姓。找鬼师拜祭保爷并获得新名字寓意孩子能够顺顺利利、健健康康地成长。基于此习俗,该地区大约25%的人拜祭有保爷。

除了根据季节取名之外,还有根据当地某种产业取名的情况。例如,被访者 LYH 的妻子 WYL,其小名为"阿勾",译为汉名叫"虫虫"或者"虫妹","勾"是苗语蚕的意思。在她出生的20世纪60年代,当地有手艺和技术并勤劳的农户都会养蚕,一方面自给自足,另一方面制作成丝线销售。她出生在三月,正是桑叶生长时节,采桑喂蚕虫是日常生活的重要事务,故取此名。蚕,当地汉语土话称为"蚕孃"或"妹孃",桑树称为"妹孃树",苗语称蚕为"勾离",桑树叫"道莴勾",表达一种蚕、桑、丝与女孩天然联系的意境。

还有的取名与周围环境有关,如苗名"阿耶"的"耶"就表示石头、岩石。"阿播"的"播"则表示环绕在水四周的小土坡。当地除了"拜保爷"风俗之外,还有拜祭岩石、大树、水井的风俗,并根据拜祭的对象取名字。例如,拜祭石头的就称为"阿耶",拜祭水井的则称为"阿布"。

有研究者曾系统调查研究黔东南嘎闹支系的命名规则,总结出几个特征:第一,嘎闹支系苗人对自然日夜循环、"冷季"与"热季"周而复始的律动体验,催生他们对时间循环的认知,透过这种认知演变出依据新生儿出生季节所做农事活动或者社会活动命名的原则;第二,嘎闹支系对于自然界中花草树木、飞禽走兽的荣枯生死的认知及相关自然崇拜信仰,使得其"做活路"的农事生产周期严格地遵循着自然的韵律,并将这种韵律融入命名规则之中;第三,嘎闹支系苗人在农事活动与社会活动中有着明确的男女分工界限,不同的分工范畴导致了命名者对被命名者不同的社会期盼。①

古人云:赐子千金,不如教子一艺;教子一艺,不如赐子好名。中国人对于取名与改名的意涵都非常谨慎。调查地区的苗族命名规则体现人们对生活环境、季节时令、生产劳作、美好愿望的认知,也表达当地人在一定时空条件下内心追寻美好的愿景,是一个地方长期生活的人们价值观、审美观的体现,也表达一定的社会关系、家庭关系,蕴含丰富的地方性知识,根本性地体现人与土地自然之间关系的天然性、亲近性与融洽性。

随着时代的前行,现今当地很多人已经不再按苗族传统以及字辈取名字,而是通过网络或者其他途径取名,阴阳五行、生辰八字、命格等在当地传统命名规则里比较少见的词也通过网络渗入人们生活中。如村民 LYQ 的孩子学名为"龙某溪",是花钱在网上取的,据说是某权威网站根据生辰八字推算而来。被访人 LYH 表示:

> 这是与苗族取名习惯与规则无关的名字,和她的姐姐哥哥们的名字不同,出去别人都不能从名字上看出是这家的人。

---

① 王君、李曼曼:《黔东南苗族嘎闹支系的苗名命名规则与逻辑》,《阿坝师范学院学报》2019 年第 2 期,第 70~75 页。

相对于传统规则里透着满满"土气"的名字,这类名字听上去是很"洋气",但缺少生活气息,也无从反映人背后特有的与环境、家族、社会相关的文化元素,更不能体现具有地方特色的期待与愿景,不如传统取名规则里表达的内容丰富。这或许也是一种取名规则随时代变化的反映,从另一角度来说则透露出新一代孩子与土地的疏离与陌生。

五 传统土地观念

在农耕地区,土地与人们的生活息息相关。生活在农业社会中的人们由于长期与土地打交道,形成了一个比较稳定的具有深层次结构的土地意识,即人们常说的土地观念。它是土地社会存在反映在人们大脑中的深层意识,在变动很小的相对稳定的熟人社会中,土地观念就成为一切观念中最为基础的东西,土地"成为乡民所崇拜的偶像"。[1] 传统土地观念中对土地的资源与生产基础特征最为重视,希伯来语中"人是财富之父,土地是财富之母"是土地与人之间关系的最佳表述。在传统社会中,由于土地是人们生存资源的重要来源,故人们对土地有着强烈的依赖性。土地既是物理空间的边界,也是特定社会关系的边界,费孝通先生指出乡土社会中对土地的拥有标志是某种身份的获得,也是一定血亲与姻亲关系的纽带。而有学者认为,乡土社会描述中的土地观念是一种"祖业观",农村土地产权具有象征性、继替性和社区性的特征,农民仅仅享有继承使用权,而不具有独立产权。"祖业观"与村落的社会结构形成相互塑造的自洽逻辑。[2]

在传统农业社会中,土地对人们而言能提供让人吃饱穿暖的基本物质条件,可以出让和赠送,土地产权观念稀松淡薄。在乌村以传统农业种植为主的时期,土地的生产经营权通常以一些简单甚至戏谑的方式转移。比如笔者调研期间曾听老人们讲起20世纪八九十年代人们"赠送土地"、"米酒讨土地"与"土地当手机"等故事,这反映了土地价值单一且低廉时期,人们朴实的土地观念。

"赠送土地"发生在20世纪80年代初,我国刚实行家庭联产承包责任

---

[1] 朱静辉:《地权增值分配的社会机制——官镇征地研究》,厦门大学出版社,2016,第71页。
[2] 陈锋:《从"祖业观"到"物权观":土地观念的演变与冲突——基于广东省Y村地权之争的社会学分析》,《中国农村观察》2014年第6期,第25~36、94~95页。

制时，龙家寨龙某一家四口人，其兄年幼不幸夭折，正逢国家刚开始推行计划生育政策，他的父母响应国家号召没有再要孩子，他家成了村里最早的独生子女户。在实行家庭承包时作为奖励多分给他家一口人的土地，而他的父亲是木匠，常年外出干活，经济条件相对宽裕，眼见村里另一个家庭人口多，分得的土地少，于是将多分得的一口人的土地赠送给对方。

"米酒讨土地"是20世纪90年代时常发生的事，是时大量农村青壮年外出务工，只有中老年人在家照顾孙辈、料理土地，有些家庭劳动力严重缺乏，导致偏远的、土壤条件不好的土地被撂荒。有些四五十岁的中年人，打工出不去又尚能劳作，如家中土地较少的话常向亲戚朋友讨土地种，而换取土地种植的代价一般不会谈钱，通常是带上一壶米酒、几斤肉，去对方家吃饭喝酒聊一聊，事情就定下了，还有就是年底给对方少量粮食作为补偿。

"土地当手机"的故事相对比较有戏谑的意味。话说村里一个叫LHC的人，原家里有5口人的土地，与其弟分家后分得3口人的土地。2004年，LHC将一块2亩左右的熟地典当给了宣威街上某人，回报是一个大哥大手机，估价1500元，那块地每年租金抵100元，当期为15年，2019年收回。LHC本人已于2014年去世，土地收回后其儿子接着种植农作物。

这些故事虽只是少数案例，但反映出人们在以农业生产为主时期简单质朴的土地所属观念，体现了对土地产权属性的忽视，与当下土地观念的变化形成鲜明对比，而这种剧变只发生在短短十几年的时间里，反观变化过程，有助于我们对时下由土地引起的一系列社会问题的原因与发展走向进行分析与解释。

第三节 村落传统权力与土地管理

封建王朝时期皇权不下县，县以下基层社会治理实行"双重经纪"，乡村精英作为王权政治经纪一方的代理，以收取佣金回扣的方式实行基层统治，而当国家进行政权内卷化和机构正规化以后，乡村精英退出政权争夺。[①] 现代行政体制下，乡镇政府是国家权力体系的基层机构，村干部虽处于行政科

---

① 〔美〕杜赞奇：《文化、权力与国家：1900—1942年的华北农村》，王福明译，江苏人民出版社，2010。

层体系之外,却是传达或行使国家与地方政府政策与权力的一线工作人员。

较长时期以来,村干部、组干部是村落权力结构的重要组成部分,在集体事务中扮演裁决者、调解者与引导者的角色,尤其在村落土地管理中发挥举足轻重、不可取代的作用。就乌村而言,其行政化也经历了不同历史时期的变化,随着土地利用的变化,行政权力也扮演不同的角色。

一 老组长的权威与影响

乌村包括陈家寨和龙家寨,属于翁保村五组,组委会是村里行政机构的代表,宣传国家政策方针,推动基层政府政策的贯彻实施。按照惯例,两边村寨各选一名代表分别担任组长和副组长,年龄上考虑年轻与年长搭配,到目前为止历届组长和副组长都是男性,还未有女性担任过。

组干部工作只有微薄的经济补贴,基本是义务性的。2000年以前,村内几乎没有什么经济建设项目,组干部的工作主要是上传下达与村内部管理,担任者多是具有牺牲奉献精神的人,较强的个人能力与在村内较高的威望是被推选为组干部的重要条件,而被推选的人在村中有相当高的权威和个人魅力。

现村人记得最清楚的是1998年前后组织村人修路的CDQ①老组长。"要致富,先修路。"每每谈到村落的发展,人们总回忆起那段全村老少奋力艰苦挖路的岁月。乌村直到20世纪90年代都没有能通车的马路,虽离宣威集镇很近,可人们赶集要走路并翻越一座山才能到。以前有点余粮拿到集市卖钱买回生活用品都是肩挑背扛,村民们说养头猪想要卖都没人来买,只有请人翻山越岭抬到公路边,任由路过的猪贩子杀价买走,因为他们也知道不卖的话人们很难再抬回来。孩子们出去读书也是早去晚回,遇上下雨天,山高路滑,基本是摔着去摔着回来。由于交通不便、环境闭塞,这里经常发生偷抢事件。依赖山深路陡作为保护屏障,附近城镇一些游手好闲之人在村寨周围的山林中聚众赌博,对村寨名声造成不良影响,赌博的是外村人,不良影响却落到本村人身上。

1998年CDQ担任组长后,号召全村人修路摆脱闭塞、贫困、落后的面貌。当时只有村集体出售林木的一点资金,没有任何外界扶持,条件非常

---

① CDQ,男,60岁,曾连续担任村寨几任组长,在村里德高望重。

艰苦。在老组长的带动下，将路测量统计后平均分到各家各户，村里出钱买炸药，各家自备工具、自出劳力、自行安排工时，只要能在规定期限内完成任务就可以。有的家庭男性劳动力外出务工，则自行安排出钱请人挖路，而对于村里孤寡老残无法完成任务的家庭，则由组里统筹安排，或组干部主动分担完成，或号召村中壮劳力分摊。除了农忙季节，全村老少全力挖路，锄头、撮箕是主要的工具，遇到大石头才动用炸药，历时两年，终于修通村寨到台下公路（台盘—下司）的毛马路，虽只能容纳马车和拖拉机通行，但已经是极大的改变，当时乌村在周围已属较早开通马路到公路的少数民族村寨。那是所有村民一段艰苦的、值得怀念的岁月。

笔者租住房屋的房东阿姨回忆，她当时正怀着大女儿，每天早上起来就去挖路，中午回家做饭送去给仍在挖路的丈夫和婆婆，因为她家劳力少，怕完不成任务，每天都要很加紧地干，自己一直坚持参加挖路直到孩子临近出生，她感叹道：

> 那时候是真的苦，挖不动就用撮箕一点一点抬泥巴去倒。

老组长 CDQ 告诉笔者：

> 那时候每天天不亮就去指挥，安排发放炸药，检查安全，生怕有人出事，协调解决各种困难，大家没日没夜地干，很齐心，干劲很足。

在村中访谈，多次听到人们谈起过去由于交通不便村寨经济发展很落后的情况。因为这位老组长有魄力、有威望、有远见，组织带领大家把路修通，村寨才发展起来。

乌村 2006 年被列为全省 102 个新农村建设示范点之一。据基层政府的工作人员说，其入选颇有机缘，也与这条路密切相关。据说 2002 年前后，有一次麻江县某领导下基层视察工作，从台下线经过时看到茂密森林中有一条能通车的马路蜿蜒而出，于是问同行的人这条路通往哪里，被告知通往一个苗寨，遂让人驱车进入前往村寨。小路两旁的深幽密林以及道路尽头古朴神秘的苗寨让这位领导惊叹，全村人不等不靠不要、自力更生、刻苦勤奋从大山里开出一条路的故事被称为典型事迹，德高望重的老组长

CDQ 也得到政府的表彰与领导的赞赏。此间乌村受到县委、县政府的密切关注,优美怡人的生态环境、整齐古老的木屋和热情好客的苗家人构成了独特的人文景观,这一切成为麻江县政府打造少数民族特色村寨的基础资源。后在县政府多个部门的支持下,将砂石马路铺成了沥青路,开启了乌村被打造的序幕。2006 年入选新农村建设示范点以后,乌村如火如荼地进行大力建设,至今发生了天翻地覆的变化。

乌村的发展离不开国家与基层政府的帮助与扶持,组长是国家行政权力在村落的代言人。村民对组干部权威的肯定与支持虽离不开其个人能力与人格魅力的影响,但终归还是体现了国家权力在村落基层的绝对影响,也为其他事务的处理提供后盾,尤其是在村落最重要的资源——土地的管理方面。村落之间土地所属与边界划分依据基层政府土地管理政策而定,之后由村组干部代表的村落行政权力维护土地权属与边界,当受到外力侵扰时,村组干部作为村落行政权力代表组织维护行动。

二 地方习俗下的土地分配与继承

土地分配宏观层面是由国家土地管理制度决定的。随着我国土地制度的变迁,新阶段土地分配是指在国家或集体土地所有制下,承包经营权在家庭之间的分配。我国土地分配自 20 世纪 80 年代初土地承包经营权分配到家庭后,经历 90 年代在贵州湄潭试点的"增人不增地,减人不减地"措施推广到全国,至今基本形成稳定不变的状态。每个家庭的土地基本上以 80 年代分到家庭的数量为基数,其中包括田、土、山林、宅基地、部分荒山等。而土地在家庭内部的分配与代际继承,虽有国家相关制度法规进行约束,但地方风俗习惯与宗族家族规定影响重大。

在乌村,家庭内部的土地分配基本以"子承父业、预留养老、兄弟均分"的方式进行,即土地由家中男性继承,儿子长大成家以后分家,在预留出父母养老土地后,按照家中儿子数量平均分配,大的儿子先成家分出去,老人一般与小儿子居住,在还有余力的时候为小儿子积攒家业,助其成家立业,老了以后由小儿子养老送终,最后养老土地由小儿子继承,民间谚语"皇帝想长子,百姓想幺儿"或许部分是由于这种父母扶持幼子的现象。有的家庭小儿子做了上门女婿或有公职,土地分配与赡养父母的义务则由其余儿子商定。也有的父母分开在两个儿子家庭居住养老,去世后土地由赡养的儿子继承。通常情况下，家中女儿成年出嫁不参与分配与继承土地，也不承担赡养责任。总之，土地分配与家中儿子个数密切相关，更是老人获得照顾和赡养的财产基础保障。

正常家庭的土地分配与继承在家庭中按照传统惯例就能顺利进行，非正常家庭除家庭内部抉择以外，还受到地方社会传统与道德舆论的影响，其土地分配与继承关系往往与养老问题捆绑，土地成为非正常家庭老人养老的基础保障。

非正常家庭主要有"鳏独家庭"与"无儿家庭"两类。孟子言："老而无妻曰鳏，老而无夫曰寡，老而无子曰独，幼而无父曰孤。"[①] 所以笔者将老而无妻、无亲生子女侍奉养老的男性老年人独居家庭称为鳏独家庭。在少数民族地区，由于经济困难、交通闭塞等原因，男性终身未娶、孤独终老的现象较常见，父母在世时共同生活，随着父母去世而成为鳏独家庭。按常理会存在寡独老人，即无夫无子女的独居女性老人，有特殊情况未出嫁的多跟着父母一起居住。笔者在乌村调研时，有好几户"鳏独家庭"，没有"寡独家庭"。"无儿家庭"则指一对夫妻所生孩子中没有儿子或儿子早夭，只有女儿的家庭。

以上两类特殊家庭的养老与土地继承分配问题，根据谁养老谁继承土地的原则，由当事人与家族成员协商解决。"鳏独家庭"的老人一般到老年不能劳动以后，在家族中选择适合、愿意为其养老的人托付自己，不成文的规定是优先考虑自己亲兄弟及其儿子，如无适合人选则推到堂兄弟及其儿子，若再没有适合的再往家族中其他男性后辈考虑，一般不会扩展到姻亲家族或外家族。除在家族范围内考虑，还需顾及老人和赡养人双方的意愿。在有选择条件下，老人优先考虑善良、有能力赡养的托付对象；而年轻人也有自己的考虑因素，如老人土地财产的多寡、性格脾气的好坏等。若近亲中只有唯一一个适合养老的，那双方无从选择，必须相互适应。符合规定的年轻人若不愿养老会被视为不孝，若老年人信疏不信亲，将自己的养老问题避开有近亲关系的后辈而托付给关系疏远的人，土地由其继承，则村人也会认为其不识远近亲疏。

村中两个"鳏独家庭"养老与土地继承的典型案例，充分反映了地方

---

① 万丽华、蓝旭译注《孟子》，中华书局，2006，第32页。

传统习俗下土地分配与继承的特殊处理方式，也体现了土地对于老年人养老的重要支撑意义。一个是现年85岁老人L，终身未娶独居，家族中只有一个亲侄儿G，老人的养老义务毫无疑问地落在了他头上，理所当然老人的土地也由他继承。老人行动不便，与他的侄子G分开居住在前后两栋木屋，日常起居自己照料，每日三餐由侄子G一家送来。老人的土地早已归属G作为养老的补偿。2014年后，乌村陆续征收土地进行基础设施与旅游景观建设，老人的土地被征收，获得的近40万元赔偿金归侄子支配。

另一个是Y老人，一年前刚去世，同样终身未娶，生前其养老问题可在自己亲侄儿J和他的大哥之间考虑。因J有三个孩子，都处于上学花钱阶段，家庭负担较重，故让其大哥承担养老任务。但其大嫂性格凶悍，不愿照顾老人，反对承担养老任务，无奈之下J一家担负起老人的养老责任，老人的土地归属他家。同样在2014年后，老人的土地被征收，J一家获得赔偿金近百万元，村人纷纷议论这是对他们两口子主动承担养老任务的报答，是好人有好报。

对于"无儿家庭"的土地继承与养老问题，当女儿都出嫁以后，在家族中由亲到疏选择适合的人为老人养老送终，最后土地归属承担养老任务的人，这种情况在村里有好几例。也有女儿出嫁后返回家中承担养老任务的，土地则由女儿家庭继承。如前文提到的乌村20世纪80年代的老鬼师杨公，生前育有两个女儿，一个外嫁他村，一个嫁乌村龙家，即村民Z的母亲。因嫁本寨的女儿可承担养老任务，其土地就归她嫁入的家庭，故Z家现在算是村里经济基础比较好的。经济基础好，首先就是土地多，随着土地经济开发，他家不少土地被征收与租用，由此获得近百万元补偿金，而余下的土地足以种植粮食与其他用途，这就是他的母亲承担外公养老任务并继承其外家土地获得的财富。

在乌村，土地分配与继承是国家土地政策下的民间实践，其中又充分体现民族地区社会文化背景下对现实问题的兼顾与考量。土地分配与继承与个体对应，遇到特殊情况时在家族内部进行流动，极少数情况下也在有姻亲关系的家族中流动。土地代表个体之间、家庭之间、家族之间的边界，但又搭建起不同层次主体间关系跨越边界，并与家庭、家族内外产生有序互动的桥梁。随着历史演变与国家土地政策变化，这种边界与互动有时也会出现非常态化现象。

三 村落山林、土地纠纷的处理

1980年后，全国各地农村纷纷实施家庭联产承包责任制，到80年代末总体上完成了"耕者有其责"的土地分配。在此政策的影响下，老百姓生产热情高涨，农业生产水平快速提高。但在总体顺利分田到户的情况下，在微观的生活实践中仍存在不少纠纷与矛盾，在乌村亦是如此。这些纠纷与矛盾的调处体现了传统时期村落内部与邻近村落之间各种权力与力量之间的博弈。在乌村，存在这样两个案例。

一是乌村与龙山镇干塘村十一组九层岩自然村对于杨家山的山林之争。据村民说，20世纪80年代初集体田土与山林分到各承包户时，杨家山山林是分给乌村的，因这片山林邻近九层岩，而与乌村离得远，对方村里有几姓人就来争夺，乌村人去档案馆查20世纪50年代初的土地权属存根，但由于档案馆失火，存根被烧。双方进行调解时他们没有依据，而对方有1955年山林土地证，上面写有这片山林属于九层岩，可乌村人说至今他们也没仔细看过那个山林土地证，只是在调解时匆匆看了一眼。直到现在，山林的纠纷问题仍存在，山林下面几块田土原来分给几位村民，后来也都被九层岩占去，一直是那边的人在种。

到目前为止，虽无法知道纠纷中的这片山林与土地到底属于哪一方，但在这场纠纷中一直是组委会和村委会牵头去争取与调解，只是由于缺乏证据，纠纷久久未能得到有效处理。

二是乌村与光明村关于河边山林的纠纷。这场纠纷同样始于20世纪80年代以后土地山林承包到户的政策背景下，河边山林位于乌村与光明村三组的交界地，据说划分的时候分给乌村。后来，光明村三组人说这片山林属于他们村，于是引起两边争占矛盾，甚至曾引起群体性冲突。镇里只好组织两边村委会、组委会派代表进行调解，为平息事件，判一村一半。在这次纷争中乌村组委会一直在想方设法进行维权，曾经组织村民集资，派代表专门处理此事。在这些村与村之间的土地纠纷中，村委会、组委会发挥代表集体的行政权力，以整体性力量据理力争，为村民争取权益。

两个案例背后反映了诸多基层土地管理现象。首先，在土地边界划分方面，传统时期的划分体现地理空间、社会关系网络空间与历史延续性，边界呈犬牙交错状，附带着历史记忆与心理认同镌刻在村人记忆中；而20

世纪 50 年代的国家土地政策对土地边界的划分按照距离远近与尽量连片的原则，呈整齐划一状态，具有划时代意义，与过去的连续性被斩断。经过集体化生产时期，直到 80 年代重新划分土地，边界再次发生变化，且对边界的认定方式模棱两可，依据不具有科学性。人们对边界的记忆再次模糊，就对边界的认知各执一词并且多种认知在一定时期内共存，造成边界不清的遗留问题，成为后来出现纠纷处理困难的隐患。

其次，过去时期基层土地管理工作滞后与粗糙。1949 年以来较长时期内，土地政策改革与调适持续不断，土地管理工作一直处于探索与完善阶段，基层土地管理部门工作庞杂，认定与登记工作存在疏漏，测量、划分与登记工作较粗糙，且土地权属资料未能妥善保存。如在本村的两个案例中，当纠纷产生时，地方与基层政府部门偶然的失火事故导致土地存根销毁，相关村落和家庭又缺乏土地证，造成纠纷难以解决。

最后，早期村人对国家土地政策认知不足与土地权属观念淡薄。土地政策随着历史更迭的变化性在村人记忆中形成不稳定的印象，他们对土地边界划分、土地权属认证及相关依据材料不重视，以致后期出现土地纠纷时未能拿出支持依据。

这些问题既有国家层面、地方与基层政府部门的，也有村落、家庭与个人的。在土地管理政策与实施手段不完善时期，这样的问题层出不穷，不仅在乌村，在其他许多地区也存在。随着经济发展，土地得到开发利用，其经济价值迅速提高，产生的纠纷越来越多。而前期各种遗留问题导致纠纷难以解决，当事家庭、村落与基层管理部门为此付出沉重代价，在人力财力物力之外，村落社会关系也因各种土地纠纷产生裂痕。

本章研究村落传统生计方式与土地文化制度。当地以农耕为主、采集渔猎为辅的传统生计方式下，对土地的利用分为田的水稻种植、土的玉米杂粮种植、山野河流的公共采集渔猎、菜园子的精准区分种植与山林的维护和利用等几种类型。土地利用方式具有规范性、灵活性、多样性。人们对土地、山林、石头以及自然界中的花草树木和水等充满信仰，生活中的传说故事、命名规则等体现丰富的农耕与土地文化意涵。村落土地分配与继承在国家土地政策框架下融入许多地方民族习俗与民间伦理道德规范，并与养老问题密切关联，土地成为特殊群体养老的基础保障与砝码，一定程度上内部消解了特殊家庭养老问题。土地制度具有历史性、传承性、民族性，同时体现出内部性与封闭性。在此制度下，人们的土地观念是视土地为一种单纯的生活资料，满足基本的衣食与发展需求即可，土地可在村内、家族内无偿流动。村落内部与村落之间的山林与土地纠纷主要缘起于对土地生产属性的占有，纠纷的处理是在小范围内进行磋商或停摆。村落传统权力结构中的基层行政权力与多元民间力量共同作用于土地分配、继承与管理。

但随着经济发展加速及追求经济更快速发展，当下的中国村落面临各种农业农村农民问题。为实施乡村振兴，实现国家"产业兴旺、生态宜居、乡风文明、治理有效、生活富裕"的要求，各地各显神通，纷纷发展地方特色产业，乌村同样卷入乡村产业发展大潮。翁保一带20余年来的蓝莓种植就是麻江县以产业促发展，力图夹缝中求生存，从而追求农业振兴、乡村振兴的战略计划的体现。后文笔者将立足蓝莓产业区中心的乌村，通过观察这一新兴产业在该地区的发展及引起的土地利用的改变，进一步分析其对社会关系与社会文化的影响。

第三章 "异乡来客"与新型土地利用

　　1978 年改革开放后，全国市场经济发展迅速，农村市场向城市与乡镇开放，城乡间互动日渐活跃与深入。农村土地利用方式在城乡互动中发生剧变，20 世纪 90 年代的打工潮使得农村大量土地撂荒。20 世纪 90 年代末至 21 世纪初，乡村旅游兴起，农村土地进而大量从农用地转为旅游商业用地。随着现代农业经济变革与规模化生产，农村地区土地流转、规模经营普遍展开。各方主体对农村政策理解、利用的差异给农村经济、社会、文化各方面带来一系列影响，如村落凋敝、环境恶化、传统文化式微、市场混乱、民间社会保障体系瓦解等，这一系列农村社会问题皆与土地利用方式与土地维护密切关联。本章以乌村为具体案例，调查研究 20 年来有关新农村建设、产业发展、旅游开发等政策风向标在具体村落中的落地实施方式，自下而上反观在西南少数民族地区农村特殊的历史、地理、自然与生态背景下，国家宏观政策如何被地方基层政府解读与实施，落实到村落以后底层社会如何能动应对与博弈，其中的运行机理与土地有何关联、如何关联等。

　　在农村与城市、乡镇互动过程中，以往相对封闭的农村社区前所未有地变得热闹与喧嚣，异乡之人与物相继进入，在热情好客的西南少数民族地区，如俗话所言"来者皆是客"，所以本章将近年涌入乌村的新事物统称为"异乡来客"，包括人与物：人之客主要指游客、商人、企业家、政府的基层技术特派工作员等；物之客则指蓝莓，麻江县全力推广蓝莓种植，拟将其发展为支柱产业，以此撑起乡村振兴大旗。人之客因物之客而来，物之客因人之客而兴，这一切和地方的人与物、文化、社会等相互交织影响，相互作用。

第一节　植物之客：蓝莓与农业产业化发展

蓝莓（blueberry），又称越橘，为杜鹃花科越橘属植物，是一种野生浆果类丛生植物，原产于北美洲，美国大西洋沿岸各州和加拿大东南部都有分布。中国的东北寒温带与西南亚热带也有越橘属植物的分布，古代所说的乌饭树、乌鸦果、江南越橘、南烛等都属此类植物，其果实采摘食用已有上千年历史。全世界约有450种，中国已知有91种，24变种。[①] 因其独特的营养价值于20世纪初在北美进行人工种植。20世纪80年代后，欧洲、南美洲、亚洲、非洲很多国家纷纷引进培植。蓝莓果实为蓝色，果实大小因种类不同而异，一般单果重为0.5~2.5克。其果实果肉细腻，种子极小，甜酸适口，有清爽宜人的香气。[②]

蓝莓果实具有观赏性、食用性俱佳的特点，是集营养、保健功能于一身的新型水果，含有人体必需的多种营养物质，包括蛋白质、食用纤维、矿物质元素（Ca、Fe、K、Zn等）、维生素（VA、VB、VC、VE等）、天然活性物质（熊果苷）、抗氧化酶（SOD）等。其本身具有预防衰老、提高免疫力、增强心脏功能、明目等功能，有"世界水果之王""黄金浆果"的美誉，国际粮农组织将其列为人类五大健康食品之一。正是由于独特的风味及营养保健价值，蓝莓果实及产品风靡世界，供不应求，在国际市场上售价昂贵，在欧美及日本等高端市场上价格一直处于所有水果类商品的顶端位置。[③]

蓝莓的栽培历史不到一个世纪，最早始于美国。1906年，F. V. Coville首先开始了野生选种工作；1937年，其将选出的15个品种进行商业性栽培。之后在全球范围内迅速发展，栽培遍及全球各地，形成了北美洲、南美洲、欧洲、地中海-北非、撒哈拉以南非洲和亚洲-太平洋（亚太地区）等六大产区，超过58个国家开始蓝莓的栽培生产，北美洲是当前蓝莓第一

---

① 顾姻、贺善安主编《蓝浆果与蔓越桔》，中国农业出版社，2001，第3页；聂飞、安明太：《贵州野生越桔种质资源及其开发利用》，《亚热带植物科学》2008年第1期，第60~62页。

② 李亚东、刘海广、张志东、吴林、姜惠铁、李晓东编著《蓝莓优质丰产栽培技术》，中国三峡出版社，2007，第1页。

③ 黄国辉主编《小浆果栽培技术》，东北大学出版社，2009，第5页。

大产区。全球各个产区主栽品种有 30 余个，利用全球各个产区气候条件不同的特点，实现全年蓝莓鲜果供应的目标。其消费利用主要是在鲜果和加工产品这两个市场。①

吉林农业大学于 1983 年率先在我国开展了蓝莓引种栽培工作，到 1997 年，从美国、加拿大、芬兰、德国引入抗寒、丰产的蓝莓优良品种 70 余个，其中包括高丛蓝莓、半高丛蓝莓、矮丛蓝莓等六大类型。1989 年，解决了蓝莓组织培养工厂化育苗技术问题。扩繁后，在长白山建立了 5 个蓝莓引种栽培基地。1995 年，初步选出适宜长白山区栽培的蓝莓优良品种 4 个，并开始推广。研究者们对一些基本的栽培技术和育苗、土壤管理等也做了研究。1999 年，吉林农业大学与日本环球贸易公司合作，率先在我国开展了蓝莓的产业化生产栽培工作。从 2000 年开始，相继在辽宁、山东、黑龙江、北京、江苏、浙江、四川等地引种试栽。2004 年，在吉林、辽宁和山东发展种植面积 300 公顷，总产量为 300 吨，产品 80%出口日本。② 至 2017 年，中国作为亚洲蓝莓的主要产地，栽培面积达到 3.12 万公顷，总产量为 11.49 万吨，全国规模化种植的省、自治区、直辖市达到 27 个。根据生态因子不同，可将中国蓝莓种植地划分为四大产区：寒地蓝莓（吉林、黑龙江）、温带蓝莓（辽东半岛、胶东半岛）、亚热带蓝莓（长江流域）和西南高海拔蓝莓。四大产区依据地理区域布局，采用露地和设施栽培相结合的方式，实现了全国 3 月中旬至 9 月中旬的鲜果供应期，并形成了各产区的优势和特色。③ 山东、贵州和辽宁三省蓝莓规模化种植最早，也是目前我国栽培面积和产量位列前三的省份。2015 年之前，山东省栽培面积和产量一直位列全国第一位。由于贵州省政府加大扶持力度，2013~2017 年栽培面积迅速增加，到 2017 年达到 13000 公顷，位列全国第一，产量达到 30000 吨，跃居全国第一位。2017 年，辽宁省栽培面积为 5000 公顷，种植面积位列全国第二位。山东省为 4700 公顷，和辽宁省 2017 年产量均为 15000 吨，产量

---

① 李亚东、裴嘉博、孙海悦：《全球蓝莓产业发展现状及展望》，《吉林农业大学学报》2018 年第 4 期，第 421 页。
② 李亚东、刘海广、张志东、吴林、姜惠铁、李晓东编著《蓝莓优质丰产栽培技术》，中国三峡出版社，2007，第 2 页。
③ 刘庆忠、朱东姿、王甲威、公庆党、辛力：《世界蓝莓产业发展现状——中国篇》，《落叶果树》2018 年第 6 期，第 3 页。

并列全国第二位。近年来，浙江、湖北、四川、云南由于特殊的地理条件和果实品质优势，栽培面积快速增加。而种植最早的吉林省发展速度较缓慢，2017年栽培面积仅为1994公顷，产量为2800吨，列全国第十位。[1]

贵州蓝莓大规模引进种植始于20世纪末期，最早从黔东南州麻江县开始。1999年在麻江县宣威镇引进试种，2002年正式通过专家验收，表明试种成功，并于次年开始推广，种植面积与产量迅速增加。2002年种植面积为7公顷，产量为18吨；在政府大力推动下，种植面积快速增加，至2013年全省种植面积增加至3880公顷，产量为3000吨，产值超亿元。[2] 截至2019年7月，麻江全县蓝莓种植面积约为4153公顷，蓝莓产业涉及全县7个乡镇（街道）46个村，有从事蓝莓产业的农民专业合作社16个，家庭农场25个，种植大户52户，企业29家。2020年，蓝莓产量达15000吨，实现产值10亿元左右。[3] 蓝莓种植以麻江县为核心扩展至周边的黄平、丹寨、凯里、雷山、台江、镇远、三穗和黎平等县市。近年来，贵州省内果蔬主产地区贵阳、黔西南州、安顺、遵义和铜仁等市州均建立了大规模的蓝莓基地，开始示范种植。

目前贵州是全国蓝莓种植面积排第一位的省，其中贡献最大的是种植连片集中、面积最大的黔东南州麻江县。麻江县至今是贵州省蓝莓种植面积最大、产量最高的县，在全国县域内蓝莓种植规模位居榜首。

一　蓝莓种植条件

麻江县成为贵州省蓝莓种植面积最大的县并不是偶然的，蓝莓种植对气候、土壤等自然环境的要求较为苛刻，另外对社会劳动力、地理区位等也有要求，而麻江县在这些方面都具备相对优势，蓝莓种植在此蓬勃发展可谓"天时地利人和"的综合结果。

---

[1] 李亚东、裴嘉博、孙海悦：《全球蓝莓产业发展现状及展望》，《吉林农业大学学报》2018年第4期，第429页。

[2] 任艳玲、周杰、王涛、徐芳龄、于晓飞、王娟、余寒、赵伶俐：《贵州蓝莓产业的发展现状及对策》，《贵州农业科学》2016年第6期，第172~175页。

[3] 《麻江：多措并举做好蓝莓产业发展》，麻江县人民政府网，2021年4月20日，http://www.majiang.gov.cn/xwzx/zwyw/202104/t20210402_67670782.html，访问日期：2022年11月1日。

1. 自然地理条件

从自然环境方面来说，蓝莓只有在适宜的气候和酸性（pH 值为 4~5.5）土壤中才能正常生长和结果，且土壤有机质含量要丰富，疏松湿润，但不能积水。土壤有机质的主要功能是改善土壤结构，疏松土壤，促进根系发育，保持土壤中水分和养分，防止流失。温度影响蓝莓生长发育主要是影响叶片光合作用和呼吸作用，有研究发现，矮丛蓝莓、半高丛蓝莓和高丛蓝莓叶片光合作用的最适温度范围分别为 20~27℃、25~30℃ 和 25~33℃。对于地形一般要求坡度不超过 10%。①

上述土壤条件在选择时可从植物分布群落进行判断，有野生蓝莓分布或杜鹃花科植物分布的是典型的适合区域。如果没有指示植物判断则需进行土壤测试。园地选择时需注意新开荒地比熟地更佳，种植过其他作物的土壤栽培蓝莓往往引起生长衰弱，甚至死亡。

前述田野点基本概况时，对翁保一带自然地理气候及土壤做过较为全面介绍，在此不再赘述。总体而言，贵州属于亚热带季风湿润气候区，全年气候温和，降雨量丰富，位于全国地势的第二级阶梯上，形成高原山地、丘陵、盆地为主的地貌类型，全省土壤一半以上为偏酸性的红壤和黄壤。麻江位于贵州东南部，地势西高东低，山地、河谷间次分布，雨热同期，光照充足，黄壤成片分布，杉树林、松树林广泛分布，生态环境保持很好，土壤有机质充足，为蓝莓引进种植奠定极佳的自然地理基础。

2. 社会经济文化条件

社会层面因素为蓝莓种植奠定的基础，一是经济发展滞后，急需转变传统农业生产方式；二是劳动力密集，为蓝莓种植管理提供大量剩余劳动力；三是麻江宣威一带很早就作为水果种植区，果树的培植在民间有一定的历史传统，易于接受。

前文对麻江属地历史源流有述，宋代即在今麻江设立麻哈平蛮安抚司，元代置麻峡县，隶湖广行省定远府，地属四川行省、云南行省、湖广行省交界处，俗称"三管三不管"，山水阻隔，经济发展缓慢。明代建立贵州布政使司，设麻哈州，隶都匀府，但属于贵州布政使司东南边缘地带，战略

---

① 李亚东、刘海广、张志东、吴林、姜惠铁、李晓东编著《蓝莓优质丰产栽培技术》，中国三峡出版社，2007，第 52~55 页。

位置虽重要，行政建制却几经更改，影响了经济发展。至清雍正年间开辟贵州苗疆，麻江一带处于清王朝统治辖地与"苗疆生界"的交锋地带，常处于政治斡旋与拉锯斗争区域。民国改为麻江县，先后隶属省、第七行政督察区、第八行政督察区、第二行政督察区、省。1949年麻江解放后，先隶独山专区，后1952年隶都匀专区，1956年才划入黔东南苗族侗族自治州。1958年撤县，1961年复置，之后经过"撤区并乡建镇"，几经更改，到2013年为7镇1乡，格局才基本稳定。

麻江县属地处于凯里、都匀、丹寨等市与县之间，距凯里40余公里，距都匀30余公里，距丹寨70余公里。下辖乡镇区域中，处于交界地带的，常被周边县市划拨，尤其是具有发展优势的地区资源以及优秀人才都易流失到高一级的城市凯里和都匀，即使同为县，丹寨由于地势平坦、经济发展更好，也比麻江更能吸引人才与资源，麻江县处于"夹缝中求生存"的态势。2014年，经上级政府批准，将原麻江县旅游特色小镇下司和工业发展重镇碧波整建制划归凯里市管辖，之后麻江的旅游与工业经济大受折损，只能另谋发展出路。

麻江县长期以来的"夹缝中求生存"态势使得地方经济活跃但容易被"汲取营养"，地方县政府、基层乡镇以及老百姓遂形成一种危机意识，且有勇于尝试、敢于接受新事物的心理特征。在农业经济变革进程中，经济作物的种植是主要措施，如西瓜种植、烤烟种植等，在这些作物的种植中麻江一带一直是比较领先的示范基地，20世纪末21世纪初县政府引进蓝莓试种，在全国亦处于领先地位，就是在这种区域生存危机下忧患意识形成的政策惯例。

另外，麻江境内高山河流峡谷相间，山多水多林多田土少，人均耕地面积少且零碎化。20世纪90年代，大批中青年男女外出务工，当时麻江县政府即与浙江省形成劳务输出对口帮扶关系，直到2000年前后，麻江县每年都输送大批劳动力到浙江务工，也有浙江的老板亲自到麻江县各地挑选适合的工人。而整个贵州则成为东部沿海及中部省份的劳动力来源大省。

蓝莓种植是一种劳动密集型产业。因果实易损伤，采摘需要大量人工，加之贵州的山地地形，其管理过程中的割草、剪枝、施肥、除虫等环节不易实施机械操作，也主要靠人工。这与整个西南地区的高原山地农业无法进行完全的机械化作业相关。贵州当地劳动力充足，适合劳动密集型的蓝莓产业发展，且培养新兴产业在增加当地农民收入、促进富余劳动力就业等方面具有重要作用。

宣威镇与龙山镇作为麻江县蓝莓种植重镇，除以上自然、地理、人文条件外，在其历史传统方面也有一脉相承的原因。宣威地区在明清时期就引进油桐种植，经济作物发展较早，清末至民国时期地方就有大量培植梨、橘子等水果的惯例，民间记忆与官方文献都能侧面反映。人们对水果种植的熟悉使得从没听过、没见过的异域之客——蓝莓引进时，能够在较短时间内进入寻常百姓家，得到培植，成为许多家庭的经济支柱。

基于以上原因，加之是时地方政府领导的大胆推行、全力支持，麻江县蓝莓种植快速发展，20年间经历"从无到有，从有到大，从大到优"的发展进程，尤其在2009~2019年这十年间突飞猛进，种植面积扩大到6万余亩，推动了贵州成为蓝莓种植面积第一大省。

二 蓝莓产业发展进程

从1999年麻江县蓝莓引进试种，经过培育研发苗种、推广种植、标准化整改等各阶段，到2019年，该县蓝莓产业发展已有20年，在全国蓝莓产业种植区域中属开发时间早、持续时间久的地区。这20年大致分为三个阶段，各个阶段核心任务与发展目标有所区别。

1. 从无到有（1999~2005年）

在前述麻江县"内忧外患"的区位特征背景和历史发展条件下，20世纪末适逢我国推进农业经济改革发展的倡导时期，当地政府面临农业转型、发展产业以改变境内经济发展窘境的迫切任务，基于麻江惯有的果树培植经验，果品产业成为首选方案。笔者通过对麻江县蓝莓发展办公室（以下简称"蓝莓办"）主任LXB[①]的深入访谈，以及对麻江县档案馆保存的相关资料的梳理，整理出麻江蓝莓产业发展的大致历程。

1999年6月，麻江成立果品办公室（以下简称"果品办"），从县里各部门抽调相关专业领导1名、工作人员7名组成工作小组，统筹规划麻江果品产业发展的技术研发、种植推广、宣传指导等工作。LXB主任回忆当

---

① LXB，男，39岁，时任麻江县蓝莓发展办公室主任，访谈日期：2019年2月21日、7月、8月。

时情形说，他是 2000 年果品办新进人员中的一名，不少当时的工作小组成员已经调任或离任，唯有他，从单位组建到现在担任蓝莓办主任，一路见证了麻江蓝莓产业的发展。

当时麻江县寻求发展经济产业和转型发展路径，曾有人提议种植金秋梨，但黔东南其他地区种植金秋梨已有成形的产业基地，麻江后起没有任何优势。在思考与酝酿的过程中，时任麻江县果品办主任的 LF 因偶然的机会经江苏省中国科学院植物研究所贺善安教授和於虹教授的介绍接触蓝莓，遂萌生蓝莓种植的念头。经过一番思考、检测与论证，LF 主任将种植蓝莓的计划向时任麻江县委书记 MRH 及县里领导汇报，并很快得到县委书记等领导的同意。但蓝莓作为一种完全陌生的物种，在当地听过的人微乎其微，见过吃过的更没有，有许多未知问题摆在面前。首先面临能否种、怎么种等一系列问题，而在县里领导层中也有不同的声音，种或不种都观点各异。经过一番深入讨论，MRH 书记等领导力排众议，全力支持推进蓝莓种植进程，在艰难的抉择面前坚决秉持"当下的对与错不讲，因为在未知事物面前无法判定，我们只做，踏实做，功过留给时间检验与后人评说"的理念。

于是在 1999 年，麻江县果品办以 50 元每株的价格从江苏省中国科学院植物研究所引进美国兔眼蓝莓 6 个品种 1020 株，在麻江县宣威镇光明村龙奔试种。工作人员亲自种植、观测、照料所有的苗木，LXB 主任描述：

> 当时组里所有人像照看自家孩子一样每天细心照料这 1000 多株树苗，进行试验，记录数据，调整方案。最终功夫不负有心人，2002 年通过省林业厅专家验收，证明蓝莓在麻江试种成功。引种的蓝莓通过试验检测鉴定，结果表明宣威蓝莓试验区种植的蓝莓果实营养成分达到美国原产地水平。

试种成功极大鼓励了倡导者，并使蓝莓种植得到领导的肯定与大力支持，在政府引导下继续扩大种植规模。2002~2003 年，耗资 40 万元继续引进 8000 株蓝莓苗，建成龙奔蓝莓试验园，这也是我国西南地区第一个蓝莓种植示范园。随后，政府加大了蓝莓的科研力度和财政资金扶持力度，后期陆续引进苗木进行培植。有了前期的经验，后期引进的蓝莓苗木顺利成活挂果，当时龙奔蓝莓试验园种下的 12 个品种 21000 多株蓝莓幼株，成为麻江蓝莓的母种,以及后期苗木研发的基础。

随着蓝莓的试种成功,新的问题也接踵而来,最核心的问题是,价格高昂的蓝莓苗如何降低成本,如何让农户接受。显然,培植本土蓝莓苗是降低成本的最佳办法。在此过程中,扦插技术是苗木研发核心技术的关键一环,但当时各方面条件都非常有限,育苗技术发展艰难。2003年,果品办人员全身心投入蓝莓苗扦插繁育技术的探索研究,从当年4月开始,在麻江县城郊区租了几亩土地进行试验,在最先引进试种的品种即兔眼品种的12个亚种中选种进行扦插,但由于条件简陋、设备简单,繁育试验失败,育苗基本不成活。

后经麻江县政府批示,各部门集资建成了一个苗圃大棚,在温度、湿度、光照等方面实现了一定程度的可控制化,新一轮本土苗木研发试验艰苦进行。现任麻江县蓝莓办主任LXB讲述:

> 为了保证扦插苗的水分,办公室工作人员分工协作,2人每天早上6点之前赶到大棚,为当天的扦插做准备工作,5点前另2名工作人员即从龙奔剪下枝条用小货车运到县里苗圃园,大家开始扦插,一直干到早上八九点才结束。中午吃饭休息一下,下午4点喷水、敛土、观测、做记录。

如此周而复始地苦战,经过2003~2004年两年的持续努力,终于成功攻克蓝莓苗的扦插技术,成本从50元每株降到5元每株,解决了蓝莓苗的核心问题,降低了苗木成本。同时前期种下的第一批蓝莓已经开始挂果产出,蓝莓在麻江悄然诞生,正式开启麻江蓝莓产业发展的序幕。

这一阶段实现了麻江人工种植蓝莓"从无到有"的突破,使得如此"高大上"的"小水果"在西南这个偏远山区落地生根。整个过程在地方政府的指导下推行,虽与当时全国农业经济改革大政策密不可分,但地方领导的个人理念与眼界起着决定性作用。

2. 从有到大(2006~2015年)

在蓝莓实现落地生根、成功自主培育苗木以后,紧接着新的问题出现:谁来种蓝莓,种出来以后怎么卖出去?对于这个外来陌生水果而言,如何推广,如何打开当地市场成为最大的难题。前期的试验、研发都只限于政府部门主导的基地种植，若只是政府部门种却不能带动老百姓，则对于发展产业变革农业经济无济于事。蓝莓自身的特点——颗粒小、易损伤、不易保存和运输、成熟时间不一致、难采摘等都是推广的障碍因素。果品办工作小组及支持蓝莓种植的领导苦苦寻思如何扩大种植规模和打开市场。2005～2006年麻江县政府相关工作部门和领导一直在为寻找蓝莓的种植主体、消费主体、销售渠道等进行多方探索。

2006年可以说是蓝莓发展历程的关键转折点。那一年，浙江商人YHT，专门做进出口生意，生意中涉及蓝莓的领域。美国是世界蓝莓生产大国，但劳动力成本高，许多江浙商人低价买进美国当地机器采摘的蓝莓运到中国，雇用西部省份到沿海一带务工人员进行分选包装，之后高价转售到日本、韩国等，利用国内廉价劳动力赚取差额，YHT即经营这方面生意的商人之一。2006年，沿海出现用工荒，宁波与麻江是对口帮扶单位，YHT到麻江一带进行招工与调查，途经宣威镇时看到公路旁关于蓝莓种植的广告牌，他瞬间被吸引，后经过深入考察与对接，在宣威镇翁保村地界租了一片土地投资种植蓝莓。基本同时期，香港商人WGQ通过新闻看到麻江蓝莓种植项目，也来到麻江投资种植蓝莓。YHT与WGQ二人的蓝莓基地大约同时期成立，前者在茅草塘地界，即现今拟建蓝莓交易市场一带；后者在现今药谷江村至翁保村一带。建立之初各200亩，2009年，YHT的蓝莓基地扩大到1000亩，WGQ的保持原有规模。两位商人的投入从此打破了蓝莓种植只是政府行为的局面，增加了政府部门以外种植主体，对蓝莓种植的推广起到有力的促进作用。

紧随其后，当地更多类型的主体加入蓝莓种植队伍中，如2007年，笔架村WSQ作为当地人，第一个开始种植蓝莓，通过租地方式种了几十亩。2008年，作为地方企业的RY蓝莓有限公司，通过流转土地种了700亩。

当时的麻江县果品办的工作人员清楚地记得，2007年，时任国家总理温家宝对中国蓝莓产业大力发展做出批示之后，麻江县地方政府越发重视和推广蓝莓种植。县果品办从2008年开始，有意识地派工作人员到宣威镇挂职，从事蓝莓种植推广、技术培训等方面的工作，为将宣威、龙山一带打造成麻江蓝莓种植核心区与示范区打基础。

在民间，在外来人员的影响下，群众积极性也大大提高，如龙山镇共和村的LGB、LGH兄弟是继笔架村WSQ后积极种植蓝莓的典范，2009年，兄弟两人各种植了60亩。这时候，浙商YHT与港商WGQ的蓝莓基地也开始产出，在当地市场虽不能普遍见到蓝莓，但很多人通过到基地务工的渠道，对蓝莓的了解更为具体和直接，蓝莓在当地社会开始引起广泛关注。一些在外务工的年轻人也嗅到家乡的商机，纷纷回乡种植蓝莓，现在很多村寨的种植大户基本上是2009年开始种植的。如乌村种植大户YQX①告诉笔者：

> 我当时正在外地打工，过年回家时看到家乡有人种植蓝莓，路边很多关于蓝莓的广告，当时不知道蓝莓是什么、有什么价值，于是就到网吧上网查资料了解，知道蓝莓的营养价值和市场口碑以后，就觉得这里面大有商机，于是放弃外地打工的高工资，回家租了30多亩地，开始种植蓝莓。

2009~2014年是麻江蓝莓种植规模扩大较为迅速的阶段，因为有贵州省财政厅、外省对口帮扶城市等很多项目资金对农户种植蓝莓给予大力扶持。其中省财政厅2009~2011年对口帮扶宣威镇，每年拨付扶持资金300万~500万元，用于石漠化治理、水利设施建设、蓝莓园耕道修建、土地平整、苗木、肥料等方面的扶持。这期间，群众种植蓝莓，政府有免费帮扶平整土地、免费发放苗木等优惠政策，一时间大量农户开始种植蓝莓，宣威镇、龙山镇各村许多外出务工者返乡发展。如本书主要田野点乌村派所登记的78户中50户种植蓝莓，三分之二的家庭于2011~2013年开始种植，2016年全村共种植蓝莓495亩。访谈中人们回忆：

> 那几年政府经常运苗木、肥料、地膜等来村里发放，大家到芦笙堂或停车场领取，村里常常像赶集一样，山上挖机到处开山作业，村里村外整天都非常热闹。

经过这样如火如荼的运动式的扩繁，到2014年麻江蓝莓种植达到6万余亩，实现一定的规模化。2015年，麻江县果品办与贵州科学院共同成立

---

① YQX，男，39岁，乌村村民，现担任乌村RZ蓝莓合作社负责人，家里种植蓝莓35亩。

麻江蓝莓产业工程技术中心（以下简称"技术中心"），之后麻江蓝莓种植事宜由果品办和技术中心共同建设推进，技术中心负责技术研发、深加工技术创新等，果品办负责种植推广、管理、销售、宣传等。后技术中心和果品办共同成立麻江县产业发展的"1258"工程指挥部，由县委常委指导工作，其中"8"指至2020年麻江蓝莓产业种植规模达到8万亩，这么大的规模在全国县域单位的蓝莓种植规模中也屈指可数。

3. 从大到优（2016年至今）

蓝莓下种到产果需要3年时间。从2010年开始，已陆续有蓝莓产果上市，由于前期种植规模小，产量有限，蓝莓售价相当可观，不少种植大户尝到了蓝莓种植的甜头。但这种收益随后慢慢下滑，到2015年大量种植户基本还能赚钱，可2016年大批量蓝莓投产进入市场后，由于储存、运输、销售、宣传等跟不上，蓝莓滞销的问题越来越严峻。虽在政府引领下有不少加工企业进入当地，但基本以制作果酒、果脯、果汁等初级加工为主，对蓝莓的吸收利用量不大，且作为加工果销售，价格大幅降低，严重影响种植者收入。政府有关蓝莓产业发展部门与种植者都开始反思一系列影响蓝莓收益的主要因素。首先，前期只在乎是否有足够的苗木，而没有对苗木品种的充分认识与种植经验，导致前期种植的蓝莓多属相同品种下的不同亚系，以兔眼蓝莓最多，其口感、品相不利于鲜果销售。其次，因为品种相似，无法拉开成熟的时间差距，采摘集中在6~8月，产品积压销售压力大，且云南、浙江等地的蓝莓也同期上市，麻江蓝莓与这些地方的蓝莓相比不具有竞争优势。再次，在前期的种植中，政府的工作重心是追求规模，对技术的规范化与标准化疏于要求与培训，种植管理较粗放，尤其很多散户家庭种植的蓝莓几乎处于半野生状态，蓝莓产果质量不佳，严重影响区域果品质量与口碑。最后，在市场推广销售方面，缺乏年轻的具有时代特征的人才、市场意识薄弱、宣传手段缺乏、百姓销售诚信意识差、深加工技术薄弱、政府宏观层面的宣传力度不够、销售与加工平台搭建不力等严重影响蓝莓外销。

基于这些原因，从2016年以后政府开始主导蓝莓"提质改造"工程，进行品种更换、规范管理方式、建立标准园、规范选果与包装标准、鼓励与规范品牌创立、引进深加工、建立产业链等，目的就是提高区域内蓝莓品质总体水平，促进鲜果销售发展。2018年，国家及各级政府部门投入3

亿元建设了麻江蓝莓全产业链项目。为突出麻江蓝莓在众多产业中的核心地位，2016~2017年还成立了兼具行政性质与商业性质的麻江县农文旅开发投资有限公司（以下简称"农文旅公司"）与贵州省蓝之灵山地特色农业产业开发有限公司（以下简称"蓝之灵公司"），前者主要负责配合麻江农文旅园区管委会市场运营部开展园区运营管理、融资投资、开发建设工作，后者负责配合蓝莓、菊花专班开展园区产业种植、采收、销售等工作。蓝之灵公司属于国有性质的商业企业，截至2019年底自有蓝莓基地10046亩，其中合股、收购管理不善的基地5000余亩，目的在于整合资源、打造平台，成为主导麻江蓝莓种植与销售的风向标。2018年，麻江果品办更名为"蓝莓办"，将蓝莓产业发展作为工作的重中之重，对麻江蓝莓下一步的发展规划进行全方位调整，而这一切工作都在陆续的探索与总结中。

目前，麻江以蓝莓产业为载体，荣获"中国蓝莓产业科技创新十强县""全国农业标准化优秀示范区""国家级出口食品农产品质量安全示范区""国家有机产品认证示范区""国家农村产业融合发展试点示范县"等称号，麻江县现代农业产业园被认定为"国家现代农业产业园"，"麻江蓝莓"被国家质检总局认定为"国家地理标志保护产品"。在蓝莓产业发展带动下，果品成熟季节，附近城镇居民在闲暇之时前往采摘体验的越来越多。像乌村这样位于深山里的少数民族村寨也被越来越多的人发现。在政府有意打造的趋势下，乡村休闲旅游随之兴起。

第二节 人物之客：体验农业与乡村旅游发展

蓝莓这一"植物之客"在宣威、龙山一带许多村寨落地生根，尤其2013年后，蓝莓果普遍地出现在凯里、都匀、麻江、丹寨等市县城里的大街小巷，一时间方圆百里声名鹊起，人们对这一未知的小浆果充满好奇，高昂的售价更使其受到人们追捧以彰显个人生活品质，自驾游与入园采摘也逐渐成为人们在闲暇时光里的朋辈相聚与亲子、家庭活动的主要项目。而农业、文化与旅游融合发展早在麻江县政府引入蓝莓种植初期就已经作为规划前景，在政府政绩树立需求、大众需求与农村社会经济发展需要的合力推动下，乡村休闲旅游应运而生。乌村是政府试图实现这一发展模式的最佳选择点，从2013年开始即依托村寨的生态环境、民族文化特色与蓝莓产业打造乌村康养休闲旅游中心，2015年正式成立旅游景区对游客进行接待，一度火热运营，吸引大量游客。

一　神秘的嘎尤苗寨

乌村苗族自称属于"嘎闹"支系"嘎尤"分支，故人们称乌村为嘎尤苗寨。村寨至2002年才正式通车，在此之前人们进出村寨要走一个多小时的山路，村寨经济发展以及与外界之间的交流受到阻碍，但这也完好地保护了乌村自然生态环境与古朴的传统村寨样貌。人们回忆，那时候全村都是清一色的木结构青瓦地楼或楼房，沿着山坡错落有致地分布。远远望去村寨里有很多高大的枫香树，房屋掩映在树荫下，村寨周围都是茂密的杉树林或松树林，村寨接着森林，人与自然没有边界地融为一体。陈家寨与龙家寨两个聚落之间还有河流蜿蜒而过，大坝的水流声哗哗作响，使村寨充满灵动感。

2000年修建的入村马路全程沿着树林的山坳缓丘处开挖，马路建成以后，从台下线入村约有3.6公里，蜿蜒盘旋进入，沿途全是茂密的森林。初到之人根本无法想象这将通往哪里，当在一路的密林中穿梭而过到达村寨现在的停车场位置时，眼前豁然开朗，映入眼帘的是田园、小桥、流水、人家，也许还有袅袅升起的炊烟。面对此景，久居水泥丛中的城市人会有怎样的一种感觉与体验呢？

笔者2018年2月第一次进入田野，到达宣威镇车站时已是冬日的下午五点多，联系人LJL与其表哥开车来接笔者进村。冬天昏黄的落日余晖下，当年沿途的森林已经变成蓝莓园，叶子已全部掉光，眼见都是连片银灰色的矮树丛，但目光所及的更远处山巅上依然能看到茂密的森林，在不知道它过去面貌的情况下依然感觉心旷神怡，充满对即将到达目的地的期待。当进入村寨，车辆开进家门口的院子，几栋古朴的木屋坐落在院子周围，形成四合院的样式，祥和而宁静。

除村寨外的格局与面貌给人以神秘感外，村寨里关于一山一水一木的传说故事也使村寨充满灵性。乌村山水相融、山环水绕的自然景观美妙精致，村中有很多美妙的传说故事，如上文介绍的关于龙家寨、仙女姊妹坡、仙女坝、天河等的传说，反映了乌村一带古老先民对居住地的热爱、想象与阐释，也为这个小村寨增添了几分神秘性与故事性。

图 3-1　乌村入村道路沿途的蓝莓园
说明：上图为夏季，下图为冬季。

优美的自然生态环境为乡村旅游开发提供了得天独厚的天然资源，丰富的传说故事又为乡村旅游开发提供了丰富的文化题材，增加了村寨的立体感与丰富性，让人有置身世外桃源之感。

二 "蓝莓窝"里的苗家人

所谓的神秘是人们对大自然进行主观想象而赋予其的一种奇幻色彩，当地人日出而作日落而息的生产生活赋予村寨浓郁的烟火气，给人一种亲近感，或许深居城市的人追寻的所谓"乡愁"一定层面上就是这种来自真实生活的烟火气与亲近感。一方水土养一方人，生活在乌村的苗家人有在这片山水中生存的法则与生活智慧，形成一系列自觉的文化因子。传统时期以农耕为主，辅以采集、渔猎为生。靠山吃山、靠水吃水，因有山有水，一年四季食物相对丰富。在苗族迁徙历程中，能从生活的大自然中获取充足的食物即快乐之事，热情好客是苗家人惯有的特点。随着改革开放，人们获得经济收益方式多元化，与外界交流机会增多，但乌村苗家人热情好客的性情并未改变。

蓝莓种植引进以后，2010~2015年，乌村周围地势比较缓的坡面上，山林被开挖种植蓝莓，村寨周围的山上一眼望去蓝莓居多。因乌村位于羊昌河谷的坝子中，在周围山坡的屏障保护下呈"窝"状，故人们常称乌村坐落在"蓝莓窝"里。

在黔东南许多苗族支系中，女性在出嫁之前通常情况下只需在家学绣花织布、做女红，很少从事劳作生产，即使婚后进入男方家也主要负责家中事务。如离得较近的卡乌苗族也属"嘎闹"支系，但服饰、婚姻习俗、信仰等与乌村苗族不同，属于不同的分支，卡乌分支的苗族女性就主要负担针线活与家务活，很少参与劳作生产。相比卡乌，乌村嘎尤分支的苗族女性承担劳作生产的强度和普遍性都较高，尤其是成家后的女性更是与丈夫一起承担家中劳作生产的好手，下地劳作、划船运物、上山采摘等无所不能。

乌村人的豪迈热情可以说与饮酒分不开。人们通常情况下没有吃早餐的习惯，早上六七点即下地干活，到中午十一二点吃早饭，下午五点左右吃晌午饭，晚上八九点吃晚饭。因为一天辛苦的劳作，人们会在晚上饮酒解乏，一家人围坐，无论男女，只要已成人，能喝的都会一起饮酒。妇女们有时候还会相约到某家聚餐喝酒、聊天唱歌。对于外来的客人，人们唱歌祝酒。笔者在田野期间常常经历这种妇女们集会时，在酒桌上盛情难却的场景，但这也为收集资料提供了很多便利。

每家的酒都是当家的女主人自己酿制的，以前从做酒曲到酿酒，都是女性负责，酒的味道好坏反映了家里女主人是否能干、讲卫生、做事细心。

女性们平时看上去大大咧咧，其实是粗中有细。女孩从十来岁就跟着母亲学习编织花带、织布、绣花等。在红白喜事中，花带是苗家人礼节的象征，一般在回礼时每人赠送一根花带和一块自织的花格帕。花格帕妇女们可用来包头，花带的实际用途却非常边缘化，如作围腰带、绑提篮等辅助性领域。但是，人们全年的闲暇时光都会消磨在织花带上，因为赠送的花带编织技艺好坏能反映女主人是否心灵手巧。哪怕在集市上有各种仿真花带售卖的今天，人们都力求自己编织，以自家最真诚的心意回赠客人。

乌村苗家男人也身怀绝技、多才多艺。平时从事农耕劳作生产，有闲暇时间就上山打猎、下河捞鱼，节日里聚众歌舞娱乐，男吹芦笙女吹莽筒，围成一圈恣意起舞。乌村嘎尤苗族分支的芦笙舞舞步奔放豪迈，相比黔东南其他苗族支系缓步慢舞，体现迁徙旅程漫长而艰辛的风格，乌村苗族分支的舞蹈更加欢快轻松。

乌村苗族文化丰富多彩，苗家人热情豪迈，是村寨发展旅游的人文资源，也是村寨能够持续发展的内生动力。

三 深山里的康养旅游

乌村基于自然环境与人文特色，以及蓝莓种植的引进，成为龙山与宣威地区最具民族特色与旅游资源的少数民族村寨。从2014年开始，国家倡导"康养"产业的乡村旅游发展，乌村成为麻江县东线旅游规划区的重点发展区域，当年即对村寨进行彻底整改与打造，成立"乌村旅游区建设指挥部"，集合全县各部门资金与力量，全力打造乌村。在软件方面，派县文物局与民族宗教事务局组成文化调查工作组，对苗寨文化调查摸底，提出文化挖掘与建设方案；在硬件方面，河岸观光步道、村寨村容村貌美化、房屋装修、灯光景观工程、游客服务中心、停车场、草莓体验采摘园、桃花坞、桃花岛、水碾坊、风雨桥等大型项目陆续建设。另外，引导扶持村民小微创业，开设农家旅馆与餐馆，帮助村民组建歌舞表演迎宾接待文艺队，恢复传统节日，组织村民自筹资金组建游船经营合作社等。经过一年多运动式的建设与整改后，于2015年5月1日成立了乌村嘎尤苗寨旅游景区，并开园接待游客，是时反响热烈，游客爆满。遗憾的是，尽管2015年与2016年上半年游客接待量比较多，但一直在减少，到了2017年仅周末才有少数游客到访。不到三年的时间景区已无法维持营业，旅游服务部门相继撤出。

对于乌村的旅游开发，地方政府仅视为村寨旅游中很小的一个组成部分，关注点主要在于依托乌村传统村寨与周边生态资源和水文景观进行大康养中心打造。2015年底，县政府向社会招标继续投资建设乌村后期旅游项目，拟以"生态养老"和"休闲度假"为主题，以"老有所养、老有所学、老有所为、老有所乐"为出发点，立足山水园林、"绿色环保"以及原生态园林的休闲特点，保留人文传统生活景点，进行保护性开发，将人文景点与天然景点融为一体，打造"酒店式生态养老院及休闲度假区"。充分利用水资源景观，形成"可览、可游、可居"的环境景观和集"养身、娱乐、餐饮、住宿、观光旅游"于一体的景观综合体。换言之，保留这里传统林农产业不变，又融入现代林农气息，形成完美的人与自然和谐统一的现代山、水、林景区，从而发展体验生态养老与休闲度假相结合的特色旅游。

为实现这一目标，村中一些土地通过向农户征收、租用等方式，用于基础设施、旅游服务设施与旅游景观建设。

第三节 产业发展与新型土地利用

以乌村为例，传统的土地利用中非人为用地包括山林、河流、滩涂、荒坡等，生产性利用以农业耕种为主，生活性利用的土地包括宅基地、墓地、菜园地等。作为一种农作物，蓝莓也需要土地承载其生长。其引种以及随后带来的乡村旅游发展，使得当地的土地利用发生极大变化。首先，部分传统农业生产用地变成产业用地、商业用地与公共服务设施用地，被用于蓝莓种植、新建旅游服务设施与公共基础设施。其次，很多非人为用地被开发利用，如许多森林被砍伐以进行蓝莓种植与工程建设。

土地利用变化的途径分为征收、出租、入股等，不同方式基本上与不同的土地利用变化相吻合。征收是政府直接从村集体征为国有利用，多用于建设旅游设施项目与景观项目；出租一般是家庭将土地经营权出租给投资蓝莓种植的商人或国有的蓝莓种植公司；入股是近几年才兴起的土地流转方式，多是农户入股蓝莓种植商人或国有蓝莓公司，用途主要是进行蓝莓或花卉种植。本节主要梳理不同渠道的土地利用变化，为下一步探讨乌村社会关系与权力结构变化做铺垫。

一 自上而下的土地征收

土地征收指国家为了社会公共利益的需要，依法将农民集体所有土地变为国有土地的行为。土地征收的过程，就是将待征土地的集体所有权转变为国有所有权的过程。土地征收是一种政府权力，具有强制性与补偿性。① 自上而下原本是指一种当权者对地方民众的干预，与"自下而上——来自草根的干预活动，有别于政府机构规划者或发展机构开展的干预"相反。② 这里指麻江县地方政府在乌村养老休闲综合服务基地相关的建筑、停车场、游客服务中心、旅游环线修建、草莓园等项目的建设中，利用政府土地征收权力将土地所有权和使用权收归国有，改变土地原有利用方式的过程。乌村从2006年进行新农村建设以来，土地陆续被征收，到2014年以后，因为旅游开发建设，有几个阶段的集中大规模征收，涉及土地面积较大。表3-1是笔者在田野调研期间收集的相关数据，主要来源于政府相关部门的统计。因资料获取困难，统计虽不尽完整，但能涉及90%左右的土地征收，足以表明乌村在历次建设项目中涉及的土地利用变化。

表3-1 乌村历次建设项目征地

建设项目	耕地	林地	园地及其他	涉及农户（户）	时间
乌村筑坝造岛	60.81			42	2013年
乌村广场扩建工程		1.70		2	2013年
乌村排污池项目	4.99			7	2013年
乌村小停车场工程项目	5.25			6	2013年
乌村自行车赛道二期工程	6.50	8.51		10	2013年
乌村草莓园	57.22			31	2014年
乌村乡村田园养生养老园建设	48.41	91.91	16.17	47	2013年
乌村养老休闲综合服务基地建设（养生养老木屋、集中墓地和水疗中心补征地）	4.81	17.60		11	2013年

---

① 陆红生主编《土地管理学总论》，中国农业出版社，2002，第142页。
② 〔美〕凯蒂·加德纳、〔美〕大卫·刘易斯：《人类学、发展与后现代挑战》，张有春译，中国人民大学出版社，2008，前言第2页。

续表

建设项目	土地（亩）			涉及农户（户）	时间
	耕地	林地	园地及其他		
乌村养老休闲综合服务基地建设（度假酒店、养老合院补征地）	9.58	0.6		3	2017年
乌村乡村田园养生养老园建设（桥头和老年活动中心坟墓）	4.71	5.58		11	2013年
乌村苗寨集体建设用地预留地土地收储	12.44			13	2017年
乌村园区二号路翁保至蒲席塘公路改扩建工程建设	17.65	22.00	11.01	28	2013年
乌村园区二号路翁保至蒲席塘公路改扩建工程建设（慢行道系统）	3.37	2.97	4.2	9	2013年
合计	235.74	150.87	31.38		

资料来源：结合麻江县农文旅乌村养老休闲综合服务基地建设中心提供数据与田野调查资料整理编辑。

根据表3-1，在乌村进行旅游开发建设以后陆续进行筑坝造岛、广场扩建、排污池、停车场、自行车赛道、草莓园、养生养老园、集体建设用地预留、慢行道系统等几大项目，共征收耕地235.74亩，林地150.87亩，园地及其他31.38亩。其中乌村养老休闲综合服务基地是麻江县中国农业公园建设的重要组成部分之一，基地覆盖面积约92.92公顷，合1393.8亩，规划建筑面积约34600平方米，合51.9亩，整个项目共分为九大功能板块，以打造中国乡村田园养生养老宜居区为主格调。养生养老园项目所征收的土地基本是处于羊昌河上游沿岸的耕地与山林，几乎涉及乌村所有家庭户，尤其是筑坝造岛与草莓园两个项目在村人称为河边田和寨脚田的区域，村寨绝大多数家庭的农田基本分布于此，这一改造将村中很多家庭的水田部分或全部征收。养生养老园各子项目所在的区域属于山脚与半山腰区域，是多数家庭旱地的分布区域。

在此过程中，征收补偿标准在不同时期也不一样，越早被征收的补偿标准越低，随着经济发展与国家对土地征收政策的规范化，后期征收的补偿标准越来越高。田、旱地、林地、园地等不同类型土地补偿标准也不同，土地附着物如青苗、树木不同类型、不同时期补偿标准也不同；土地上的坟墓中有碑坟和无碑坟补偿金额也不同。如此一来，不同时期土地被征收，获得的经济赔偿差距较大。

在这里，笔者将土地征收称为"自上而下"，因土地归集体所有时归家庭及个人使用，收归国家所有则为国家所用，代表一种在自上而下的力量下进行的流动。

二 平衡流动的土地出租

在村里蓝莓种植大户与普通农户之间，或外来种植大户与村内农户之间，一般以土地出租的方式形成土地使用权的流转，租期一般为20~30年，租金在100~500元/（亩·年）不等。由于蓝莓种植条件对有机质含量与土壤酸性的要求，在实际建园选址时，根据专家建议与人们总结的经验，荒地比熟地更适于蓝莓生长，有腐殖土的林地又比荒地好，所以租地种蓝莓的一般选择山林或荒坡。为了连片，紧邻山林和荒坡的熟土也会被租种，但所占比重小。而在租金方面，山林需要大量资金整改土地，如砍树、平整、深翻土等，所以租金便宜；其次是荒坡；熟土由于机会成本高、投资小，所以租金高。但蓝莓在熟土的长势又不及山林，所以综合各种因素，租地种蓝莓的基本选择平缓、向阳的山林区域。2010年租金约为山林150元/（亩·年），荒坡200元/（亩·年），熟土250元/（亩·年）。租地协议签订时规定租期，租金五年一付，有的租金一直不变，称为死租；每五年按比例涨租，称为活租。表3-2是翁保村地界内建立的蓝莓种植基地。

表3-2 翁保村蓝莓种植基地

序号	机构	面积（亩）	类型	土地所在范围
1	WTH 蓝莓标准园	115	外来私人大户	乌村
2	SH 蓝莓公司	235	外来私人企业	乌村
3	蓝之灵公司	100	政府主导公司	乌村
4	LSY 蓝莓园	150	外来私人大户	乌村

续表

序号	机构	面积（亩）	类型	土地所在范围
5	DS 蓝莓公司	309	外来私人企业	乌村
6	LHJYJ 公司	200	外来私人企业	罗伊大山
7	JDL 蓝莓园	50	罗伊农户大户	罗伊大山
8	育苗基地（农文旅）	50	政府主导公司	翁保大寨
9	苗圃（农文旅）	50	政府主导公司	翁保大寨
10	LLK 蓝莓园	80	外来私人大户	翁保大寨
11	LCF 蓝莓园	50	大寨农户大户	翁保大寨
12	ZZZ 蓝莓园	50	大寨农户大户	翁保大寨
合计		1439		

资料来源：根据对宣威镇蓝莓种植办工作人员 WCL 的访谈整理，访谈时间为 2018 年 8 月 29 日，地点为宣威镇政府。

由表 3-2 可知，仅在翁保村地界范围内就有 12 家种植大户或蓝莓种植公司，这些种植大户或公司全为外来人员，有些是社会人士，有些是政府工作人员中在国家科技下乡政策引导下下沉到村的科技特派员，他们共同的特点是种植蓝莓的土地都是租用的。这些土地在种植蓝莓之前，大部分是山林或荒坡，少量是熟土。表 3-2 中前五个蓝莓基地在乌村地界，占地 909 亩，租用土地皆为乌村大部分家庭的山林。SH 蓝莓公司、蓝之灵公司、LSY 蓝莓园的基地都在台下公路进入乌村的乡村公路沿途，原来道路两旁均是茂密森林，现在都变成了蓝莓园，大量林地利用方式改变，成了产业用地。

在翁保一带，租地关系除上述这种本地农户出租土地给外来老板或政府科技特派员的形式外，也有少部分是本村内或附近村寨的种植大户与农户之间的租地关系。我国人多地少的困境在西南山地地区显得尤为突出，土地承包到户时每个家庭分得的耕地在人均 2 亩左右，加之家庭一代代分家进行土地划分，土地变得更加细碎。当蓝莓种植兴起以后，村寨内部有财力与人力投资者，会选择适合的区域，向本村或外村农户租地种植蓝莓。如乌村在种植蓝莓早期，村民 YQX 将自家的山林出租给 DS 蓝莓公司，又从同村农户手中租用 35 亩土地种植蓝莓。表 3-3 对 2016 年乌村农户中 RZ 蓝莓合作社社员种植蓝莓情况进行了统计，基本可以看出村寨内部租种与自种的情况。

表3-3　2016年RZ蓝莓合作社社员种植蓝莓情况

序号	社员姓名	面积（亩）	土地属性	土地来源	种植时间	备注
1	YQX	35	耕地、林迹地	流转	2010年	被征收0.6亩
2	CDQ	22	耕地、荒地、林迹地	责任地	2011年	被征收12亩
3	CDX	21	耕地、荒地、林迹地	责任地	2011年	被征收4亩
4	LYJ	21	耕地、荒地、林迹地	责任地	2011年	被征收8亩
5	LHQ	20	耕地、林迹地	责任地	2011年	
6	CDJ	19	耕地、荒地	责任地	2011年	
7	CYG	19	耕地、荒地	责任地	2011年	
8	YMJ	17	林迹地	责任地	2015年	
9	YQJ	16	林迹地	责任地	2010年	
10	CWG	16	耕地、林迹地	责任地	2011年	被征收5.4亩
11	CDG	15	耕地	责任地	2011年	
12	YDX	15	林迹地	责任地	2016年	
13	WYG	15	林迹地	责任地	2016年	
14	CWF	15	耕地、林迹地、荒地	责任地	2011年	被征收3.6亩
15	CWB	13	耕地、荒地	责任地	2011年	被征收1亩
16	LGD	12	耕地、荒地	责任地	2015年	被征收3亩
17	WYL	11	耕地、荒地	责任地	2011年	被征收4.5亩
18	WDZ（女）	11	耕地、荒地	责任地	2011年	被征收2亩
19	WJL（女）	11	耕地、林迹地	责任地	2011年	被征收3亩 撂荒6亩
20	CWB	11	耕地、荒地	责任地	2011年	被征收0.5亩
21	WYX	10	耕地、荒地	责任地	2011年	被征收3亩
22	LFS	10	耕地、林迹地	责任地	2011年	被征收0.5亩
23	CWK	10	耕地、荒地	责任地	2016年	被征收2亩
24	LYX	9	耕地、荒地	责任地	2014年	被征收2亩
25	LYG	9	耕地、荒地	责任地	2011年	
26	CWX	9	耕地、荒地	责任地	2014年	

续表

序号	社员姓名	面积（亩）	土地属性	土地来源	种植时间	备注
27	BGC（女）	8	耕地、荒地	责任地	2016 年	被征收 3 亩
28	CG	8	耕地、林迹地	责任地	2011 年	被征收 5 亩
29	CWR	8	耕地、林迹地、荒地	责任地	2011 年	被征收 3 亩
30	CYH	8	耕地、林迹地	责任地	2011 年	被征收 1 亩
31	CDC	7	耕地、林迹地	责任地	2015 年	被征收 3 亩
32	CWX	7	耕地、荒地	责任地	2011 年	被征收 4 亩
33	CZQ	7	耕地	责任地	2016 年	被征收 7 亩
34	CWX	6	耕地	责任地	2015 年	被征收 3 亩
35	CWH	5	耕地、林迹地	责任地	2016 年	被征收 4 亩
36	CWA	5	耕地	责任地	2014 年	
37	LGP	4	耕地	责任地	2016 年	
38	LGX	3.5	耕地	责任地	2016 年	
39	WZR	3	耕地	责任地	2011 年	
40	CWM	3	耕地、林迹地	责任地	2016 年	被征收 2.6 亩
41	CZX	3	耕地	责任地	2011 年	被征收 0.4 亩
42	CWZ	3	耕地	责任地	2012 年	被征收 1 亩
43	LYH	2.5	耕地	责任地	2011 年	
44	LYP	2.5	耕地	责任地	2011 年	
45	YNC（女）	2.5	耕地	责任地	2013 年	
46	CDQ	2	荒地	责任地	2015 年	被征收 1.5 亩
47	LZW	2	耕地	责任地	2016 年	被征收 1 亩
48	LGR	1	林迹地	责任地	2016 年	被征收 1 亩
49	LGC	1	耕地	责任地	2016 年	被征收 1 亩
50	LGL	1	林迹地	责任地	2016 年	被征收 1 亩
合计		495				蓝莓种植面积减少合计：97.6+6=103.6 亩

资料来源：结合 RZ 蓝莓合作社负责人 YQX 提供数据与田野调查资料编辑整理。

在乌村种植蓝莓的农户中，有以土地租用的方式种植的，也有通过开挖自家山林、开垦荒坡、耕地改种等种植的，多数因为没有足够财力和人力开挖山林，仅利用自家有限熟土种植。总而言之，在村寨内部也存在农户之间相互租种土地的情况。

在租地的关系中，无论是外来私人老板、政府的科技特派员与农户之间，还是本地农户之间，双方都有商谈的余地，租地人有责任和义务遵守租地协议，出租人也有相应的权利和义务，双方之间关系相对平等，笔者遂将这种土地流动方式称为平衡流动，一是指平衡流动的土地可以租出去也可以收回，二是表示相关主体在土地流动关系上地位相对平等，双方权利与义务共存。

三　自下而上的土地入股

土地入股是指农户以土地使用权入股政府或大企业的产业公司，依据协议年底获得保底金和分红，若产业经营效益不佳，则只有保底金没有分红。现在乌村暂没有土地入股的经营模式，但在翁保村的其他自然村中土地入股经营模式比较普遍，尤其是翁保村三组茅草塘土地入股的面积较大。

在翁保村下辖的其他自然村还有将土地入股进行养猪场、蓝莓园及经济林等项目经营的，这些项目都是农户以土地入股地方政府的国有公司或地方企业，接受入股方必须具有一定的经济实力和社会实力，能够让农户有获得收益的基础。就目前来说，土地入股是人们比较认可的模式。首先，按照土地"三权分置"，土地入股模式下土地所有权和承包经营权还保持在集体与家庭手中，只是转让土地使用权，在此情况下老百姓依然觉得土地还是自己的，土地带来的安全感和保障感不受很大影响。其次，入股分红的收益远比早年出租土地的收益高，而且还具有可预期的涨幅。最后，有实力支持土地入股模式的都是人们认为有"背景"的企业，一般不会失败或倒闭，也比较讲信誉，人们感到比较放心。所以，人们一般对土地入股的流转方式比较支持与热衷，心态较为积极主动。

图3-4中显示乌村传统时期生活区域的村落用地、生产区域的耕地与生态区域的林地分布，另坟地旧址主要集中于羊昌河上游两岸林地及村寨入口处的平地。因旅游开发需要建设停车场和一些景观与服务建筑，坟地旧

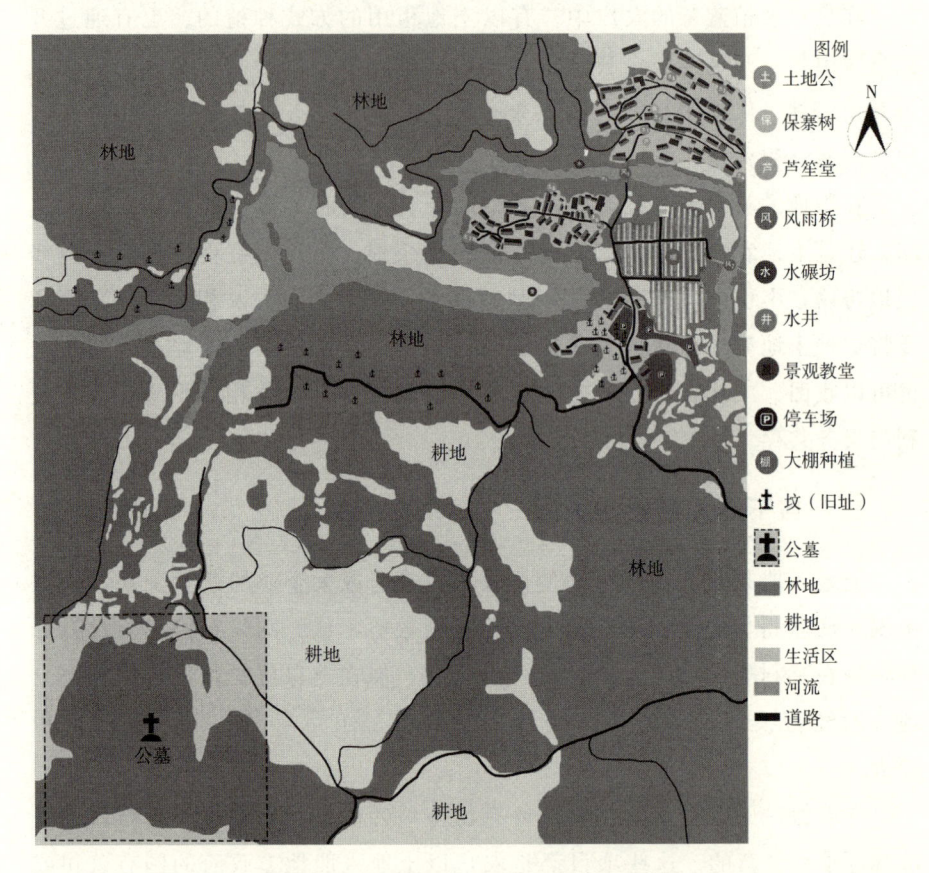

图 3-4　乌村生活、生产、生态区域分布

资料来源：由王朝毅结合麻江县农文旅乌村康养园区建设中心提供的影像图与田野调查资料编辑绘制。

址已基本被征收，在远处的山上另外征地建设公墓集中安放村人迁出的坟。从图 3-4 与图 3-5 的对比中能看出乌村村寨及四周大量土地在短时间内利用方式发生极大变化。

图 3-5 中建设规划区涉及土地基本被征收，有的建设项目已经建成，有的中途搁置，土地利用从林地、耕地转变为商业用地与产业用地。关键一点在于，土地所有权和使用权分别由集体和家庭所有转变为国家所有。

对土地资源的利用是人类获得发展的基础，不同的利用方式是实现不同目标的渠道。土地经济学家伊利和莫尔豪斯指出，土地利用有个人目标与社会目标，其中社会目标包括财富的生产与分配的平衡、自然资源的保护、

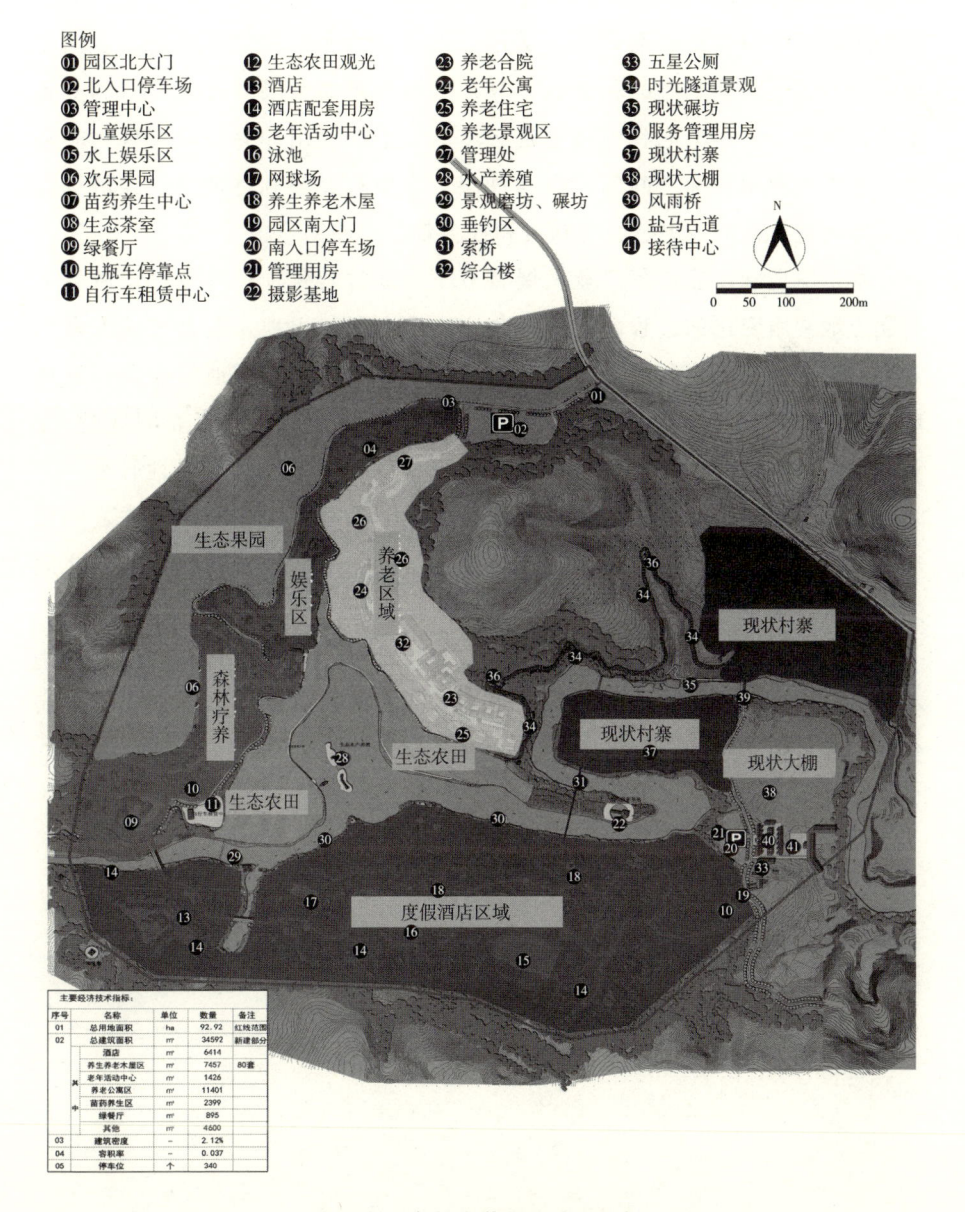

图例
① 园区北大门
② 北入口停车场
③ 管理中心
④ 儿童娱乐区
⑤ 水上娱乐区
⑥ 欢乐果园
⑦ 苗药养生中心
⑧ 生态茶室
⑨ 绿餐厅
⑩ 电瓶车停靠点
⑪ 自行车租赁中心
⑫ 生态农田观光
⑬ 酒店
⑭ 酒店配套用房
⑮ 老年活动中心
⑯ 泳池
⑰ 网球场
⑱ 养生养老木屋
⑲ 园区南大门
⑳ 南入口停车场
㉑ 管理用房
㉒ 摄影基地
㉓ 养老合院
㉔ 老年公寓
㉕ 养老住宅
㉖ 养老景观区
㉗ 管理处
㉘ 水产养殖
㉙ 景观磨坊、碾坊
㉚ 垂钓区
㉛ 索桥
㉜ 综合楼
㉝ 五星公厕
㉞ 时光隧道景观
㉟ 现状碾坊
㊱ 服务管理用房
㊲ 现状村寨
㊳ 现状大棚
㊴ 风雨桥
㊵ 盐马古道
㊶ 接待中心

图 3-5 乌村康养园区建设规划

资料来源：由王朝毅结合麻江县农文旅乌村康养园区建设中心提供影像图与田野调查资料编辑绘制。

增加有赖于土地利用的生活乐趣。[①] 在土地经济学与地理学专业领域内对土地利用目标讨论比较深刻，总结出土地资源利用目标分别是获取经济利益、保护生态环境和实现社会效益，满足人们生存、生产和发展的需要。因土地利用方式不同其产生的利益也相异，土地资源的有限性与人们对利益追求的无限性，使得土地利用冲突是必然的。土地利用冲突一般表现为利益或土地资源利用目标之间的矛盾与冲突，主要有经济利益冲突、经济利益和生态环境效益的冲突、经济利益和社会效益的冲突等。[②]

本章梳理麻江县蓝莓产业发展背景下，乌村蓝莓种植与乡村旅游兴起引起土地利用变化的过程。土地征收、土地出租与土地入股是传统农业经营土地向产业化经营利用方式转变的主要途径，林地与耕地转变为产业用地，包括农业产业用地——蓝莓种植，旅游产业用地——康养园区建设。利用方式从多样性向单一性、内部性向外部性、封闭性向开放性转变。其间存在的土地利用冲突在当地社会随处可见，尤其是土地经济利益之间的冲突最为明显，经济利益与生态环境效益之间、经济利益与社会效益之间的冲突也有呈现。

随着乡村产业发展，土地利用方式发生改变，围绕蓝莓与旅游，人们在种植、销售、务工与管理等生产活动中参与各种社会互动，从经济领域到生活领域，互动逐渐增加，联结起新的社会关联，每个个体在原有社会关系之外，逐渐形成更为外向与多维的社会关系网络。

[①] 〔美〕伊利（R. T. Ely）、〔美〕莫尔豪斯（E. W. Morehouse）：《土地经济学原理》，滕维藻译，商务印书馆，1982，第251页。
[②] 于伯华、吕昌河：《土地利用冲突分析：概念与方法》，《地理科学进展》2006年第3期，第108页。

第四章　产业流动性与新型社会互动

　　中国 40 多年改革开放的发展变化，被认为是人类史上前所未有的。从历史长程来看，如果需要找到一个好的看转型的角度，农民、土地和村庄的关系无疑是首选。一个变化是由早期的单向城市化逐渐转向城乡互动，生产要素在城乡之间再配置、再活跃。资本开始向乡村流动寻找机会，人也开始主动往乡村走，寻找乡村经济活动机会，农村的三次产业开始融合，土地要素开始发挥作用。[①] 在此背景下，中国新型农业产业相较传统农业具有突出的流动性特点，表现为土地的流动性——因适度规模生产、专业化经营导致土地流转与利用变化；资本的流动性——城镇资本大量流入农村进行产业投资以及农村积累的资本流入城镇进行消费与小型投资；劳动力的流动性——新型农业的高附加值往往需要劳动力阶段性密集投入，形成"蜜蜂型"劳动力的聚集与流动；农产品的流动性——新型农产品以果蔬为主，以市场交换为种植目的，最大化实现农业效益的基础就是农产品全部进入市场进行销售。与上述看得见的"流动"同时发生的是一系列隐性的流动，如社会关系的流动、文化的流动、权力的流动、人们思想观念的流动等。真实的经济现象是在历史脉络中，由经济结构的动力与原有社会文化的特色共同缔造出的。想要探讨经济现象的本质性问题及其在目前现实社会中作为动力的优势地位，其历史脉络与权力关系是必要的背景。[②] 而经济活动在任何一个区域社会的展开，都与其社会背景密切相关，其嵌入性表现在各个方面，若脱离当地社会文化背景，经济活动必然会受到不同程度的阻碍。因此城镇经济主体到乡镇寻找农业产业经济机会的前提，是对

---

① 刘守英：《从转型角度审视农民、土地和村庄的关系》，《21 世纪经济报道》2017 年 12 月 8 日，第 4 版。
② 黄应贵：《作物、经济与社会：东埔社布农人的例子》，《广西民族学院学报》（哲学社会科学版）2005 年第 6 期，第 13~28 页。

当地社会文化背景的了解、感受与融入,而乡村经济生产活动则是分析社会结构与社会关系的重要切入点。中国农村当下新型农业的高度流动性使得农业生产者在不同环节参与不同经营组织,从事不同社会或商业活动,身处不同场域,[①] 其社会关系变得层叠交错,乡村社会结构与权力关系相应地发生改变。

本章主要讨论翁保一带在蓝莓产业背景下,社会各群体在不同时空中的内外互动。探讨乌村这个小村落,如何通过蓝莓这一国际性产业,受到外界乃至全世界的影响;在土地与资本流动、农产品流动和劳动力流动中,不同个体如何获取生存资源与发展机遇,在这种洪流中,人们之间的关系又发生怎样的变化。

第一节　种植:土地流动性与社会互动

蓝莓进入麻江县,在以龙山镇、宣威镇为中心的广大区域种植,其发展速度快、规模大的特殊经历背后,是大规模的土地出租与入股。而在蓝莓产业带动下,观光采摘随之兴起,旅游产业应运而生,进而推动大规模的土地征收。无论是征收、出租,还是入股,其共同特点都是土地所有权或承包经营权在大量资本注入农村社会的促动下发生易主现象,产生更多新的利益相关主体与社会关联。资本入驻、土地流出,土地与资本形成对向性流动,并引起新的社会互动,随之新的社会关系形成,而在观念、文化等方面也产生不同程度的互渗影响。不同的土地与资本流动方式伴随不同的社会互动,从中可窥探地方政府、外地私人企业、本地种植大户、普通种植户、非种植户等不同主体各自扮演的角色,及其如何在新的互动中谋取生存资源与发展机遇。

一　政府在产业推行与土地流转中的作用

麻江县的蓝莓种植一直是在政府的大力推行下发展起来的。从2012年至2016年短短4年时间,贵州蓝莓总种植面积一跃成为全国第一,这背后政府在土地流转中的政策支持与平台搭建作用非常关键。2012年以前,蓝

---

① 参见高宣扬《布迪厄的社会理论》,同济大学出版社,2004,第139页。

莓种植主体以政府下属机构与外来企业、私人老板为主，另一种特殊情况是政府工作人员作为技术推广员，在国家政策的鼓励下带薪离岗到基层发展产业，建立种植基地，依托基地进行技术推广与种植宣传。这几种模式下，地方政府在其中所起作用各有不同。2012年以后，当地农户开始大量种植蓝莓，一方面是蓝莓自身引起市场效应的结果，另一方面与这期间政府给予的扶持优惠政策密切相关。

政府层面涉及蓝莓发展的直接相关部门是麻江县果品办（2018年改建为蓝莓办）与2017年新成立的麻江县农业文化旅游园区管理委员会（以下简称"农文旅"），间接相关的有整个麻江县政府、黔东南州政府乃至贵州省政府。

麻江县果品办于1999年成立，专门负责麻江县优质果品研发与产业发展，其设立的直接目标是为蓝莓的引进种植与产业发展服务。果品办一经成立即建立麻江县宣威镇龙奔蓝莓试验园（以下简称"龙奔蓝莓基地"），占地共150余亩，土地皆是向当地农户租用，租期30年，租金一次性付清。

麻江县果品办立足龙奔进行试种验收成功后，紧接着进行苗木扦插与培育技术研发，成功突破难关，降低蓝莓苗成本，随即开展推广种植工作。在早期阶段，老百姓从未接触过蓝莓，一时间难以推广。许多技术推广员带薪离岗特派到村进行产业发展，其实际操作就是在不同的地方选址租地种植蓝莓，建立蓝莓园，如BZL蓝莓基地占地500余亩，是文广局XN特派员建立的蓝莓园；桐梓坡WTH蓝莓标准园占地109亩，是蓝莓办WTH特派员建立的；另原农业局、林业局等部门都有工作人员下到基层租地进行蓝莓种植。通过蓝莓基地的平台，吸引当地农民进园务工，传授蓝莓种植技术，在这一层面体现技术推广员的作用，其中的互动虽然不似政府工作任务型的推广，但也是一种商业互动下实现行政目的的方式。从公务员相关管理规定方面看，政府工作人员不能从事职责外商业活动。但麻江县在蓝莓产业推广的早期阶段，由于这一陌生作物的特殊性，当地政府采取特殊的方式进行普及。又因在2000~2010年国家倡导城镇化发展，鼓励兴办乡镇企业，麻江县这一举措可谓是地方政府对国家政策的解读与灵活实施。访谈中BZJ蓝莓基地负责人XN说：

那时候说是技术推广，但是大家都不认识、不认可这个东西，怎么推广？要推广，就得自己先去种，自己行动，种好了才是最好的推广。

在土地征收过程中，农户与政府工作人员进行磋商，最后以获得补偿的方式出让土地使用权与集体所有权。

总体而言，政府在土地流转中的作用一是以某些部门如蓝莓办、林业局、原农业局、文广局、农文旅等为代表直接参与土地流转；二是地方政府提供政策支持与优惠，为具有政府工作背景的部分人员直接进行土地流转提供便利。这些都突出体现了政府权力在产业发展中对土地与资本流动的推动作用。

二 省外企业在农村市场中的运作

2006年偶然的机会使省外企业家来到麻江投资种植蓝莓，当地政府为他们提供了一些优惠政策，以鼓励种植。还为外地商人进入当地发展产业提供了最重要的准入机制，因为建园的区域基本为原生态山林，这极大地为蓝莓种植规模的扩大开了绿灯。

另外，也是较为重要的一点，商业企业有雄厚的资本作为进入蓝莓产业的经济基础，作为投资项目衡量的话，蓝莓种植有着投资成本高、回报周期长的特点以及季节性气候等不可抗因素带来的较大风险，只有资本雄厚的大企业才具有投资的实力与胆识。而这些企业的进入对麻江蓝莓产业的发展起着极大的推动与刺激作用，它们的种植使得蓝莓在麻江范围内被越来越多的普通农户接触和认识，而早期获得的可观经济收益也是一种对本地发展力量的刺激因素。这一时期，资本的流入犹如催化剂一般使当地社会活跃起来，一是很多农户因为租地获得收益；二是当地农民到蓝莓基地务工获取收入，尤其是中老年人，之前由于年纪大没办法外出务工，除了干农活和做家务没别的事务，更很少有机会从事可以带来现金收入的活计；三是这些商业企业的进入培养了大批本地的蓝莓种植与管理精英。外地商人建立的蓝莓基地一般是在当地聘请管理人员，这样有利于日常监督和方便与当地员工交流。当地人在给外地老板进行管理的过程中不仅学习了蓝莓种植技术，也掌握了不少关于蓝莓储存、运输、销售及人事管理等方面的知识，还积累了丰富的销售渠道和市场人脉，为发展本地种植大户奠定坚实基础。如光明村种植大户 WQ，YHT 蓝莓基地建立后聘请他进行管理，工作几年后，他学到许多蓝莓行业相关知识，于是开始建立自己的蓝莓园。因为担任光明村村干部的职务，他还发动村民种植蓝莓，向村民传授种植技术与经验。WQ 现在是宣威地区出名的蓝莓人，无论在种植技术还是市场销售、产品检验与审核，以及人事管理方面，他都是当地公认的导师级人物。在这种互动下，外地大型企业的进入不仅是一种带动力量，也是一种知识和技术的传播途径，通过区别于政府层面的方式向更多人传递外界的信息，本地人也从中借力促进自身的发展。

外地商业企业进驻到当地，在与当地人的接触与互动中，为了获得地方支持顺利发展，对于一些地方传统习俗与文化会保持一定遵从、理解的姿态。如政府在征收乌村寨脚田坝的大片区域后招商进驻发展，省外 HS 集团入驻后建立了草莓采摘体验园，增加了乌村冬季的旅游体验项目。草莓园就在乌村村里，地方社会的支持配合是商业企业顺利运营的基础，故 HS 集团承诺雇佣员工时优先考虑乌村适合人员，于是乌村许多阿姨都在家门口的草莓园上班挣钱，老板人也不苛刻，与当地员工相处得比较融洽。

2016 年末的一天晚上，HS 集团草莓园的办公区域发生火灾，乌村几乎所有男性赶赴帮助灭火，灭完火之后人们各自回家休息。后来，村中主事的一些老年人要求扫寨，费用需要 HS 集团的老板出。经过协商，HS 集团老板出于对村人相助行为的感谢，也由于尊重当地习俗的需要，出钱买了一头猪，村集体买了一条狗、一只鸡和一只鸭，由村中理事的老人请鬼师举行扫寨仪式。

HS 集团与乌村村的互动使得企业在乌村顺利地运营了一段时间，虽然后来由于草莓产量不佳、市场效益不好，园区停产，但在 HS 集团与村寨的互动中，有冲突也有协调，最终二者能以一种比较兼容的方式相处。

而在外来私人企业与当地政府之间，也有着复杂的互动与纠葛。前述龙奔蓝莓基地的使用地早在 1992 年就已经从农户手里租进，2022 年到期。2012 年前后，基地由于种植品种老化、树龄过大而产量不佳，已经结束它品种研发与苗木繁衍的功能，只作为一般经营性园区存在。到 2017 年，剩下租期的最后五年，麻江果品办由于资金周转困难及人力缺乏而将基地转包外租。承包人是广东人黄老板，一位年轻人，妻子是本地人，他经朋友的介绍承包下这片蓝莓园，2019年是其经营的第三年，每年都将采摘的蓝莓鲜果直接运到广东一些超市销售。2016年以来，麻江地区许多蓝莓园陆续迎来丰果期，产量大幅度提升，但销售市场与渠道尚未打开，储存和运输的冷藏设备跟不上，一下形成滥市局面，售价急速下滑，很多投资人严重亏损。黄老板的妻子L某访谈中说：

> 三年来每年都是亏本经营，幸亏我们有自己的销售渠道，采下的果品立即进行分选包装，然后直接用冷藏车运到广东销售。我们利用那边的关系联系了几家超市供货，亏损还不是很大。这片蓝莓原本就已是老化的园区，树大，坡又陡，管理成本高，经济效益不好，政府经营不下去才转出，我们不了解情况，承包经费早就与政府结清，现在也转不出去。我们平时不在这边，都由本地的管工负责，蓝莓成熟的季节才到这边住一段时间，进行采摘与销售管理。

总体而言，商业企业进入农村社会与市场，注入大量资本，带动地方社会就业量增加的同时，也为地方社会引进了现代技术与文化知识，带入一些资讯，使得民族地区地方社会一定程度上与国内外市场接轨。在此过程中，地方社会不同群体利用地方力量、传统习俗权威与商业企业进行博弈和谈判，双方在某些领域有着特定的话语权，使得商业企业在进入地方社会时需尊重地方文化。在这种互动中，商业企业的资本力量在农村市场具有明显优势，地方社会各群体从中获取一些发展机会与生存空间，但也只是对发展较为低端与浅层次的参与，大资本进入农村社会以后，地方社会群体有被边缘化的迹象，而地方文化则成为这种边缘化过程中进行博弈的筹码。

三　本地种植大户农业生产与市场竞争机制

本地人来源范围大致指麻江县、凯里市一带，最大到黔东南州。在当地，若超出州的范围，省内外县市的，人们一般称为外地人，而省外的无论来自哪个省份一般都称为"老广"。在与外界大范围对象打交道时，从当地人对他的称呼中大致可以知道对方来自什么范围。种植大户是指蓝莓种植面积为50~200亩的私人个体种植户，这类种植户一般以家庭经营管理为主，阶段性雇佣劳动力集中劳动为辅，平常自己管理或让管工常住园区看守。

这类种植户包括前文提到的建立蓝莓园的技术推广员，以及很多来自凯里、都匀、黄平、麻江、丹寨等市县的生意人，这些人多数在2010年前后到龙山、宣威一带租地种蓝莓。据笔者走访多个这类种植大户总结，通常情况下，这些人比较了解麻江发展蓝莓产业的政府扶持政策与发展前景。另外这些人深谙当地环境、气候、市场、经济与文化状况，能够较好地避免很多省外企业入驻时的困扰。

前文介绍乌村土地出租状况时，曾言及在翁保村一带有不少这样的种植大户，如乌村地界上原来的SH蓝莓公司由黄平人投资，LSY蓝莓园投资者是凯里人，DS蓝莓基地投资人来自麻江，这些都是人们口中的本地人。这些本地种植大户基本上是自己执掌经营管理大权，一般会从亲戚网络中雇用一位年纪较大的男性作为管工，令其常年居住在蓝莓基地，平常负责看守蓝莓基地确保周边安全，在剪枝、割草、施肥、采果等蓝莓基地阶段性忙碌的时节，从附近村寨召集劳动力干活，这期间管工负责日常的劳作监督与协调。得力的管工还负责安排每个阶段需要的劳动力以及劳动时间，进而据此联系工人。老板只需要按时来发工资，隔三岔五到蓝莓基地看看，甚至可以通过蓝莓基地的监控摄像头查看包括管工在内的员工的劳作情况。

管工一般都是老板在当地的远房亲戚或熟人，能请来当管工的必须是信得过的人。阶段性到蓝莓基地干活的临时工通常是管工的近亲或同村人，或是管工认为干活靠谱的村里人。在这种关系中，老板与劳动者之间没有直接的关系，常常由管工从中沟通，有什么问题管工尽量出面处理，老板只需要在一定的阶段监督蓝莓基地管理的进度，如施肥、割草、剪枝等是否在最佳时间段内完成。最重要的是在采果季节，老板关心的是能不能在最佳时机将果子保质保量地采下，这决定辛苦一年的投入有没有回报及赚头。一年中，老板更多的精力在跑市场、联系客户、寻找销售渠道方面。老板与管工通常是主外与主内的角色分工，管工在蓝莓基地是老板的代理者，一方面，他需要站在自己亲戚——老板一方为基地利益考虑；另一方面，来劳动的临时工又是他的亲戚与熟人，也要顾及他们的利益。因此当老板与员工利益出现冲突时，管工的中间纽带与协调作用非常关键。

老板种植蓝莓的土地是从某村许多农户家租下的，村子里的人是他的"地主"，而在蓝莓忙碌季节，村子里很多人尤其是中老年女性会到蓝莓基地干活，这时他又成为名副其实的老板。他们之间有着双重的关联，但由租地产生的关联中，由于地租五年一付或租地时一次性付清，双方之间不会有太多交集，相互限制弱化；由雇用产生的关联中，由于管工在其中代理与"转弯"，老板与员工之间的关联也被弱化。又由于管工都是当地人，有时老板与员工之间的矛盾被转移到管工与自己村里人或熟人之间，这有悖于人们同村中不好说话的面子，于是慢慢地做临时工的人不愿意到本村管工的地方干活，管工也不愿找太熟悉的人干活，最后总体呈现的结果是本地种植大户与当地社会之间的互动是一种比较曲折与间接的互动，相互之间限制不大，关联性不强。

四 种植散户的生存策略

种植散户指以家庭为单位进行蓝莓种植的农户。在宣威镇、龙山镇一带，气候、环境、土壤适合蓝莓种植的很多村寨，2/3 农户种植蓝莓，每家面积基本在 50 亩以下，5~15 亩规模的占比最高。如表 3-3 所示，乌村 RZ 蓝莓合作社中 2016 年有种植户 50 家，各家种植面积在 1~35 亩不等。

种植散户因为基数大、范围广，种植面积约占麻江蓝莓总面积的 60%，是麻江蓝莓产业中影响整个产业发展的重要组成部分。散户的蓝莓发展得好，麻江蓝莓产业才有好的名声与口碑，才能奠定麻江蓝莓走得更好更远的基石。

大部分散户是在 2010~2013 年地方政府大力扶持与优惠时开始种植蓝莓的，那时候政府免费发放蓝莓苗，免费提供 3 年的有机肥与地膜，一时间许多外省务工的人回乡开挖山林、荒坡、熟土种植蓝莓，有利用自家土地的，也有租种别人土地的。种植面积大小取决于土地、劳动力以及经济实力，虽然政府给予大力支持，但农户自己仍然要付出很多投资成本。种植面积在 10 亩以上的，首先家庭土地占有量高，其次家庭劳动力充足，最后有其他的经济收入来源做支撑。如乌村种植面积较大的家庭中，YQX 家中种植 35 亩，他常年在外打工，有较好经济基础，具有高中文化水平，对新事物比较敏感善于洞察，2009 年回乡租土地种植蓝莓，同时将自己的土地租给其他老板种植。CDQ 家中种植 22 亩，他家中土地多，儿子做生意有经济基础。CDX 家中种植 21 亩，他家中土地多，从事养殖有较高收入，为蓝莓种植提供经济投入的基础。LYJ 家中种植 21 亩，他曾常年在外打工，有经济积累，也有商业头脑。LHQ 家中种植 20 亩，他的两个儿子有国家公职，家中经济条件好，土地宽裕。CDJ 家中种植 19 亩，他的儿子开挖机，经济收入高，分田地时家中姐妹多，后来姐妹出嫁土地则由他一人继承。CYG，早年外出打工，接触新事物快，有一定经济基础。YMJ 家中种植 17 亩，他的父亲有装修技术，收入丰厚，家中土地多。YQJ 家中种植 16 亩，他早年外出打工多年，2014 年还担任过村组长，办事能力强，对新事物具有敏锐洞察力。以上列举的村中种植蓝莓面积较大的几户家庭，经过深入了解分析，每一家有较大的种植规模都各自有背景和基础，用蓝莓种植投资资本分析，有的种植者是家中唯一的男性，作为家庭土地的继承人，具备厚实土地资本；有的有较好的经济基础，是蓝莓种植前期投入的雄厚经济资本；有的种植者具有外出务工的经验，接触过新事物，对蓝莓的认识比较领先，成为蓝莓种植的社会资本。

家庭种植模式对整个村落土地利用的改变影响较大，在翁保一带，各村寨人均耕地基本在 1~1.5 亩，家庭规模平均在 4~5 人，估算家庭平均耕地 4~7.5 亩，蓝莓种植在 10 亩以上的，是靠开挖山林扩大土地利用面积，将林地变成了蓝莓地。10 亩以下的，通常是将旱地改种蓝莓，紧邻山林或荒坡的再外扩形成成片的蓝莓地。在政府大力鼓励种植、提供扶持的阶段，人们眼见着前期外省老板种植的蓝莓卖到七八十元一斤，认为蓝莓有比较好的经济前景，只要在土地、经济、人力等条件允许的情况下各家都会尽量多种一些蓝莓。

在经营与管理方面，家庭种植散户具有代际分工与季节性流动的特点。代际分工体现在蓝莓不同时期的主要任务由家里不同的人负责，每年 9 月至第二年 4 月属于蓝莓管理培植期，5~8 月属于采果销售期。管理培植期主要由家里的父辈负责，包括剪枝、除草、施肥、抹芽等环节。这期间根据蓝莓种植规模来决定是否需要雇用临时工，10 亩以下的基本是父辈们自己承担劳作，10 亩以上的则需在施肥、抹芽等需要赶时节的关键阶段雇人帮忙。到采果销售阶段多由家里的年轻人发挥主要作用，安排采果、发货、运货、摆摊销售等，这期间需要大量的业务联系，随着自媒体应用的普遍化，年轻人还通过一些社交平台进行销售、宣传，还需要联系快递、公共交通运输等，这是父辈们无法完成的。

　　基于以上的分工形式，蓝莓一年中的作业过程需要年轻人参与的时间比较短，遂形成村里年轻人季节性流动的特点。每年过完春节，正月末村中年轻人陆续外出务工，到湖南、浙江、广东等地的比较多，到4月底蓝莓开始成熟时返回家里经营蓝莓，这期间，外嫁的女儿也会回娘家帮忙。直到7月底8月初当蓝莓收获季接近尾声，人们又开始陆续回到务工城市，直到春节或第二年蓝莓上市时才返乡。

　　这样的分工与流动性有助于散户的蓝莓经济发展。首先，代际分工能让在家的父辈有事可做，充分发挥余热，体现父辈的存在价值；能让年轻人扬长避短，农事劳动技巧生疏的年轻人愿意到城市做服务性行业也不愿在家下地刨土劳动，能在蓝莓休养生息的阶段通过其他渠道赚取经济收益，增加家庭的经济来源，有助于提高家庭应对蓝莓市场起伏的抗风险能力。其次，年轻人阶段性到城市务工有助于了解外界市场资讯，还能有目的性地建立一些社会关系，为家中的蓝莓销售寻找一些渠道。加之年轻人在城市与家乡生活与工作环境之间切换，角色扮演也不同，具有一些经历上的对比与冲击，他们既了解城市的新潮玩法，也具有符合当下人们以追求原生态与传统为时尚的潮流的优势资源，通过微信、QQ、快手、抖音等自媒体交流平台起到带动作用，促进地方蓝莓产业的宣传与销售。

五　非种植户的依赖型获利

　　非种植户指村里至今未种植蓝莓或曾经种植少量蓝莓，在征地过程中土地被征收而无地种植蓝莓，且不以蓝莓作为家庭经济收益来源的家庭。以乌村为例，2016年50户种植蓝莓的家庭中，许多家庭经过政府多次征地后，部分或全部的蓝莓地被征收。至2019年底，据不完全统计，乌村有35家没有经营性蓝莓地，有的只有极少量蓝莓种植以供家庭生活与待客之用，有的完全未种植蓝莓。在讨论蓝莓种植在土地利用与社会关系变化中的作用时，笔者将这两类家庭称为非种植户。

　　蓝莓非种植户的主要特征是家庭土地占有量少，经济基础薄弱，劳动力数量与素质都相对欠缺，即使在政府大力扶持种植蓝莓的阶段也无法从中获得这种政策福利。因为经过土地征收后家庭耕地所剩不多，年轻人属于剩余劳动力，乌村乡村旅游荒废后人们在家也没有其他经济收入来源，大多数只能选择外出务工，父辈在家照看孙辈上学，条件允许情况下到蓝莓基地做临时工。

蓝莓产业属于劳动密集型产业，不需要重体力，能吸收村中剩余的中老年妇女劳动力，对用工方来说雇用中老年妇女工资是按照当地基本形成的行市价格发放，一般80~100元/天，比雇用男性工资低，能降低劳动力投入成本。住家的中老年妇女也能通过蓝莓基地临时工的工作赚取少量收入补贴生活家用。在这种需求与供给的关系背景下，在当地，总会在不同的季节看到成群的中老年妇女早出晚归奔走于不同的蓝莓基地。她们在相对稳定的区域内变换地点工作着，每天看似有十几人到几十人的固定劳作队伍，但由于每个人兼顾家务及村内人情往来事务，总有人隔三岔五因故缺席，形成内部流动外部稳定的小群体。基地的管工是最熟悉小群体变动情况的人，每天需要登记考勤，在一个阶段劳动结束后统计工时，最后按出勤率结算工资。

在长期种植过程中，各外省老板或种植大户的蓝莓基地一般与特定村落形成相对稳定的雇佣关系，这一方面是基于管工的社会关系网络，另一方面也在于方便通知和招聘。各村寨能做临时工的中老年妇女群体一定程度上依赖某蓝莓基地，一年中断断续续地获得打工赚钱的机会，笔者称之为依赖型获利群体。蓝莓基地在这种关系中虽拥有主动权，但当地蓝莓作业用工期比较同步，又没有时间差，各个基地都同时需要雇用临时工，虽不至于出现"抢人"的紧张局面，但若临时工大量流失对老板来说也可能出现雇不到人的棘手问题。老板为维护与临时工的关系需要进行一些人情上的关照，比如提供中午做饭的场地和较好的用餐环境，偶尔发点面条、毛巾之类的日用品等作为福利，塑造一个好老板的形象，稳定临时工群体。

在蓝莓基地做工时，临时工、管工与老板之间形成复杂的三角关系，当出现利益纠纷时，不同立场的人有各自的考虑，并利用所掌握的权力与资源进行斡旋与博弈。前文提到的龙奔蓝莓基地，其管工长期以来是蒲席塘村的一位老伯，每个阶段到基地干活的临时工都是他通知招工，多数是蒲席塘村的人，还有一些是他的亲戚。2017年，基地由广东黄老板转包以后，由于管工熟悉基地情况，老板继续聘用了他。2019年7月，正是蓝莓采摘的大忙季节，按照当地行业规矩，蓝莓果成熟少的阶段每天固定工资为80元，全面成熟季节为了提高采摘效率改成按计量，一般在1~1.8元/斤，即以称重计算日工资。由于龙奔蓝莓基地坡度大，植株高，采摘和运输都比较困难，临时工阿姨们嫌老板给的工资标准太低，可老板不同意加价，经过几天的协商双方还是相持不下。2019年7月7日早上，刚好下着小雨，临时工阿姨们以下雨不好采果为由集体罢工，扬言回家"看会"休息几天再回来，或去其他工资更高的基地干活。临时工阿姨们以集体罢工的"弱者的武器"方式表达诉求，而老板也有自己的考量，双方进行博弈，且各自有博弈的底牌：临时工阿姨们知道那几天正是抢收的关键时期，她们涨价的要求是结合蓝莓基地的情况，目标价格虽然比其他基地高，但是老板也认可她们所说的理由；其次这个阶段每个基地都在抢收，不易找到其他工人来采摘。而老板的底牌是来干活的临时工阿姨都是家里没事做、经济条件不好的，她们不会放弃挣钱的时机去"看会"休息；另外每个基地进入采摘中期的员工基本固定，不会接受中途进来的人。僵持了一早上，管工从中协调，传达双方面的意见，最后才平息下来。

综上几个方面，不同种植模式引起土地利用方式的改变与不同方向的流动，在当地社会中形成群体间不同的互动方式。地方政府提供土地流转的政策支持，在土地与资本流动中提供官方平台，建立省外资本与本地土地资源之间的关联，为省外企业与外地老板进入当地投资提供政策保障。省外商业企业的进驻为当地带来新的资讯与专业知识，为当地蓝莓精英的成长带来一定的正向影响。而在与当地人和地方社会的互动中，外省投资者通过遵守地方习俗与文化获得地方支持，为企业能顺利运营和融入当地社会奠定了一定基础。本地种植大户因了解地方政策，深谙地方文化习俗，通过管工代理的方式，形成一种人情与公司制度剥离又相互纠缠的局面。种植散户很大程度上改变当地土地利用方式，以家庭为单位将林地、旱地改为蓝莓地；以家庭经营为主，内部通过代际分工与季节性职业切换丰富家庭经济来源，提高家庭在蓝莓经济起伏不定情况下的抗风险能力。非种植户通过到老板的蓝莓基地当临时工获取收入，成为外部稳定内部流动的劳动群体，依赖大企业或种植大户获利。在这种互动关系中，临时工虽然较为被动，但在劳动力紧缺的阶段可通过使用"弱者的武器"的方式表达诉求，获得经济利益。而老板可通过管工的调和以及塑造一个好形象的方式与临时工群体维持相对稳定的关系。

第二节 销售：产品流动性与社会互动

蓝莓被引入麻江少数民族地区后，整个社会为之沸腾，短时间之内积淀已久的传统社会关系网络与社会权力结构被撼动，这当中与大数据、快捷物流、多渠道宣传、高度的社会群体流动性等社会发展成果和时代特征密切相关，最主要的原因是其与生俱来的商品属性。蓝莓是作为商品而种植的农产品，它使传统农业向现代农业转变，对政治、经济、社会、文化、生态等各方面具有深刻的影响，而麻江蓝莓种植体量之大，进一步增加了其对社会各层面的影响力。蓝莓是一种外来的、具有明显全球化产业特征的农产品，在种植之初即将当地社会融进更大的市场体系，全球的蓝莓生产与供应有互补也有竞争，各国家各地区蓝莓种植者都会将全球蓝莓发展行情纳入自己的决策考虑范围，即使是乌村这样一个偏远的少数民族村寨也时刻在全球蓝莓市场体系下并受其影响。

麻江县发展蓝莓产业，从政府层面来看是区域内发展危机与优势条件下的深层次考虑，是麻江一定历史时期内源性发展突破，是在突破区域经济发展瓶颈的迫切需求下寻求转型的路径选择。20 世纪末，麻江地方政府试图通过蓝莓现代化农业产业的发展刺激县域经济，通过商品对市场的需求使县域"四面受围"的劣势转变成"四通八达"的区位优势。但要实现蓝莓产业经济发展，引进种植与扩大规模只是前期基础，销售才是实现经济效益的关键，丰产是丰收的基础，真正丰收主要通过畅通销售渠道来实现。种植企业与广大种植户一方面大力发展种植，另一方面也各显神通进行蓝莓销售，不同种植模式形成不同的销售群体，各群体在销售过程中与社会内外部的互动形成新的社会关联，与传统社会关系有隔离也有交缠，形成多维勾连格局。

一 政府统购包销的承诺与困境

蓝莓作为一种"舶来品"，在当地社会是陌生的物种，在引进之初人们最大的顾虑就是种出来怎么卖、卖给谁。刚开始种植蓝莓时当地人很担心销售问题，纷纷表示：

> 如果种粮食卖不掉还可以储存起来，人吃、喂猪牛鸡鸭等，而蓝莓无法储存，也不能当饭吃，卖不掉就赚不到钱，可能连饭都吃不上。

为打消村民的顾虑，在推广之初，政府部门承诺种出来的蓝莓由政府组织收购，价格根据协议与市价而定。眼见早期种植的老板也能赚到钱，政府的统购包销提供了一项兜底性的销售保障，村民们犹如吃了定心丸似的欣然接受。

2006年麻江种植蓝莓600亩，2010年达到9710亩，2015年则达到5.6万亩，截止到2019年底，麻江蓝莓种植面积已逾6.23万亩，当时政府发展规划预计到2020年达到8万亩，成为中国最大的蓝莓集中性产区。

蓝莓种植后3~5年进入丰果期，其果实作为商品进入市场。在麻江当地，市场上开始出现蓝莓是在2008年前后，那时主要是政府试验基地及省外企业投资种的蓝莓，产出的果品基本运往浙江、广东等地销售，只有少量通过附近县城消费者入园观光采摘方式进入当地市场，单价高达60元/斤，这对政府推广蓝莓种植起到很好的促动作用。2010年后，很多有洞察力、有条件的当地农户开始种植，2012年之后即向广大农户推广，到2015年大批量蓝莓进入丰果期。表4-1为麻江县2010~2019年蓝莓种植面积、产量及产值的统计信息，可以看出其增长的趋势。

表4-1 麻江县蓝莓2010~2019年种植面积、产量及产值

项目	2010年	2011年	2012年	2013年	2014年	2015年	2016年	2017年	2018年	2019年
种植面积（亩）	9710	14670	26760	31000	47000	56000	56000	56000	58000	62300
投产面积（亩）	2000	4000	5000	14000	18000	25000	25000	25000	28000	30000
产量（吨）	143	1000	1500	3200	2400	5000	—	—	—	4720

资料来源：结合对麻江县蓝莓办负责人的访谈，查询网络资源与前期研究成果整理。2015年以前数据参见胡海《麻江县蓝莓产业竞争力提升研究》，硕士学位论文，贵州民族大学，2017，第20页；其余年份根据政府工作人员访谈与麻江县人民政府网相关统计数据整理，因管理分散，有多项数据暂无统计总额。

从表 4-1 中可以看出，麻江蓝莓 2011 年后种植面积与投产面积都飞速增长，这一时期种植大户与散户生产的蓝莓大量进入市场。蓝莓主要以订单式销售、储存销售、摆摊零售、入园采摘等方式售卖，其中种植企业与大户主要是订单式销售与储存销售，而散户则主要是摆摊零售与入园采摘。2015 年，乌村嘎尤苗寨旅游景区与乌卡坪蓝梦谷建成后吸引大量省内外游客，为蓝莓销售带来很大动力。2016 年，旅游热度回落，游客减少，但蓝莓产出量在同期急剧增加，且在地方社会初期产生的新奇与热度也已逐渐冷却，一时间蓝莓在当地市场上严重供过于求，价格级级走低，许多农户在前几年通过摆摊零售、入园采摘等方式销售蓝莓的渠道也大受影响，当地冷库设备技术与储存量跟不上，出现了严重滞销与烂果困境。

在农户蓝莓销售严重受影响的情况下，政府曾经承诺的统购包销由于资金有限、没有储存设备与加工企业，故无法大批量吸收市场上过剩的蓝莓。在此情况下，只好积极招商引资，吸引加工型企业为蓝莓产业链的形成搭建平台。2014 年后，麻江县 QY 蓝莓有限公司、贵州 RL 果业科技发展有限公司、麻江县 RLA 蓝莓有限公司进驻麻江县，其集种植、收购、加工于一体，开启麻江县蓝莓就地深加工的利用方式，大量吸收消化蓝莓，达到每年每家公司 1000 吨的需求量。加工企业提供收购服务，以 5 元/斤的价格大量吸纳农户销售不掉的蓝莓。但相比之前蓝莓的市场销售价格，农户认为此价格太低，于是通常先摆摊设点销售，如果能卖给路过的客人价格会稍高一点，在销售 2~3 天后依然卖不掉的就卖给收购点。于是收购点收到的基本是已接近坏掉的蓝莓果，出现收购方对蓝莓果品质的期望与现实间的差距，这也是农户对收购价格的期望与现实之间差距的结果。总体而言，是双方在追求利益最大化的理性抉择中，不得不相互妥协和依赖。

2018 年，公司减少收购数量，而麻江蓝莓的名声虽然远播省内外，但稳定的供求渠道与平台还未形成，加之蓝莓采果季节是当地雨季，蓝莓作为鲜果销售品质不占优势，更多的只能走加工果销售。加工果销售需要有量的基础以及冷藏室做保障，但省外能大宗收购的企业还未形成与麻江蓝莓供应的耦合。2018 年，基于以上各种原因，以及采摘期主要集中在下雨天，不少农户因蓝莓耗费人工，且摘了也卖不掉，索性就直接任其烂在地里。

2019年，在吸取上一年的经验与教训基础上，政府一方面通过举办蓝莓产业发展讨论会、蓝莓产品交流品鉴会等，吸引全国各地蓝莓加工企业与经销商到麻江进行考察，为蓝莓销售热场；另一方面利用国家产业扶贫资金支持种植户继续进行"提质改造"，优化种植管理标准与品种，以提高蓝莓产品的品质，增加鲜果销售比例，提高产值。另外由种植大户牵头，申请国家产业扶贫资金，建设冷库，以吸收农户自销能力不足情况下过剩的蓝莓，从而保证蓝莓种植散户的基本收益，维持种植的积极性。

2017年麻江县农文旅成立后，组建政府指导下的国有蓝莓公司，通过种植、流转与收购方式建立了一万余亩的蓝莓基地，试图通过掌握麻江蓝莓产业占有份额的优势引导麻江蓝莓价格，也依托能有效掌控的基地产量规模建立产业链下游市场的衔接，带动县域内蓝莓的销售与蓝莓行业的发展，帮助一些有销售困难的农户代销。可是从2018年、2019年两年的情况看，由于下游深加工企业的匹配与消化力度跟不上，国有蓝莓公司的蓝莓销售都面临困境，更无暇顾及有销售困境的群体。种植企业、大户与散户于是各谋出路，纷纷在市场上利用各种资源，实现自身的蓝莓经济效益。

二 种植企业与大户"主动出击"式营销

种植企业与大户目前来说是麻江蓝莓产业里的主导力量，在销售方面，也是麻江蓝莓产业的领头羊。首先，种植企业与大户主体有较为坚实的经济基础，以支持种植的前期投入；其次，其具有积淀已久的专业知识，能够对蓝莓进行精细化与标准化的培植管理，产出的蓝莓品质较高；最后，其也有比较广阔的社会关系网络，有多元的销售渠道，对外界资讯敏感，能够较准确地掌握市场信息进行销售抉择，在每年蓝莓接近成熟的季节便开始建立与外界的销售关系网络，订单式销售比较多，是一种有充分准备的主动出击式销售。

如前文提到的地方蓝莓精英WQ，2006年给浙江老板YHT管理蓝莓基地，在工作过程中跟着老板学习许多种植、管理与销售的知识，还到不少种植蓝莓的地方考察过，积累较多的相关专业知识。2010年，他与其他九人合作建立了一个400亩的蓝莓基地，基本每人40亩的投入，2011年自己又单独种了100亩，后来又与另外三人成立了黔东南州WJ生态蓝莓有限公司（以下简称"WJ 蓝莓公司"），专门从事蓝莓收购与经销业务。因为在营销过程中了解到以前的品种有的产量低，有的果小，不适合鲜果销售，只能做加工果，严重影响到蓝莓产值，于是自己种植蓝莓时就有选择性地挑选颗粒大、成熟期较早或较晚的品种，拉开市场时间差，从而使销售价格较好。果品品质好、利于鲜果销售，是增加蓝莓种植收入的最佳方法之一。WJ 蓝莓公司基本上形成了稳定的种植与销售网络，并在宣威、碧波、麻江有蓝莓收购点。它们从种植散户或其他无力销售的大户手里收购蓝莓以后进行分选，品质佳的包装放冷库保鲜，累积一车就用冷藏车拉出去批发，主要销往南宁、桂林、长沙等城市的大型果蔬市场。而余下品质不佳的则进行冷冻，卖给加工企业做加工果，或者不冷冻，直接卖给一些中间商，由他们收购回去冷冻储存又转卖。

WJ 蓝莓公司的销售模式属于主动出击，运出去找批发商，不仅把自己基地的果实卖完，而且还收购其他基地或农户的果品，形成了相对成熟的冷链销售网络。

像 WQ 这样的种植大户，有资金做后盾，又有销售经验，进行主动出击式外扩型销售，能很好获得蓝莓带来的经济收益。据他多年的经验，种蓝莓经济收益是比较好的，但前提是果品品质要好，即使是现在市场供应量大幅度提高的情况下，好的果品也能卖到 15~25 元/斤的价格，但若品质不好只能作为加工果销售，价格只在 4~6 元/斤，收益就大大受损。通常情况下，很多人会认为，蓝莓不易储存，种蓝莓前期投入高，是容易赔本的买卖，卖不出就折损很大，包括笔者有很长一段时间也持这样的观点。但 WQ 的说法是：

> 结合我曾经种过桃子、橘子、李子、西红柿等果蔬，又进行蓝莓种植这么长时间的（经验进行）对比总结，种蓝莓是目前为止经济收益最好的选择。即使以最坏结果计算，全部蓝莓都卖加工果，也能卖到最低 4 元/斤，都能保本还稍微有盈余，更何况不会全部卖加工果，总会有部分可以挑出来卖鲜果，如果走鲜果销售多一些就有更多赚头。

笔者在田野期间走访了几位种植大户，他们基本是有较大的蓝莓基地作为果品供应的基础，如 BZL 蓝莓基地有 500 余亩蓝莓地，DS 蓝莓基地有

300余亩，还配有冷库、冷藏车等，形成整套采果、收购、分拣、包装、运输、销售的管理与操作，在销售本基地果品基础上还能带动一些其他种植户的蓝莓销售。这样，它们一方面与外界更广大的市场建立关联，另一方面在当地将小的种植户也联系起来，利用基地与团队力量搭建一种当地种植户与外地经销商之间的销售平台。

蓝莓种植管理阶段投资巨大，据专业人士计算，一亩蓝莓每年各阶段的投资包括人力、物资等共计2500元，对于很多种植大户来说，基地规模越大，投资越大，在短暂的采摘销售阶段若受气候、市场、管理方式等因素影响，稍有不慎就会严重亏损。笔者访谈种植大户期间，一位老板LMH总结说：

> 在麻江，种蓝莓不赚钱，卖蓝莓才赚钱；省内人不赚钱，外省人才赚钱。

其中透露了大量关于土地、资本、市场、权力之间的复杂关系，后文将详细分析。

另外，经过多年的摸索及对蓝莓产业的了解，不少种植企业与大户现阶段正将以前一些不好的品种挖掉，改种新品种。因为早熟的蓝莓能够抢占市场先机，价格高，加上早期当地温度不高，雨季还未来临，不易产生果蝇，所以蓝莓的品质也好。据WQ介绍，1~2月国内鲜果市场售卖的是从秘鲁、智利进口的蓝莓，3~4月主要是云南产的蓝莓，麻江蓝莓5月末才上市，刚好与北方的山东、辽宁、吉林等省蓝莓产区重合，而麻江蓝莓采摘季节雨水多，品质相比北方的蓝莓没有优势。如果能增加4~5月上市的早熟品种，刚好能接上国内鲜果比较少的缺口，而这个时间差在麻江的自然气候条件下，通过少量投资是可以实现的。所以种植企业与大户的蓝莓种植销售策略随着对全球蓝莓产业的了解进一步加深后，开始融入全球产业领域中，谋求地方产业的生存空间。

沃尔夫在《欧洲与没有历史的人民》一书中指出，人类世界是一个由诸多彼此关联的过程组成的复合体和整体，共居在"一个世界"中的人们，在生态、人口、经济、政治等各方面时刻产生联系，联系无处不在，尤其是全球贸易对参与其中的世界每一个角落都具有直接或间接的影响。真正的历史应能解释现代世界的社会体系究竟是如何形成的,应该从过去中追寻现在的原因。不能仅书写"胜者为王"的历史或者被支配族群的屈服史,而必须考虑西方人民和非西方人民是如何共同参与这个世界性进程的。普通大众同样是历史过程的积极主体,必须发掘"没有历史的人民"的历史。[①] 麻江县乃至乌村同在全球蓝莓生长与上市销售的时间表中,其经营管理决策与世界各地蓝莓产区相互影响和借鉴。乌村种植者在特定区域环境与气候条件下的积极探索在全球蓝莓产业的发展历程中具有可供借鉴的价值。

三 合作社的"合作"与虚空

合作社是种植散户以村为单位组建的蓝莓管理经营销售的合作组织,因为散户个体在资金、规模等方面力量薄弱,组建合作社形成团队,可以"抱团取暖",制定小范围内销售规则,防止村寨内销售的恶意竞争。另外合作社也是政府鼓励的合作经营方式,政府的一些资助扶持政策也以合作社为单位,以提高政策落实的指向性与精准度。

乌村的种植散户在 2015 年成立了 RZ 蓝莓合作社,吸纳该村 50 个种植户。在合作社建立以后,人们在外面进行销售业务洽谈时以合作社为单位,具有一定的规模效益,有助于业务关系的建立,若有人谈到较大的订单,可以从合作社里获得供货。合作社成立后,社员集资以及使用政府政策扶持资金共同修建了一个冷库,供各家滞销的蓝莓暂时保存。平时大家在村口进行摆摊销售,为保护团体经济收益防止恶意竞争,合作社对销售底价有规定。在成立之初合作社在这些方面发挥一定的作用。

随着时间的推移,合作社的作用慢慢减退。这首先表现在合作社对销售价格的保护方面。原规定各社员销售时必须严守底价,以维护种植者的基本利益,防止恶意压价竞争。但是随着乌村乡村旅游热度的回落,到村里游玩与采摘的游客越来越少,摆摊零售大受影响,但凡有人询问砍价,兜售者只要不低于加工果收购价格就同意售卖,尤其一些中老年阿姨,考虑到如果不卖,拿回去只能作为加工果被收购,或者自家用来酿酒,收益

---

① 〔美〕埃里克·沃尔夫:《欧洲与没有历史的人民》,赵丙祥、刘传珠、杨玉静译,上海人民出版社,2006年,第1~2页。

会减少，所以很少顾及合作社的规定。其次是冷库方面。在中熟期大量蓝莓进入市场后，无条件运出去销售的很多种植者就会被中间商压价收购。这时如果有更大的冷藏储存设备或一定的资金先为农户前期投入垫资，错过蓝莓积压的高峰期就会有更好的价格。故合作社曾经考虑过集资建更大的冷库，以及为合作社预留储备金，支持人们短期囤货以与外来恶意压价收购的中间商对抗，但一是种植户经济条件不允许，二是人们对合作社管理者不信任，不愿集资，怕担风险，宁愿各谋生路。一些人不在村里卖蓝莓，而是搬到村口与台下线交汇的岔路口摆摊，卖价多少都是自己的事。此外，以前集资建的冷库一是太小，容量少，二是距各家都远，人们觉得每天把蓝莓运过去冷藏费事也不方便照看。慢慢地，合作社成为一个有名无实的组织，人们只是在与外界交流时将 RZ 蓝莓合作社作为名片介绍。

RZ 蓝莓合作社负责人 YQX 种植蓝莓 35 亩，是村里种植面积最大的，他最初发起建立合作社，目的就是将大家组织起来共同发展。但经过一年多的实践后，人们慢慢散去。他总结主要原因有两个：一是各家经济实力悬殊，无法为组织的前期发展提供必要的支持；二是人们的制度意识不够强，多数人只顾及眼前利益，缺乏契约精神。合作社的初衷是好的，但在执行过程中与人们日常生活中的人情关系、小农意识有冲突，慢慢地，合作社的制约作用与平台作用荡然无存。而对于合作社有名无实的状态，农户也有自身角度的考虑，他们认为合作社组织者没能为社员争取更多销售渠道，资源欠缺，甚至是利用合作社的平台为自己销售服务，没有发挥该有的作用。人们对于集资一事，认为一是经济条件有限，无力集资；二是对合作社组织者不信任，担心集资的钱不能获得应有的回报；三是很多人家种植的面积不大，觉得没必要进行这样的投资，依靠自己的能力销售，不能销售的用来酿酒，不想花太多精力去参与合作社的事情。

对宣威镇蓝莓办负责人 WCL[①] 进行访谈时，他表示：

> 现在这一带的村级合作社基本像乌村 RZ 蓝莓合作社一样有名无实，更多的是"个人合作社"。合作社没有发挥真正的实际合作作用，

---

① WCL，男，43 岁，宣威镇蓝莓办负责人，主要负责宣威镇蓝莓种植技术培训、政府扶持政策的宣传落实。

只有少数几个人甚至是一个人执掌合作社的日常运营。

总体而言，合作社在村中无法实现预期效果，有现实条件的限制，也有观念的影响，与当地社会现代制度观念未形成有关。合作社成员与组织者之间的不信任，一方面是熟人关系中的知根知底导致人们认为组织者没有相应的能力和担当，而且一直处于村寨这样一个具有内部竞争与摩擦的环境中，会将一些平常的小摩擦搅入合作社的事务中进行评判；另一方面也体现人们现代市场规则与管理规定观念淡薄，抗风险能力弱，具有典型的小农思想。

四 家庭销售"有的放矢"

家庭销售是种植散户中种植面积在 10 亩以上，将蓝莓作为家中主要经济来源，且全家人以蓝莓种植、经营与销售为主要业务的销售模式。家庭作为基本经济单位，全员分工协作，男女老幼有各自工作职责。父辈负责种植管理工作多一些，年轻人负责销售多一些，但没有明显的界限，时常做调整，这是一种最灵活、相对经济收益较高的形式。

被访人 WGZ[①] 是这种模式的代表。他因几年前出现意外左脚骨折导致残疾，不能再外出务工，于是以种植蓝莓兼经销蓝莓的生意为业，现在一家人的经济支出主要靠每年蓝莓销售季节的收益。其家庭种植蓝莓 11 亩，在蓝莓销售季节每天一大早他和妻子及父母亲一起去地里摘蓝莓，十点左右，他开车送妻子到寨门的岔路口摆摊售卖，父母亲接着采摘，而他则到周围跑业务。村里种植蓝莓在十几亩或更多的如 CDJ、CDQ 等家庭都像他家一样在代际分工基础上家庭成员分工协作，基本是家里年轻媳妇摆摊售卖，年轻男子负责运送和外销，老人则被安排采摘。

WGZ 因为已经做过几年蓝莓销售，结识一些老顾客，主要是云南、广西、湖南等地的一些水果店或超市老板，每到蓝莓成熟季节就找他下订单，他就在周围以种植经营蓝莓为主的散户的蓝莓中选择品质比较好的收购，从中每斤赚取微薄差价。在订单数量凑齐后，或通知对方来运，或自己开车送去，或运到客车站通过客运班车带货。他总结经验说：

---

① WGZ，男，38 岁，乌村陈家寨人，蓝莓种植销售出色代表。

我每一单生意都是有把握、双方非常信任才做，订单不大，但是保证要做一单赚一单，不愿意做赔本的吆喝，毕竟自己只是中间倒卖，没有资金囤货，与那些企业和大户不一样，我是"有的放矢"、目标明确，实实在在地做小订单销售。

在访谈中，他讲述自己一般都到其他村去收蓝莓，只有少数情况下在同村的种植户中收，有时遇到大订单也会去企业或大户的基地拿货。

　　到其他村收的好处是价格、质量要求等方面方便谈判，双方达到彼此要求你情我愿就成交，不适合就换一家。同村的都是左邻右舍、亲戚或本家族成员，抹不开面子谈价格、提要求，尤其有的家庭，不以蓝莓种植经营为主业，平时对蓝莓管理不好，果品品质不行，根本达不到顾客要求。而且明说每斤赚取微薄差价，但有的人以为我会从中赚很多，不愿意卖给我，还因此心生疑虑。所以一般不在这方面打交道，我宁愿以其他方式帮助他们。

他在当地卖蓝莓小有名气，因为在外打工多年干过销售，口才好，能吹能侃，总能把客人说动，人们说他"卖运好"，其实是他很能洞悉客人的心理，很有兜售经验，而且为人厚道，不会乱宰客，不少经常路过的人都称他是"卖蓝莓的胖子"，需要蓝莓会专门来找他，所以他摊位上的蓝莓都比别人卖得快。当自己的蓝莓卖完以后，他就将邻里亲戚的蓝莓放在自己摊位上帮助销售。他说这样的帮忙方式大家明明白白，没有什么猜疑与不信任。通过收购、转卖、代卖等方式，他每年大约能为周围蓝莓种植户销售10吨以上果品。

在他的销售网络中有内、中、外三层关系。内层是如上所述自己的蓝莓卖完，将邻里亲戚的蓝莓放到自己的摊位上代卖，是以村内部的血亲与姻亲为基底延伸到销售市场的帮助关系，这种关系中有比较复杂的相互间人情与利益顾虑，但他由于对这种顾虑有清晰的认识，遂采取一种比较直接的帮助方式以避免太多太深的生意上的交集，也避免自己袖手旁观而冷落亲戚，能很好把握村落人情关系与商业市场利益关系的区别与联系，并适度地将两种关系分开，又能在不扰乱人情关系的前提下施以援手。中间层是与附近村寨的种植大户和企业主之间的友谊与利益杂糅的关系。在销售过程中,他与种植大户和企业主时常会互相合作,在某人接到大单而自己的果品无法凑齐的时候,会相互提供方便,将品质比较好的果品一起凑单。平时大家同行业同圈子,常在一起相处,会有很多交集,有的还有较好的友谊关系,因利益关系产生友谊关系或从友谊关系延伸到利益关系都是常见的现象。外层就是与外地、外省的销售商的关系,即给他们收货,从中赚取差价或直接拿佣金。这种关系多是单纯的生意上的买卖方,利益与市场规则是维持这种关系的核心,"以利交者,利尽则散"。当任何一方利益受损时,这种关系或许就会中断,具有不稳定性。但通过这种买卖利益关系搭建起自身所在地区与外界的多重关联,使得黔东南州麻江县甚至乌村的地理标签随着蓝莓的流动被千里之外的人们知晓,这对当地社会的发展具有微妙的影响,这种影响会随着时间的推移与互动的积累而变得更加明显。

五 种植散户的"守株待兔"

"守株待兔"型销售的散户指蓝莓种植面积在 10 亩以下,蓝莓只作为家庭经济来源的一部分,家庭成员中只有部分人管理经营蓝莓,种植蓝莓的经济目的不强烈的家庭。这样的散户在乌村约占到 2/3,每家情况稍有不同。现通过村人 LYH 家的个案呈现这种类型的蓝莓经营管理与销售模式。

LYH 家庭人物关系与概况如下,时间为 2019 年 12 月。

> 丈夫:LYH,52 岁,经营小卖店与兼顾家中事务。
> 妻子:WYL,55 岁,外家陈家寨王家,乌村村寨保洁员。
> 大女儿:LJY,32 岁,外嫁到贵阳。
> 二女儿:LJL,30 岁,外嫁到同村茅草塘组。
> 三女儿:LJP,26 岁,未婚,丹寨县医院上班。
> 小儿子:LJL,23 岁,未婚,贵州民族大学在读生。

LYH 大叔主要负责他家在村寨入口处小卖店的经营管理,平常看店、进货占去主要的时间,家里家务活及村里人情往来的走动也由大叔负责。LYH 大叔家里种植了 4 亩蓝莓,每年初冬季节进行一次剪枝、割草与施肥,蓝莓快成熟前再割一次草，之后就等着蓝莓采摘与销售，这样的管理方式相对种植大户和企业的管理培植标准而言属于极简低配版。蓝莓的管理经营与销售都以大叔为主，阿姨只在轮休日帮着一起劳作。WYL阿姨是村寨保洁员，月工资2000元，每6天轮班休息一天。全村共6名保洁员，2017年9月由贵州同创文化旅游管理服务有限公司招聘上岗，负责维护乌村及到寨门公路周围的卫生与整洁。

在采蓝莓的季节，大叔和阿姨早上六点左右驾着三轮车到地里采蓝莓，临近8点，阿姨就步行回来上班，大叔接着采摘到10点左右，载着采下的蓝莓到寨门公路边进行摆摊销售，售卖到近12点请旁边的摊主照看摊子，回家做饭等阿姨下班。大叔草草吃过午饭又回到摊子，到下午7点左右收摊回来准备晚饭，连着两天在路边摆摊卖不掉的蓝莓会累积起来送到蓝莓收购点低价卖掉，2019年蓝莓收购的价格在4.5~7元/斤，根据蓝莓品质好坏价格稍有不同。在蓝莓成熟的季节，周末会有少量游客和垂钓爱好者到村里游玩，为小卖店带来一些生意。所以逢周末的时候大叔采回蓝莓就在小卖店门口售卖，顺便看店，来游玩的游客偶尔会买走一些。若遇到村中或家里有大事没时间摆摊看店，则将蓝莓采下直接送到收购点。

他们夫妻二人一直供孩子上学，家庭开销大。近年三女儿和小儿子上大学费用及所有家庭开支，主要依靠小卖店生意与妻子上班工资，蓝莓每年收入在2万元左右，不是整个家庭收入主要来源。平时事务忙，所以在蓝莓管理投入阶段无暇顾及太多，销售时也只能有空就摆摊卖一点，有时一天卖掉几斤，有时甚至一点没卖，属于典型的"守株待兔"型。对于种植蓝莓的初衷，LYH大叔表示：

> 当时政府优惠政策好，苗木、肥料等都免费发放，考虑到以后村里各家都有，自己也种点，一是多少有点收入，二是自己家想吃时也不馋别人家的，三是本地盛产蓝莓，若以后远处的亲戚朋友说来摘蓝莓，自己家多少有一点也方便待客。

村中很多种植面积小的家庭，除了考虑到经济、土地等方面的限制外，其种植的初衷和LYH考虑的大多相似。对于蓝莓的培植也比较随意，有的近乎天然生长，采摘销售时能卖多少算多少，蓝莓不是主要经济支柱，更多的是作为一种跟时节的劳作产品、一种馈赠礼品以及家庭消费品中增加花样的存在。

在"守株待兔"型销售方式中，人们没有明确的目标客户以及主动建立关系的心思，还不时变换售卖地点，所以产生的社会互动比较偶然。但恰恰是这种比较随心的不强求的售卖方式，成为麻江蓝莓特产区一道独特的风景线，在某种机缘巧合的场景下建立起一些看似偶然又充满必然的新的社会关系。如 LYH 在看店卖蓝莓时一些游客买蓝莓，他会比较大方地多送一些，一来二去就攀谈起来。周末到村里游玩的多数来自凯里、都匀等地，回访的机会多，多走动几次就成了朋友、伙计等。这些游客再到乌村的时候常常会给他带礼物，有红白喜事还会相互走动，已经远远超出一般意义上的路边买卖关系。

综上所述，销售是实现蓝莓经济效益的关键环节，不同的种植主体结合自身优势与不足采取不同的销售方式，在蓝莓市场上谋求各自的生存空间与赢利之道。曾经蓝莓种植作为一项与政绩挂钩的地方政府决策，种植规模在政府主导下急速扩大，但政府承诺的统购包销在市场经济背景下曾是种植户预期的最后兜底保障，而在没有足够资金支持的情况下这种统购包销全然不在政府能兑现范围内。地方政府遂搭建平台招商引资形成深加工产业链，这是帮助地方蓝莓吸收消化的有效政策，但加工果的低价收购与农户追求利益最大化的理性选择导致出现现实与各方利益考虑预期的差距。而政府主导下的国有蓝莓公司试图以所占份额优势引领区域蓝莓品牌发展与市场价格定位，但其本就置身于市场之中，受市场影响与控制，自身都难以顾全，帮助种植户销售、带动区域产业经济水平大幅提升短时期之内无法实现。客观地说，其中的主要原因是对于体量如此之大的蓝莓生产基地，公共的冷链储存与运输设备未能完全匹配，体量够大的深加工产业链未能形成本地区的相对闭合循环，导致地方消化吸收力度不够，种植户缺乏议价权，蓝莓产业仍处于产业发展的低端市场化阶段，反映了政府、企业与种植户在市场经济体系下各自扮演的角色定位不准确，相互之间的契合与信任未能形成一种共富、共融、共享的良性循环。

各谋出路是当下区域产业环境中种植户的生存之道。种植企业与大户形成各自的种植管理与销售团队，是产业中的领头羊。坚实的经济基础支撑标准化管理与种植，果品品质在区域内鲜果市场上占优势，自备储存、运输的冷链设备，具有蓝莓行业的专业知识与全球眼光，掌握全国销售市场资讯，在团队力量下"主动出击"，将蓝莓销售扩展到省外，在赚取经济利益的同时打开区域产业市场空间，提升了地方产业的知名度，对区域内蓝莓产业发展具有很强的带动作用。

农民合作社是政府倡导的以村为单位的种植散户组成的互助合作组织，具有现代公司管理制度的特点，其成立的初衷与理想化的制度在掺杂复杂人情关系的村落社会中却无法很好运行，实现不了互助合作的预期功能。农民合作社原本是一种很好的抱团发展的组织，但由于社会发展与人们观念的影响，与当地社会没有很好地契合，需要在当地社会进一步的实践中进行调整与适应。

家庭管理经营销售是一种比较灵活的销售方式，其在代际分工、家庭成员分工协作基础上"有的放矢"伸缩自如，貌似是小打小闹，但在当下产业发展与相应的市场发育条件下，其相对收益是最高的，也极大程度上避免了农业种植投资的风险。在当地社会，围绕蓝莓种植的经济利益关系与传统的血缘、亲缘和地缘关系是一种多维勾连式关系，多种关系有各自的场域与维系标准。家庭经营模式是能够将多重关系体系进行较好区隔与勾连的方式，当然这也取决于实践主体的智慧，但家庭式经营管理与销售可以作为契合的节点是毋庸置疑的。

大多数种植散户在经济基础与土地条件受限的情况下，不以蓝莓种植与销售为家庭经济的支柱，对蓝莓销售采取一种比较随意的心态，平时的管理也没有太多精力与财力物力投入，有的还近乎让蓝莓自然生长。"守株待兔"型销售方式——能卖则卖，不能卖则送收购点或作为自我消费与待客之物，因而，借由蓝莓建立起来的一些社会关联，增加了家庭的社会支持力量来源。

第三节 分工：资本流动性与社会互动

结合前述经济学、社会学与人类学中对资本的解读，笔者认为，在一定的社会中，一切应用于以获利为目的的生产的投入都可纳入资本范畴进行讨论。本书将蓝莓种植与乡村旅游发展的一切投入纳入资本范畴进行讨论，包括货币、土地、生产机械与设备、劳动力、权力、关系网络支持力量等，并整合利用有助于促进产业发展的有形的与无形的经济、社会、文化及人力的资本元素。经过深入的田野调查，笔者了解到不同的资本类型与资本规模在产业发展中所处的地位与分工不同，获利的方式呈现立体分布的特征，产业链中的上、中、下游主体各自在所处位置上获取最大利益，其中体现资本力量主导下不同主体之间的关系，最终提供一种反思向度，即乡村产业发展中资本和产业规模的适度原则与社会关系和谐发展之间如何调适。

一 政策性资本下沉

政策性资本主要指在产业发展中国家政策层面的政策扶持与货币资金的倾斜性投入。麻江蓝莓产业发展与乌村乡村旅游发展都是在国家与地方政策主导下进行的，来自国家与地方政府的资本投入是发展过程中的最大力量。当地老百姓常说："只要国家砸钱，什么都会发展起来。"这反映政策性资本下沉、国家力量在基层所起的强大作用，也反映政策性资本的主导地位。

据不完全统计，在乌村乡村旅游开发建设中，征地涉及耕地235.74亩，林地150.87亩，园地及其他31.38亩，征地补偿资金达2055万余元，乌村养老休闲综合服务基地建设规划资金达2.4亿元，截至2019年4月，累计投资9000万元。在蓝莓产业发展建设中，早在1999年，麻江县政府出资51000元引进苗木，试种成功后县内各部门筹集资金建设苗圃培育研发大棚。本地苗木研发技术实现突破、苗木成本大大降低后，麻江县正式进入扩大种植规模阶段，地方政府对种植户进行大力补贴，仅贵州省财政厅2009~2011年对口帮扶宣威镇，每年就拨付300万~500万元的扶持资金。而在2016年后，麻江蓝莓进行"提质改造"，地方政府向省级及国家政府申请6亿元用于蓝莓产业品质提升项目，2018年到位资金为1.5亿元，建设内容包括加大深加工产业链发展资助力度，配套设施方面包括务工设施、机耕道、务工人员生活生产环境的改善等。

2017年，为积极统筹全县农业、文化、旅游发展，麻江县成立与乡镇同级的行政单位——麻江县农业文化旅游园区管理委员会（简称"农文旅"），为适应园区市场化管理的需要，县人民政府又相继成立了农文旅公司、蓝之灵公司以及贵州同创文化旅游管理服务有限公司（简称"同创公司"），都归园区管委会与麻江县政府管辖，属国有商业性机构。蓝之灵公司主要发展蓝莓、菊花、蔬菜等农作物的生产、加工、销售、产品研发、育苗以及农业技术的创新应用等业务。其下基地属于国有商业性质的蓝莓基地，目前共有蓝莓10046亩，其中合股、收购管理不善的基地有5000余亩，投资种植5000余亩。自此之后，麻江蓝莓种植有农户、民营企业、国有企业三种主体和各自不同的模式。

在乡村旅游产业中，乌村旅游因持续时间短、规模小、项目少，产生的经济收益很少。在短暂的两年多的经营时间里，主要由农文旅公司主管运营，并进行门票管理。之后旅游冷淡歇业，村寨由同创公司出资雇工打扫卫生与维护环境。

在蓝莓产业中，农文旅下属蓝之灵公司在短短两年之内，入股、收购与自种蓝莓面积达到1万多亩，占全县蓝莓种植面积的16%，目前已经是麻江县种植面积最大的单位，规划下一步提高占比。蓝之灵公司旗下的国有蓝莓基地是县内标准化种植代表，基地建立的目的之一就是以标准化作业树立麻江蓝莓品牌，打造高层次平台，以国有企业背景打造区域内龙头企业，引导蓝莓产业发展，稳定市场价格底线。其在龙山乌卡坪打造的蓝梦谷是麻江蓝莓产业的形象工程，内部建设有服务接待中心、庄园酒店、蓝莓技术科研中心、蓝莓酒庄、蓝莓深加工厂、蓝莓科普馆，还建有观景台、步行栈道、露营地、自行车道等，①为官方层面的技术交流、贸易商谈、科研试验等提供实践基地，扮演着政治与商业的双重角色。2019年，以蓝之灵公司下属蓝莓基地为支撑，拓展了麻江蓝莓与广东胜佳超市、贵州合力超市、永辉超市、北京佳仕百年电商等销售平台的合作。2016年开始创办的蓝莓音乐节也在蓝梦谷开展，每年麻江县、黔东南州乃至贵州省开展有关蓝莓产业的研讨会也基本以蓝梦谷为依托。

总体而言，政策性资本下沉对村落土地利用变化的影响主要表现在两个方面：一是行政功能性渗入，如征地进行旅游项目建设、扶持农户与民营企业种植蓝莓等；二是经济功能性的直接参与，如以土地征收、出租、

---

① 《蓝梦谷：农工商旅全链融合的"麻江样板"》，贵州政协报网络版，2022年8月30日，https://www.gzzxb.org.cn/doc/detail/3197/A4，访问日期：2022年11月3日。

入股的方式进行旅游、蓝莓、菊花等产业发展。在行政与经济背景下的资本应用，使得政府以及国有公司在产业中的分工与所处位置具有官方性、宏观性、主导性，虽不是区域内蓝莓产业获利最大的主体，但影响力较大，属于区域内蓝莓产业的官方代表。

二 商业性资本介入

商业性资本是指民营企业进驻麻江进行的产业投资。商业性资本的介入涉及种植、加工与经销领域，是麻江蓝莓产业快速发展的中坚推动力，具有重要影响。在麻江，种植蓝莓最早的非官方主体即来自浙江和香港的民营企业家，这些企业主体具有敏锐的商业嗅觉和高超的资本运作能力，抢占了麻江蓝莓种植的先机，获得了丰厚的利润。地方主体大量加入种植行列以后，不少实力雄厚的企业转而从事蓝莓加工与经销行业，成为当前麻江蓝莓产业链的销售中间商或终端机构，依然获取高额利润。

在深加工方面，在地方政府招商引资政策导向下，陕西省农业龙头企业 HS 集团于 2015 年入驻麻江县龙山镇，开启蓝莓酱、果脯等产品的试产。随着地方种植规模扩大、投产面积逐步增加，一方面大量蓝莓产出为深加工提供足够的原料供应，另一方面深加工消化了大量无法销售的蓝莓。大量蓝莓的产出，使麻江县蓝莓产业向深加工、高附加值产品的转型迫在眉睫，而深加工需要巨大的资本投入，一般的企业无法达到这样的水平。2015 年麻江县蓝莓加工企业规模比较大的主要有 QY、RLA、DS、WLS、RL 等几家公司。加工产品有果酱、果脯、白兰地、红酒、原浆、浓缩汁、蜂蜜、糖果等，已经从低端单一的种植生产过渡到多样化生产。QY 蓝莓有限公司成立于 2005 年，法定代表人 YHT 是最早在麻江投资种植蓝莓的省外商人，企业经过多年发展，集种植、旅游、研发、加工、销售于一体。但在 2018 年，麻江蓝莓市场混乱，YHT 将公司转售，后公司更名为贵州 LM 食品科技有限公司，继续以深加工为主营业务。

商业性资本介入的另一种主要方式是中间商运作，很多省外企业老板在蓝莓采果季节蜂拥而入，在宣威、龙山一带坐镇收购蓝莓，进行大量囤货，待过了蓝莓采收的季节再转售到全国各地的蓝莓加工商，实行双向垄断。麻江蓝莓因为上市时间和云南产区有部分冲突，加之麻江雨水丰富，相比云南产区光照条件稍有不足，甜度与品相不佳，鲜果销售受到一定影响。但是因为体量大，成熟时间集中，作为加工原料供应是麻江蓝莓的潜藏优势所在。农户不具备储藏条件，采果后需要尽快售卖出去回笼成本，对中间商的需求由此产生，也为省外中间商在本地经营提供了市场。中间商是麻江蓝莓产业发展中必不可少的一环，但其中又隐藏着诸多的矛盾。因为蓝莓作为加工果需要的供应量非常大，又需要冷藏储存设施，一般的企业不具备如此雄厚资本进行投资。

市场是开放的，资本以谋取最大利益为目的，外省商业性资本的介入无人能阻挡，本地产业发展的销售一环也需要庞大的中间商群体加入进来。但中间商压低收购价格，种植户抗风险能力弱，以及本地中小企业受现金流限制，无法与之抗衡，失去议价权，这是区域产业发展过程中产业种植主体能力未得到充分保护与发挥的困境。在访谈中，很多种植大户表示，现在麻江种蓝莓的都是亏本经营，赚钱的恰恰是不种蓝莓的，而且多数是外省企业与商人，他们主要凭借资本优势，从事中间商倒卖，呈现一种"资本入省，利益外流"的状况。

三 地方性资本抗争

地方性资本主要指本地种植大户和一些中小企业进行蓝莓经营的投资，以及种植农户中规模稍大、将蓝莓种植作为家庭经济收入主要来源而进行的投资。对于未将蓝莓作为家庭经济收入主要来源的农户，个人认为其蓝莓种植不属于以营利为目的，遂不在此讨论范围内。

相比外来商业性资本以货币资本为主的特点，地方性资本包括货币资本、人力资本与社会资本等，其中人力资本与社会资本是其独特优势和特点。这种地方性资本在乡村旅游及蓝莓产业中分布于中低端。在乡村旅游产业中，村民依托旅游发展，在村中开设农家乐、农家旅馆、小卖店等，2015年乌村进行旅游经营，最高峰时全村有28家农家乐、4家农家旅馆与4家小卖店，经营它们的占到全村家庭的50%。但规模都比较小，在旅游萧条以后，农家乐和农家旅馆逐渐关闭，2018~2019年笔者到乌村时只有1家农家旅馆与4家农家乐阶段性营业。蓝莓产业主要表现为中小规模的种植与销售，属于老老实实与土地打交道、靠土地生产能力与有限的投资能力赢利的类型。

在田野调查中，接受访谈的很多是这种地方中小企业经营者与种植大户，种植大户种植规模一般在十几亩至近百亩，中小企业一般在一百亩至几百亩。他们依据自身能力选择不同的销售方式，或多点摆摊，或主动出击，或联合行动，总之都是各显神通地在当地蓝莓行业中谋取发展，在第四章第二节有详述，在此就不重复。需要指出的是，地方中小企业与种植大户在省外大资本中间商介入本地市场的环境下如何进行抗争与博弈，反映了在农业产业发展过程中，土地作为产业载体，是至关重要的资源，也是必不可少的资本类型，整个产业链依靠地力生产而延续。但在大市场背景下，货币资本仍然占据主导地位，种植者与地方企业在与外来投资商、中间商的角逐中仍然处于弱势地位，只能凭借有限的资本竞争力和一些地缘优势与地方社会网络背景谋取生存与发展空间。

在对中小企业经营者 XN、LMH、WQ、WTH 以及种植大户 WGZ、YQX、YQJ、CDQ 等人的深度访谈中，笔者了解到他们不同的故事。如 WQ 与人合伙组建 WJ 蓝莓公司，不仅将自己基地的蓝莓运往外地销售，还能带动不少种植大户销售蓝莓。他在向当地人收购蓝莓时常会根据果品品质给予令人相对满意的价格，从而为部分农户提供一个另外的选择，不至于被外来收购商低价收购。

LMH 创立了"贵小极"蓝莓品牌，目前已经组建自己的种植与销售团队。前几年由于在销售环节完全依靠外来商人，2016 年蓝莓产量大幅增加，价格严重下滑最后甚至卖不出去，损失惨重。之后他花了很长时间考察国内所有蓝莓种植产区与主要消费城市，对比不同产区的优劣势，了解市场，2017 年后，他自己主动出击跑销售。2018～2019 年蓝莓丰收季节，他还通过贷款配备冷链储藏、运输设备，以稳定的价格尽可能多地收购当地老百姓的蓝莓。在访谈中，他说：

> 现在我们小企业最大的瓶颈就是现金流不足。由于资金短缺，2019 年在临近蓝莓采收季节时买入的冷链运输车在采收结束后随即转卖出去，第二年需要用的时候又再买进。无论多艰难，我们都要和中间商抢货，要保住该有的市场份额，要稳住价格。

BZL 蓝莓基地拥有 500 余亩蓝莓，经过近十年的种植与管理摸索，现在属于麻江本地中小企业中比较有实力的企业，其主管者 XN 表示：

> 这样大规模的种植，我们种植者既要负责管理种植又要自己跑销售，非常困难，一是精力上不允许，二是投入成本太高无法支撑。

该基地以地方龙头企业的身份获得了中央财政的农业项目资金支持发展，建设了比较大的冻库，耗资 407 万元，中央财政 1∶1 补贴 204 万元。虽然冻库归企业使用，但基地每年高价向周边农户收购鲜果进行冷冻储藏，错峰销售，为当地种植农户提供了很大的销售帮助。

对于农户中的许多种植大户，几十亩的蓝莓园是家里经济主要来源，每到蓝莓采收销售季节，除家里的年轻人到周边人流量大的地方进行摆摊销售外，很大一部分是依靠地方中小企业收购鲜果，因为仅凭家庭无法配备冷链储藏和运输设施，只能依靠家庭成员分工协作多点摆摊销售及中小企业的帮助。有的村落设立了农业合作社，有的合作社也建了小型的冷藏与冷冻库，但由于利益纠葛以及离家远等而未被农户经常使用。如种植户 WGZ 即依托地方中小企业与家庭分工协作，摆摊销售加上小订单代销，家里 10 余亩蓝莓收益以及在蓝莓销售季节从事代销的外快成为家庭一年中最主要的经济收入，他家在当地农户中已属于稍富裕家庭。

总体而言，地方性资本的主体——中小企业与种植大户主要从事蓝莓种植，在种植之外自力更生地结合自身实际条件进行销售渠道与销售模式的探索。中小企业承担起与外来大资本抗争、保住市场份额、帮助种植农户销售的使命，也是某种意义上的中间商，但它们以尽量为种植户提供较高收益的方式进行收购，与种植户互通有无，相依发展。

结合以上三点介绍与讨论，可以看到，在麻江的蓝莓产业中，种植主体分为国有企业、民营企业与农户。从蓝莓产业发展的资本投入情况看不同的主体在产业内的分工情况，主要表现如下。地方政府依靠地方财政专用资金与国家专项补贴资金推动产业发展，在产业中处于宏观指导性、政策协调性地位，并整合区域内农业、文化、旅游资源，搭建三产融合发展平台，进行对外宣传、科学研究、创新开发等。外来企业是商业大资本的代表，主要从事蓝莓收购与贩卖，虽不种蓝莓但却从事蓝莓产业利润最高的行业，在地方蓝莓产业发展中必不可少。不过未能形成良性的商业环境，对当地种植户利益造成不良影响。地方中小企业与种植大户代表地方性资本，因为货币资本有限，只能依靠土地、劳动力、社会关系网络等资源要素发展蓝莓产业，主要从事蓝莓种植，兼营蓝莓销售，中小企业有意识地与外来大资本抗争，抢占市场份额，保护地方蓝莓产业稳态发展，在有限的能力条件下为地方种植大户提供销售帮助。中小企业与种植大户处在蓝莓产业的中低端位置，种植与销售的高投入成为发展的瓶颈，严重影响地方性主体力量的发展，需要在地方政府与国家的政策倾斜性扶持下增强地方性资本力量，实现区域内产业平衡发展。

第四节　管理与务工：劳动力流动性与社会互动

蓝莓种植是劳动力密集型产业，蓝莓植株小，果品皮薄、颗粒小，在剪枝、抹芽、采果阶段，由于损伤大，加之贵州山地地形，不适合机械操作。因麻江县有机种植的标准，蓝莓地不能使用除草剂，割草、施肥都需要人工进行。麻江地区温润潮湿，草木植被生长茂盛，标准化的种植管理每年要割四次草，各个环节都需要大量劳动力的投入。麻江引进蓝莓种植，最大的贡献在于为当地老百姓提供了家门口务工机会，增加经济收入。而蓝莓的忙季与当地粮食作物种植的忙季刚好错开，人们的劳作时间在传统农事与蓝莓作业之间安排得满满当当，不同社会群体在蓝莓的管理与务工中从事不同工作，产业化发展20年来，蓝莓已经对当地人一年中的农事生产时令进行了新的形塑，人们在新的农事生产时令中也因为蓝莓作业形成一些新的社会关联与互动。

一　蓝莓与传统农事交替之忙

蓝莓一年中的作业时令与当地传统农事生产时令刚好交替互补，遂蓝莓进入当地社会对种植者与务工者来说都是在农闲季节的额外劳动，这是蓝莓产业能在麻江一带很好发展与持续的重要基础。表4-2对当地传统农事生产与蓝莓作业时令进行总结对比。

表 4-2　翁保一带传统农事生产与蓝莓作业时令对照

时间	传统农事生产	蓝莓作业	备注
11月	腾地、撒秧青	剪枝	苗年
12月	农闲	剪枝	
1月	农闲	除草、施肥	
2月	农闲	除草、施肥	春节
3月	割秧青、烧灰、挑粪	授粉	
4月	打田育秧	抹芽	清明节
5月	种玉米、插秧	割草、除虫、采早熟果	端午节
6月	放田鱼、除草	采果、追肥	
7月	农闲	采果	蓝莓节
8月	收玉米	采晚熟果	七月半（吃新节）
9月	收稻谷	农闲	
10月	晒玉米、稻谷	农闲	

资料来源：根据田野调查资料整理。

从表4-2对比可知，11月至次年2月，传统农事生产中，大部分时间属于农闲季节，人们在10月收完庄稼，晒干归仓以后基本结束一年的农事生产，当地十多年以来基本不种植秋季作物，只有少量收尾的腾地与整理工作，之后进入传统农事生产的农闲季节；而蓝莓作业方面，进入收获结束后的休养阶段，需要进行剪枝、除草、施肥，这也是蓝莓培植管理环节最关键的投入阶段，对来年的收成具有决定性影响。剪枝、除草、施肥都是耗费时间的体力活，所以这段时间是蓝莓作业的第一个大忙季节。这期间有苗年与春节，是传统农时中的节庆与娱乐时期。

进入3月，春节过大年期间持续一个多月的"看会"、走亲访友接近尾声，传统农事生产中人们开始为新一年的播种做准备，割秧青、烧灰、挑粪等为土地增加肥力，早年人们轮流换工，尤其年轻人，在互换劳动中娱乐、加深感情，是在节庆时期疯狂玩乐后进入辛苦劳作的缓冲阶段。而蓝莓作业在完成前一阶段的大忙后，这一阶段等开花结果。标准化的管理需要人工帮助授粉，工作简单不需要太多人力，有的管理不够标准的基本忽略这个环节，任其自然授粉。

4月人们开始打田育秧，传统农事生产的忙季即将拉开帷幕，这一时期蓝莓树已经谢花挂果，长出很多嫩枝条，为让蓝莓果得到更好的光照与营养，需要将多余的嫩枝条剪掉，人们称抹芽，这项工作不算繁杂，不耗太多人力。蓝莓作业和传统农事生产都有事做，但都不算太忙，完全能兼顾。

从4月末直到整个5月是传统农事生产的播种季节，前半个月种玉米，后半个月插秧，下种时间不适宜会严重影响庄稼长势与收成，需要在最佳的时间段内下种，遂农活集中且繁重，是传统农事生产的第一个大忙季节。而这段时间蓝莓抹完芽，除了花一两天时间挂除虫诱杀剂，基本没什么事，到5月底有很少量的早熟品种成熟，不过那时田地里的农活也接近尾声了。

6~7月，田地里基本没多少农活，6月初人们会往田里放鱼苗，田里时常保持有合适的灌溉水即可，旱地里偶尔需要除草。而蓝莓的第二个大忙季节就在这两个月，采蓝莓、卖蓝莓、为蓝莓打广告、组织旅游观光活动等，感觉整个世界为蓝莓沸腾。大的蓝莓基地里每天有很多阿姨大清早就开始采蓝莓，喧闹异常；收购点一到中午人潮涌动，公路边的蓝莓摊一个接一个，人们都在为蓝莓奔走。外地人也纷纷涌入，有游客、中间商、考察团队等，好不热闹，人们围绕着蓝莓各有各的忙碌。

进入8月，蓝莓只剩少量晚熟品种，因蓝莓而起的热潮渐渐趋于平静，8月中旬采果结束，一个周期的劳作完成。而劳动的人们又开始进入新一轮的传统农业忙季，8月中下旬开始收玉米，9月初开始收稻谷，一直持续到10月，将稻谷与玉米翻晒装仓之后，传统农事生产进入新一年的劳动周期。

蓝莓与传统的水稻玉米种植见缝插针一样地将人们一年的时间填得满满当当，一年四季一轮大忙结束又来一轮，蓝莓种植地每年有110天处于劳动作业时间，主要分布于夏季6~7月与冬季12月至次年2月，尤其冬天的忙季是传统农事生产系统中的农闲、庆丰收季节，人们的婚丧嫁娶之事都会安排在这个时期，长期积累下来的习俗即使在今天也不会改变，于是在这个季节，人们忙着给蓝莓剪枝、除草、施肥，又忙着村中宴席的相帮，更是忙上加忙。

笔者田野期间生活的家庭里，WLY阿姨与LYH大叔每天六七点就起床外出忙这忙那，阿姨上班做保洁，大叔看店之外还要管理蓝莓和田地里的庄稼。他家的稻田基本被征收，仅剩一点旱地种玉米，2018年他从堂叔家租了两块水田种水稻。大叔说：

> 一年到头没有一天清闲，一样结束忙另一样。

他还是村里的大厨，进入 11 月后办酒席的特别多，都来请他去炒菜，没去帮厨就得抓紧时间去蓝莓地里打理。从第一次到他家，阿姨就说哪天有空拿她们的苗衣给笔者打扮，但直到田野结束阿姨也没有一天有哪怕是几个小时的空闲。

蓝莓的引入确实为当地一些群体带来经济收益，尤其许多中老年妇女更是通过到蓝莓基地务工获得经济报酬。但如访谈中很多阿姨说的：

> 现在日子好过多了，但都是赚点辛苦钱，一年忙到头。

作为蓝莓基地里的最底层劳动者，她们通过蓝莓种植得到了在家门口务工的很好的机会，能在农闲季节有点事做，赚取生活补贴，这在麻江脱贫攻坚战略中做出极大贡献。随着收入的增加，妇女们在家里的经济地位有所提高。

二 蓝莓忙闲季的群体流入与散出

从表 4-2 可知蓝莓全年的作业时令，忙季有两次，一次是 11 月至次年 2 月，这个阶段是培植管理的投入阶段；另一次是 5 月底至 8 月初的采果季节，这是蓝莓的产出收获阶段，其余为蓝莓的闲季。伴随着蓝莓忙季与闲季的过渡，不同社会群体形成规模性流动，不同群体的流入或散出，围绕蓝莓形成阶段性的特殊社会关联，这些关联经过多年的积累形成一些具有地方特色的社会关系网络，潜移默化地改变着人们的生活与思想观念。

1. 蓝莓忙季的群体流入

蓝莓忙季的两个阶段，都有一定规模群体流入现象。相比秋冬的培植管理季节，夏天采果忙季的流入群体更复杂，规模更大。采果忙季的流入群体主要有本地人与外地人两类群体。

本地人流入一是指当地年轻人回流，他们在蓝莓闲季到外面务工，忙季则回乡帮着父母销售蓝莓，这种情况一般发生在种植面积比较大的散户类家庭。蓝莓日常的培植与管理以及传统农事生产都由家里的父辈负责，年轻人只在蓝莓采果季节回乡帮着经营销售。一方面，蓝莓采果需要人手；另一方面，父母对蓝莓销售的一些新途径与方式无法掌握，如微信、淘宝等电商销售平台下单，快递邮寄等，都是中老年父辈无法胜任的。而这种依托电商平台与物流的虚拟市场销售是一些种植散户利用个人交友软件的流量维持的售货方式，这种方式及其销售量在他们的销售渠道与销售量中占有重要地位。

外乡镇的劳动力在这个季节通过亲戚朋友或劳务中介公司到蓝莓种植集中区务工也是本地人流入的一种形式。麻江蓝莓种植区主要集中在东南部的宣威、龙山一带。每到蓝莓采果季节，劳动力奇缺，那些蓝莓种植较少的乡镇或村落的部分中老年妇女通过亲戚朋友或劳务中介公司，到宣威、龙山一带的蓝莓基地务工，每天在管工的安排下采摘蓝莓，吃住在基地里的临时宿舍。这些流入人员多来自西北部谷硐、坝芒、景阳等乡镇以及丹寨县、都匀市的邻近乡镇，还有宣威镇、龙山镇中少数不适合种植蓝莓的村落。表4-3以单亩丰产期蓝莓为例计算一年需要的种植管理工时与其中各劳务项目的单位薪资，由此可推算蓝莓种植每年需要的劳动工时。

表 4-3　单亩丰产期蓝莓种植管理年均劳务用工状况

单位：个，元

劳务项目	工时	单位薪资	合计薪资
除草	每次 0.75×4 次	80	240
剪枝	1.5	100	150
施肥	2	80	160
防虫	每次 0.125×4 次	80	40
抹芽	1.5	80	120
采果	每次 2×7 次	100	1400
合计	22.5		2110

注：首先，以单亩用工为计算基础方便统计；其次，丰产期蓝莓指种植6年以上的蓝莓，进入植株的成熟期，其采果、剪枝、施肥等阶段每年用工量稳定；再次，1个工时指当地个体平均劳动力水平下1个劳动力1天的工作量；最后，以标准种植管理要求，以一年为周期计算工时，其结果只作为标准管理要求下的年工时需要参考，非标准管理方式下很多环节减省甚至忽略的不在参考范围。

资料来源：根据对 WQ、LXB、WGZ 等多位蓝莓种植管理专家的访谈资料整理。

蓝莓种植地每年有 110 天处于劳动作业时间，按照表 4-3 统计，1 亩丰产期蓝莓每年各个阶段的培植管理共需 22.5 个工时，劳动力成本投入为 2110 元，仅采果环节，一亩蓝莓就需要 14 个工时。2019 年全县 6.23 万亩蓝莓共需要 140 余万个工时，采果季需要 87.22 万个工时，以每个工时平均单位薪资 90 元计算，全年所有种植管理阶段产生 1.26 亿元劳务支出。当然，其中有很大一部分是家庭种植的散户，不需要用现金支付劳务报酬。不少非标准管理的散户也未能达到 22.5 个工时的用工量，但在蓝莓采下之后还有大量果品分选、包装、运输等产生的劳务支出不在以上统计范围内，两者大概持平，该统计结果对当地蓝莓产业带动的劳动就业也基本具有接近实际的参考意义。从需要的劳动力情况看，蓝莓冬天与夏天的两个忙季引起的临时工群体流动现象相当壮观。

每年每个基地采果工人来自哪些村落已基本稳定，一是因为管工与务工人员之间相互熟悉，二是因为务工人员内部形成一个相对稳定的组织，在熟悉的基地占有一定的主导权。组织内部会有类似于联络员或组长一样的角色，每年采果季节到来之际一方面与基地联系，另一方面组织务工同伴，占领熟悉的基地。而基地老板与管工也因此省去许多麻烦，相互间慢慢产生一种领地意识。如原 SH 蓝莓公司（现被农文旅公司收购，但管理人员与管理方式未变）的务工人员基本是"绕家"（瑶族）、"东家"（畲族）分布的几个村寨，管工 LCH 讲述：

  从我管这片基地以来，近十年都是这些人来采果，因为都熟悉，而且她们"绕家""东家"干活更吃苦卖力，每年一到时间她们就联系过来了。

龙奔蓝莓基地的劳工基本是蒲席塘的人，WJ 蓝莓基地的劳工主要是光明村的未种植户，而 DS 蓝莓基地的劳工则多是乌村与九层岩村的，每个大的蓝莓基地都有对应的村寨为其提供劳动力。

在蓝莓基地管理与务工中，长时间的实践形成一些具有族群性特征的劳务集体，并且都来源于熟人社会中。这种稳定的小集体建立在地缘与血缘的社会关系网络基础上，同时又巩固相应的关系群体，还形成新的社会关联与互动。有的人同时与几个群体有关联，在不同群体之间偶尔进行消息交流，也会阶段性跨越到其他基地务工，充分发挥社会关系网络的信息传递作用。

外地流入人员主要指外县市、外省的中间商。省外的以来自广东、广西、浙江、福建、湖南、云南等省区的居多。这些中间商多是大资本的代表，大量采购鲜果和冻果，在采购过程中，与当地销售者形成复杂的利益关系，积极方面是能将种植户无力售卖的低品质果品收购，让种植户不至于出现烂果、弃果、分文无收的局面；消极方面是采购商凭借雄厚资本囤货，压低收购价格，地方性资本力量无法与之抗衡，当地种植户没有定价权与议价权，只能任其压价。省内的中间商主要来自贵阳、安顺、遵义等城市，这些人采购量不大，每单几百斤，主要将鲜果运到附近城市进行零售。这些采购商对当地蓝莓市场的影响不大，有助于蓝莓销售市场的打开。

当地人在与商人的多次生意互动中，建立一种新的社会关联与互动，这种关联因为处于不同圈子、不同领域的主体之间，形成一种弱关系，在蓝莓销售与社会生活的某些方面给当地人带来有力帮助。

在采果季，各种采风、写生的文化与社会研究者，考察交流的政府工作人员团队，拍摄者等也比较常见，尤其在乌村以及政府打造的蓝梦谷蓝莓生态产业园更是频繁。在乌村，从5月到7月，基本每周都会有政府主导或民间蓝莓发展协会主导的考察观光团到来，还会有一些广告、纪录片的拍摄团队。当地人虽与这些群体没有太多交集，但却因他们的进入知道许多新的资讯，开阔眼界，了解更多新事物。

2. 蓝莓闲季的群体散出

蓝莓采果结束后则进入蓝莓闲季，村里的年轻人纷纷回到自己务工的城市继续另一种生活；中间商也随着收购的蓝莓运走而陆续撤出；旅游观光的、考察研究的团队也不会那么频繁地进入村寨与蓝莓园区。当地社会犹如日渐萧条的蓝莓树一样慢慢归于平静。进入深秋时节随着培植管理忙季的到来，再引起一波群体流入热潮，但这个阶段只有在蓝莓基地务工的中老年妇女群体的参与，整个社会与外界的联系犹如在喧嚣之后暂缓休整，储备能量迎接下一季采果时节的再次狂欢。而当地人也开始放缓节奏，办起属于自己的事，如娶妻嫁女、立房建屋的喜宴，进入内部人之间的欢聚与庆祝中。

随着蓝莓忙季与闲季状态的变化，当地人的生产生活呈现不同情景，在此过程中人们接触的对象、参与的社会互动及建立的社会关联也因蓝莓而形成一种外向型与内向型来回切换的状态。夏季蓝莓成熟的季节属于与外人互动的外向型社会关联，建立广泛的弱关系；而进入冬天，蓝莓市场的紧缩与降温，使人们回到属于内部人之间的社会互动与关联，维续与巩固传统社会中的强关系。而这种外向型的弱关系与内向型的强关系的互动与关联对象有相对明显的界限，但又在某种特殊条件下有所勾连。

三 劳务小集体形成与新媒介应用

由于企业与大户的蓝莓基地需要诸多临时工干活，用工又具有阶段性和分散性，没办法形成固定的聘用制或员工制，于是在当地形成一些与基地相互依赖的劳务小集体，主要是以村寨或基地为单位，按行业或工种组成的具有相对稳定性与变动性的组织，通过微信群的方式保持联络。在乌村，人们总会加入有村寨成员的大大小小许多微信群，其中一些小群就是人们在某个蓝莓基地干活的打工群。在村中，虽然很多中老年妇女不识字，但微信的语音功能为她们融入小集体、掌握做工信息提供很大方便，大家每天一有空闲就拿出手机刷微信，听群里的语音，有做工信息基本会在群里发布，极个别没有智能手机的老人，组织者会打电话联络。而微信群除了起到分享做工信息的作用，还有较好的娱乐功能，人们时常在群里唱苗歌、交流做工的趣事、开玩笑等。

针对蓝莓种植的需求，有的村组建了特定行业的劳务小集体，如在翁保村下辖的茅草塘自然村，有个割草队，专门承接各蓝莓基地的割草业务，按80元/亩的价格承包，组织者谈下业务后就在村里的割草队微信群通知同伴。茅草塘的割草队由村民自发组成，队员们基本是中年男性，自备小型的割草机，加入小集体以后，联络员如有业务通知，能去的就报名参加，自行前往。劳务小集体的建立，为村落里许多愿打零工者提供机会和信息来源。

在每个微信群里一般有专门的组织者，负责内联各成员、外联管工或基地老板，联系业务，传达做工信息。如乌村被访者YDM，女，48岁，有两个儿子，大儿子夫妻在湖南怀化做泥水工，有一儿一女；小儿子夫妻在浙江打工，有一子。老伴也在浙江打工，三个孙子女留在家由她照看。大孙女上小学，另两个上幼儿园，在每天送完孩子上学后，她的时间是自由的，于是她常到附近的基地打零工。村里打零工的中老年妇女建有"乌村打工群"，里面有20余人，全是女性，多数在45岁以上。因为YDM常去做零工，性格也开朗，老板需要人工时会在前一天晚上联系她，由她在打工群里招呼想去的人，如果群里没人回话，她就根据老板需要的人数，打电话给最有可能去、关系也比较熟悉的几个人。2019年4月30日傍晚六点多，笔者正与她访谈时，有个王老板打电话，说要8个人到龙山镇那边做工，要求自己带上喷雾器和割草工具，YDM与老板讨价还价，说背喷雾器需要给每人每天加20元，因为大家要上山下山地背水，劳动量更大，经过交涉老板同意了，并约定第二天早上开车到陈家寨接她们。挂断电话后，她走进屋里告诉回来过五一节的儿媳妇，叮嘱她带娃。随后立即拨打村中另一个人的号码，让她联系4个人，自己这边再联系3个，接着用苗语在微信上聊着，隔一会告诉笔者说她已经联系好了。她算了算全年平均下来每星期能做3~4天零工，每天100元的收入，一个月有约1500元收入。大孙女每周上学的花销都是她出，说这点零工钱完全够她们几奶孙的日常花费。当笔者问到作为中间的联络人，有没有额外的报酬时，她笑了笑说：

　　大家一起去干活，都是亲戚邻居，约着去才有乐趣。

　　劳务小集体的组建是人们在新的劳作生产中内部凝聚力的体现，其组织的形成是一种共享机制，在实践的过程中，一些比较有交往与协调能力的人慢慢浮现出来。但是人们心中的利益分割是与外部人之间的明确算法，而在村内部的关系中，人们更多的是与邻里亲戚分享外部提供的获利机会。微信作为一种新兴便捷的联系方式，其语音功能使阿姨们的内部关系更加便捷和密切，给人们提供多元娱乐方式的同时也让部分人的能力与价值有了表现的平台，让村内部同伴之间的关系有了新的组合方式，也加强了人们与外界的联系。

　　蓝莓的管理与培植和传统农作物的生产时令交叉互补，蓝莓引入后其生产作业成为人们传统生产时令中休息娱乐阶段的额外付出，当地社会能够提供足够的劳动力，这是蓝莓进入麻江能获得持续发展的主要原因之一。就务工者经济状况而言，蓝莓的引进为他们提供了在家门口打工赚取生活补贴的机会，绝对经济收入有很大提高，尤其许多中老年妇女能从中找到生活的乐趣与价值，但从另一个方面来说，这一切是一年四季每天都非常忙碌换来的。

图 4-1 蓝莓作业

说明：左上为剪枝施肥，右上为采果，左下为称果，右下为选果。

本章对产业流动性的特征进行剖析，呈现村落社会围绕蓝莓种植、销售、分工、管理与务工等建立的新型社会互动，这是新的社会关系形成的基础。产业流动性具有以下几个特征。土地流动性，表现在土地权属通过征收、出租与入股的方式在村内与村外、民间与政府、个人（家庭）与集体（组织）之间进行流动，体现政府、企业、种植大户、种植散户、非种植户在蓝莓产业中因土地利用产生的关联与互动。产品流动性，蓝莓作为以销售为目的的农产品，其不同种植主体依据自身资源与网络，采取不同的销售方式。当地人以种植大户与散户为主,在销售过程中与政府、外来企业和商人形成复杂的互动方式,村寨内部逐渐形成新的合作机制。资本流动性,主要表现为政策性资本下沉、商业性资本介入、地方性资本抗争。资本的力量导致不同主体处于蓝莓产业链上的不同环节,获取利益不同,形成"资本入村,利益外流"的现象。当地人处于产业链的低端环节,成为廉价劳动力与廉价土地的提供者。劳动力流动性,围绕蓝莓忙季与闲季出现群体流入与散出的现象,有地方社会劳动力的流动,也有外来者的流动,人们在务工与蓝莓经营管理中形成新的互动。社会互动是建立社会关系的基础,随着与外界互动的增加,当地人与外界建立了多元的社会关联,形成广阔的"弱关系"网络,促进人们对资源的掌握与自身发展。在此过程中,随着重要资源掌握者的变更产生新的权力主体,其在社会互动与社会关系中具有主导地位。

但当地传统社会关系与互动机制并没有因为蓝莓的进入而全盘瓦解,也并不因为传统社会关系与互动机制让蓝莓这种外来物种隔离在生活之外,人们有外向发散的一面,也有内聚巩固的一面,兼容并蓄地对待外来关系与物种,形成社会关系上的多维勾连格局和文化上的传统与现代融合现象,在社会关系与文化方面产生一系列变迁。

第五章　土地利用变化与社会关系变迁

中国几千年的农业生产生活形成了一整套人与自然、人与土地相互影响与制约的共处机制。时令、劳作的实践与宗教信仰、风俗习惯、节日庆典等认知与文化体系相互形塑。人们基于传统的土地利用方式形成了地缘、血缘、亲缘社会关系网络。随着土地利用方式的改变，人们生产生活也发生质的变化，社会互动更加多元化，社会关联更为丰富。经过一定时期的沉淀与积累，新的社会关系网络由此产生。

蓝莓作为一种商品化的农产品，同时作为人工培植的"舶来品"，在麻江地区引种成功，并在政府的大力推动下迅速朝产业化方向发展，迄今已成为该县支柱产业，亦使得当地生产生活及社会文化和人们的互动关系发生极大变化。本章主要探讨蓝莓种植引发的当地社会关系的变迁以及文化的传承与创新，这是社会发展的软实力与软权力形成的基底，对实施乡村振兴战略至关重要，而平和的社会关系与丰富、多元、充满活力的文化是一个社会可持续发展的重要基础。

第一节　村落外部："吾乡吾土"与"他者"

人类学家通过深入实地进行细致的田野工作，试图从当地人的视角探寻、认识与感知社会现象背后蕴藏的各种关系与力量，由此剖析社会变迁的动力以及某些社会问题或矛盾产生的原因，预测其变化的趋势，寻求来自当地人的解答，为问题或矛盾解决提供参考建议。

从历史长期看，任何一个村寨在过去与当下都不是封闭的，与外界的互动随时发生，内部与外部的群体边界在互动中得到凸显。随着科学与信息技术日渐发达，传统意义上偏远的少数民族村寨越来越快速而深入地与外界互动，群体的边界在此过程中有时会被模糊，有时会更加强化，关键在于互动中是否涉及人们视为与利益或重要文化、信仰等村落领域相关的事项。

在乌村，随着蓝莓种植与乡村旅游的开发，土地利用方式的改变是人们与外界互动的大舞台，形成我群与他群内部及相互间新的社会关系网络。"吾乡吾土"某种意义上变成"他乡他土"，我群与他群、故乡与他乡之间的思辨与置换，隐藏各种利益、力量与权力的交织和博弈，形成不同场域，不同的组织与个体在其中相互影响和制约。

一　政府、企业、市场与村落

20 世纪末 21 世纪初，在一切以经济建设为中心的导向下，国家政策鼓励工业发展带动农业发展，推动农业转型，土地政策改革方向为农业发展需求与土地利用转变实践相结合。

（一）21 世纪以来中国土地制度的变革

自 1986 年《中华人民共和国土地管理法》（以下简称《土地管理法》）通过以来，是我国土地法律法规形成的重要时期，也是新时代的土地制度变革时期，尤其是进入 21 世纪，全国各地基础建设与第二、第三产业的发展，因大量占用土地形成一定的社会问题，土地制度法规改革与完善迫在眉睫。

2004 年，十届全国人大二次会议通过了《宪法修正案》，提出将土地征用与征收区别开来，无论征用与征收都应进行补偿的修正。同年 8 月，《土地管理法》进行第二次修正，强调"国家为了公共利益的需要，可以依法对土地进行征收或者征用并给予补偿"。[1] 2006 年，十届全国人大四次会议通过的《国民经济和社会发展第十一个五年规划纲要》中提出，18 亿亩耕地是一个具有法律效力的约束性指标，是不可逾越的一道红线。[2] 该文件是基于耕地占用、耕地破坏现实问题而出台的国家政策，目的是进一步强调保护耕地的重要性。2005 年，第十届全国人大常委会第十九次会议决定全面取消农业税，这是中国农业几千年以来的巨大变革，具有划时代的意义。一方面使得农村农业生产负担大大减轻，另一方面也释放大量劳动力，促

---

[1] 刘正山：《当代中国土地制度史》（下），东北财经大学出版社，2015，第 66 页。
[2] 刘正山：《当代中国土地制度史》（下），东北财经大学出版社，2015，第 107 页。

进农村农业结构改革。

2001年,中国加入世界贸易组织,经济市场化进程加快发展,外资进入国内进行投资力度加大,对土地需求量提高。国土资源部于2002年5月发布第11号令《招标拍卖挂牌出让国有土地使用权规定》,明确"商业、旅游、娱乐和商品住宅等各类经营性用地,必须以招标、拍卖或者挂牌方式出让"。而审批权由地方政府掌握,这成为地方政府利用土地获取巨额财政收入,形成"土地谋发展"模式的制度基础。① 地方政府成为"土地出让"的最终受益者,获得大量资金进行城镇化发展与基础设施改善。②

2007~2014年,是中国土地制度在新的社会经济局势与全球化体系下的开创式变革时期,开始标志是2007年颁布并于同年10月1日实施的《中华人民共和国物权法》(以下简称《物权法》),开启我国土地权利体系的根本性变化。③ 在此前,土地法律规定中的土地"两权分立"制度无法适应市场经济与第二、第三产业高度发展的形式,如对土地的集体所有权存在区别对待、主体界定不明确、农村干部和农民对土地所有权缺乏认同感、土地承包经营权权能残缺、法律对承包经营权缺乏足够的保护、土地登记艰难等问题,影响着农村、农业与农民的发展。④ 在《物权法》的框架下,我国土地权利总体上分为土地所有权、土地用益物权和土地担保物权。其中,土地所有权包括国家所有权和集体所有权,土地用益物权包括土地承包经营权、建设用地使用权、宅基地使用权、地役权,土地担保物权主要是土地抵押权。土地权利从以前的"两权分立"发展到将近20种,是我国土地制度改革的重大创新。⑤ 其中,对农村土地经营产生较大影响的是对土地承包经营权流转的规定,《物权法》指出:土地承包经营权人依照规定,有权将土地承包经营权采取转包、互换、转让等方式流转。未经依法批准,不得将承包土地用于非农建设。通过招标、拍卖、公开协商等方式承包荒地等农村土地,依照规定,其土地承包经营权可以转让、入股、抵押或者以

---

① 刘守英:《土地制度与中国发展》,中国人民大学出版社,2018,第3~14页。
② 李宽:《土地批租与中国的快速城镇化》,《文化纵横》2019年第1期,第54~62、142页。
③ 《中华人民共和国主席令(第六十二号)》,中华人民共和国中央人民政府官网,2007年3月19日,http://www.gov.cn/flfg/2007-03/19/content_554452.htm,最后访问日期:2019年10月30日。
④ 刘正山:《当代中国土地制度史》(下),东北财经大学出版社,2015,第185~190页。
⑤ 刘正山:《当代中国土地制度史》(下),东北财经大学出版社,2015,第197页。

其他方式流转。2007年,党的十七大报告中提出:"按照依法自愿有偿原则,健全土地承包经营权流转市场,有条件的地方可以发展多种形式的适度规模经营。"

2014年1月,中共中央、国务院印发了《关于全面深化农村改革加快推进农业现代化的若干意见》(2014年中央一号文件),提出:"在符合规划和用途管制的前提下,允许农村集体经营性建设用地出让、租赁、入股,实行与国有土地同等入市、同权同价,加快建立农村集体经营性建设用地产权流转和增值收益分配制度。"2014年11月,中共中央办公厅、国务院办公厅印发《关于引导农村土地经营权有序流转发展农业适度规模经营的意见》,要求在坚持农村土地集体所有的前提下,促使承包权和经营权分离,形成所有权、承包权、经营权"三权分置",经营权有序流转的格局。对土地流转经营中对农民权益、土地用途、农业综合生产能力和农业生态环境加强保护做出明确要求。

2016年10月,中共中央办公厅、国务院办公厅印发了《关于完善农村土地所有权承包权经营权分置办法的意见》,提出要完善"三权分置",不断探索农村土地集体所有制的有效实现形式,落实集体所有权,稳定农户承包权,放活土地经营权。强调"经营主体有权使用流转土地自主从事农业生产经营并获得相应收益,经承包农户同意,可依法依规改良土壤、提升地力,建设农业生产、附属、配套设施,并依照流转合同约定获得合理补偿;有权在流转合同到期后按照同等条件优先续租承包土地"。指出要"扎实做好农村土地确权登记颁证工作","健全土地流转规范管理制度","构建新型经营主体政策扶持体系","完善'三权分置'法律法规"。[1]

2018年第二次修正的《中华人民共和国农村土地承包法》规定:"国家保护承包方依法、自愿、有偿流转土地经营权,保护土地经营权人的合法权益,任何组织和个人不得侵犯。"正式将农地"三权分置"法制化,从制度层面正式确立了农地集体所有权、承包权和经营权"三权分置"制度,为农村土地制度改革提供了有效的稳固的法制保障。

---

[1] 《中共中央办公厅 国务院办公厅印发〈关于完善农村土地所有权承包权经营权分置办法的意见〉》,中华人民共和国中央人民政府官网,2016年10月30日,http://www.gov.cn/xinwen/2016-10/30/content_5126200.htm,最后访问日期:2019年12月9日。

2019年8月26日,第十三届全国人大常委会第十二次会议审议通过了关于修改《土地管理法》的决定,新修正的《土地管理法》自2020年1月1日起施行。根据决定,将"基本农田"提升为"永久基本农田",将"三块地"(农村土地征收、集体经营性建设用地入市、宅基地管理制度)改革提到法律高度,并在多个方面有所突破,如改革土地征收制度、合理划分中央和地方土地审批权限、土地督察制度正式入法等,对于土地管理有了更明确清晰的法律层面的规定。①

2019年11月,中共中央、国务院发表《关于保持土地承包关系稳定并长久不变的意见》,强调党的十九大报告提出的保持土地承包关系稳定并长久不变,明确第二轮土地承包到期后再延长30年,充分保障农民土地承包权益。同时提出要进一步完善农村土地承包经营制度,推进实施乡村振兴战略,保持农村土地(承包耕地)承包关系稳定并长久不变。指出:"农民家庭是土地承包经营的法定主体,农村集体土地由集体经济组织内农民家庭承包,家庭成员依法平等享有承包土地的各项权益。农户承包地要保持稳定,发包方及其他经济组织和个人不得违法调整。鼓励承包农户增加投入,保护和提升地力。各地可在农民自愿前提下结合农田基本建设,组织开展互换并地,发展连片种植。支持新型农业经营主体通过流转农户承包地进行农田整理,提升农业综合生产能力。"② 这犹如一颗强力"定心丸",为经营者对土地前期投入建设成本需要较长的收益回报期的土地经营流转实践提供政策保障,也保护了承包主体的权益。

土地制度的变革一方面体现社会发展需求,是在实践先行基础上进行的研究与推广,另一方面也体现国家宏观政策对社会发展方向的引导。它进一步促进了农业生产变革,在市场经济与全球化体系下,农业产业化适度规模发展成为中国农业提高国际竞争力的必然趋势,经济转型背后的地方社会关系与社会结构的变化也变得不可阻挡。

---

① 《新土地管理法将于明年实施》,中华人民共和国中央人民政府官网,2019年8月28日,http://www.gov.cn/xinwen/2019-08/28/content_5425193.htm,最后访问日期:2019年12月9日。

② 《中共中央国务院关于保持土地承包关系稳定并长久不变的意见》,中华人民共和国中央人民政府官网,2019年11月26日,http://www.gov.cn/zhengce/2019-11/26/content_5455882.htm,最后访问日期:2019年12月9日。

（二）国家、地方、企业与村落在土地利用中的关系

随着市场经济发展，土地更多发挥资源要素的作用，一些地方政府将土地作为区域经济发展的杠杆，加之国家鼓励农业产业化发展政策，在政绩考核体制下，地方政府充分利用土地管理权力。首先利用出让土地换取收益获得直接的财政收入，其次刺激地方经济使之活跃。企业在市场作用下介入土地经济的利益链中，大量资本涌进村落。而村落在征地补偿与项目建设中获利，新的社会分化随之产生。如图5-1所示，地方政府、企业、村落在国家土地政策法规与市场作用下存在多元的张力，这些张力相互影响、相互渗透。

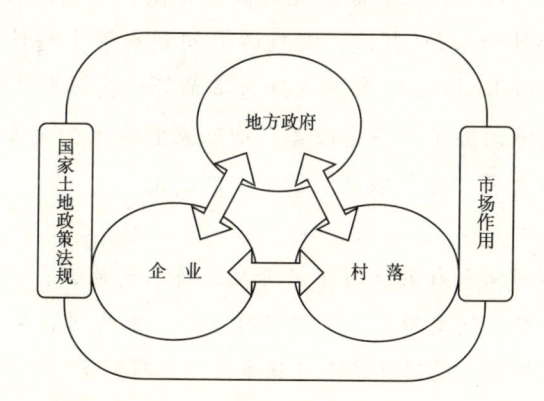

图5-1 土地利用方式变化过程中地方政府、企业、市场与村落关系

乌村土地利用方式变迁是政府、企业、村落与市场多重力量博弈的结果。在国家土地政策法规的大环境下，地方政府、企业、村落之间的力量在市场调控作用下在一定时空中进行角逐与博弈，这在乌村乡村旅游开发与当地蓝莓种植两项产业的土地利用变化中都充分表现出来。

在乌村乡村旅游开发建设过程中，地方政府征收大量土地之后，向社会进行招标由商业企业营建。在此过程中，地方政府是土地直接提供者，村落的农户是间接提供者，企业通过市场机制取得建设资格，建成以后投放市场进行经营，在买与卖中获得收益。

在蓝莓种植方面，2017年麻江县农文旅成立后，组建蓝之灵公司，专营蓝莓种植销售、深加工、研发等。公司成立后，需要建立自己的蓝莓基

地，于是采取收购、入股种植等方式扩大公司占有的蓝莓基地面积。随着当地种植规模大幅度扩大，蓝莓越来越多地进入市场以后，销售价格下降，外省的企业老板已很难从早期投资建设的蓝莓基地中获得丰厚利润，于是纷纷撤资转行，将基地转卖给蓝之灵公司。在某种程度上，外来企业的投资种植过程充分体现资本产生利润的本质，当资本不能产生利润时，即使没有政府的收购，企业也会有其他渠道进行回笼与撤资，转而将其投入蓝莓加工与经销的行业，这是市场调节作用下企业的抉择。

而当地村落成为外来资本操作的平台，村民经历先喜后忧的心路历程。大量现金以征地赔偿的方式流进各个家庭，土地成片流出，村民失去土地所有权与经营权，成为产业工人，生活的家园成为景点。在初期，人们对此变化兴高采烈。首先，很多家庭获得高额补偿，短期内改变家庭经济状况及在村落中的社会地位。其次，大量游客的到来催生餐饮与住宿业的兴盛，蓝莓销售量也得到提升，很多人通过辛勤劳动获得丰厚的收入。最后，中老年妇女到蓝莓园务工有一定收益，增加家庭收入，大家眼瞅着日子越来越好。2015年经营"垂钓农家"的LJC回忆说：

> 那时候一家人每天忙得不可开交，特别是周末，来吃饭的人要提前三四天订餐，还要排队，生意好时一个周末纯利润有3000多元。村里停车场不够用，马路两边都停满车，一直排到寨门，简直有点疯狂。

可惜好景不长，旅游旺盛持续不到两年，开始变得萧条，最后只在周末有零星游客到访，且很少在村里吃住，食宿店纷纷关闭。很多家庭在取得高额赔偿金后选择建新房、买小轿车等，赔偿金很快花费殆尽。旅游衰败后年轻人只得外出务工，房子空置，轿车被闲放在家门口。老人们在家管理蓝莓、打零工等。

总体而言，村落成为政府权力与社会资本博弈的场域，村民主体性丧失，土地外流导致很多人生活出现困境。随着征地、旅游、蓝莓产业发展相继展开，村内分化愈加深化，彼此间信任与抱团观念淡薄，大多数人对村落整体的关注度降低，外来权力与资本进入村落，带来昙花一现的兴盛后，最终的"病症"却落在村落和当地人身上。

偏远地区农村虽然已经融入更广阔的市场，但在资本的运作过程中，更多的是充当资本生利的平台,"利"的产生主要来自地方社会廉价土地及廉价劳动力与市场价值之间的级差,当这种级差消失,不能为资本提供生利的契机时,资本则遁出当地社会而寻找新的平台。总体上说,村落在更广大的市场化体系中仍处于低端市场的位置。

二 政府工作人员、企业经营者、游客与当地人

21世纪初,国家为鼓励农业技术发展,出台了相关文件促进党政机关与事业单位积极参与到农业技术推广中。2006年印发的《国务院关于深化改革加强基层农业技术推广体系建设的意见》(国发〔2006〕30号)(以下简称《意见》),倡导县、乡政府工作人员带薪到基层进行技术推广与推动农业产业发展。在农业技术推广机构设置方面,文件指出:"选择在乡镇范围内进行整合的基础上综合设置、由县级向乡镇派出或跨乡镇设置区域站等设置方式,也可以由县级农业技术推广机构向乡镇派出农业技术人员。"推广内容包括产前信息服务、技术培训、农资供应,产中技术指导,产后加工、营销服务。另外,还涉及编制核定、完善考核等规定。[1]

在国家政策指导框架下,各地方形成与地区特点相结合的操作方案。此背景下,是时麻江处于蓝莓产业发展初期,由于蓝莓在当地社会的陌生性,人们对其接触与了解甚少,农户种植意愿不强,即使有推广员调派到基层,也面临无人种植、无对象可培训推广的尴尬局面。为打破这一僵局,麻江地方政府在中央文件的号召下,发动各部门有意向、有条件的工作人员作为技术推广员,带薪特派到基层推动蓝莓种植。而推动种植、技术传播都需要有阵地、平台与试验场所。在县里推进产业发展的情况下,教育和科技局出台文件鼓励科技特派员创办企业,于是推广措施最后演变成技术推广员到农村租地种蓝莓,再通过聘用周围的老百姓到蓝莓园进行劳作并对其进行岗前培训的形式达到技术推广的目的。虽然2006年的《意见》明确了要"根据职能和任务,合理确定基层公益性农业技术推广机构的人员编制,保证公益性职能的履行",但同时倡导放活经营性服务,提出"积

---

[1] 《国务院关于深化改革加强基层农业技术推广体系建设的意见》,中华人民共和国中央人民政府官网,2008年3月28日,http://www.gov.cn/zhengce/content/2008-03/28/content_2981.htm,最后访问日期:2019年12月10日。

极稳妥地将国家基层农业技术推广机构中承担的农资供应、动物疾病诊疗以及产后加工、营销等服务分离出来，按市场化方式运作。鼓励其他经济实体依法进入农业技术服务行业和领域，采取独资、合资、合作、项目融资等方式，参与基层经营性推广服务实体的基础设施投资、建设和运营。积极探索公益性农业技术服务的多种实现形式，对各类经营性农业技术推广服务实体参与公益性推广，可以采取政府订购服务的方式"。尽管其中对公益性与经营性、市场性与行政性做了明确区分，但潜藏的鼓励多元化基调也没有给出明确的界限与具体操作方式，给地方实施过程留下很大的发挥空间。

政府工作人员作为政府技术推广员其职责是在一线基层推广蓝莓种植技术，而作为地方种植蓝莓的老板，他们与当地老百姓的交集以租地和雇工两种形式展开，但这两种形式的关系涉及的当地人与政策中真正需要蓝莓技术培训推广的群体一般情况下又不会重合。通常情况下将土地出租的家庭基本上不种植蓝莓，与政府技术推广员不会产生技术业务上的联系。务工群体是实际的技术推广对象，但一是他们与技术推广员的关系中有管工这一中间代理，二是务工群体一般是其家庭不种植蓝莓，故才有时间到蓝莓基地务工。所以政府工作人员的技术推广员身份相对其推广对象与农村土地所有者（将土地出租者）是不重合的，而推广技术的对象与真正需要技术培训的对象（民间蓝莓种植者）也不重合。民间蓝莓种植者的技术获得主要是通过同行间的相互交流与县里偶尔的集中培训。

2019年，中央巡视组到地方巡查时指出，政府工作人员到基层办实业不符合现行政策规定，而地方基层表达这是在前期国家政策引导下，结合现实困境采取的办法。吊诡的是，2006年的《意见》，根据《国务院关于宣布失效一批国务院文件的决定》（国发〔2015〕68号），已宣布无效。文件宣布失效了，但是当时"按照"文件执行的人员、项目还在，人们又开始进行新一轮的执行国家政策的调适，一批技术推广员正面临蓝莓基地管理与公职工作如何兼顾的问题。在笔者访谈某蓝莓基地的XN老板时，他说自己现在申请的技术推广特派基层期限已经结束，按照现在的政策要求不能再继续申请，单位要求他回去上班，但500亩的蓝莓基地从种植到储存包装与市场销售，一直是他管理，回去上班蓝莓基地的活就没办法兼顾，他苦恼于如何解决这个问题。

初到田野期间，常听村人介绍某些蓝莓基地时以建立者所在单位或来源地指称，如"那片是农业局的""那是移动公司的""这是果品办的""黄平的""凯里的"等，这些基地的负责人被人们称为老板。因为这些老板多数是麻江县附近人，有的与村民本就认识，经过租地、务工建立关联时，互动会扩展到生活领域。蓝莓基地紧邻乌村，村里人常到这些蓝莓基地务工，与这些老板相处时，认为他们"很和气"。

这些老板与当地人的关系复杂而微妙，关系的建立因蓝莓而起，围绕蓝莓而展开，可称为蓝莓物缘关系。在租地层面，蓝莓种植之前，许多林地或荒地对村民来说是木材和柴薪的来源，未作为直接经济来源。老板租地带来租金，一时间人们为这项经济来源感到欣慰。但由于当时的物价以及老百姓对蓝莓种植利益不了解，在得知行情后，有的家庭想种蓝莓但已没有可以利用的土地，有想涨租金的也由于协议的规约而不具有充分的理由。于是人们看着自己的土地为别人生财而无可奈何，只能眼盼着租期结束，对老板具有一种从充满谢意到不满的心态变化。虽然交易双方签订协议后都需要具有契约精神，但这种在信息不对称情况下进行的交易对于村民来说是一种不公正交易，而且这种交易未考虑与市场经济发展相适应的动态机制。

在务工层面，本地的老板相对外地老板而言，由于了解地方习俗，故在日常劳作管理中更加人性化，人们觉得本地老板好沟通，更愿意到本地老板的蓝莓园务工。在销售层面，如前文所述，很多老板收购散户积压的蓝莓，外地老板常有拖延结账、除水分、押筐子等对散户不利的行为，有时还压价，而这些问题在本地老板的收购点很少出现。故只要在这些收购点还接受收货的情况下，人们都优先送到本地老板的收购点。

这些微妙的区别体现了因蓝莓形成的物缘关系中，村落主体与外来投资者之间的不同关系。与本地老板的关系明显较为密切，而外地老板在人们的了解与认知范围内属于次选。

论及游客与当地人关系，因乌村一带旅游兴起较晚，且景点影响力不大，到访的游客量不多，来源地以周边县市为主，游客与当地人之间文化差异小，属于观光型，能住下来与当地人有较深接触的比较少，两者关系中极少因文化差异、容量超载等产生冲突与矛盾。不过这些游客因对当地时令与物产较了解，常季节性地深入山野之中进行采摘，这对当地人来说造成一定的"干扰"。首先，游客随意穿梭于当地人的生活环境与田野，对他们的日常生活与庄稼、蓝莓造成一定的影响；其次，对当地人形成的某些传统规约造成一定影响，如春天采笋和蕨菜的季节，村里人相互之间有默认的各自所属"地盘"。游客的到来席卷村寨周围较近区域的"地盘"。村里人便会互相乱踩"领地"或去往更远的无人"占领"区域采摘。在当地生活水平提高、生活物资丰富的今天，或许人们不会太计较这样的得失，但这对于当地人不成文的秩序造成一定的破坏与扰乱。

在当地人与土地的情感关系方面，政府进行旅游开发项目打造时，为迎合游客对目的地的想象与预设，有意引导将传统时期形成的地名取消，冠以新的名字，制造一些与当地实际脱离的景观意向。如乌村现在的景点桃花岛，原来是一个河中山丘，上面有田和旱地，苗语中称为"嘎丢王西"，每家的地块根据位置差别与主人信息有各自的名字。后来被征收进行花园建设，在上面修建了一栋教堂样式的房子，据官方介绍是因为要将小岛打造成婚纱摄影基地，而当地人称教堂样式的房子为尖顶房，因为不知道其有何意义，人们只在给外来人指路时才会使用"桃花岛"的称呼，曾经熟悉的土地现在充满陌生感。现桃花坞的码头位置原来苗语中称为"基翁"，意为龙潭，这里一直是一个深水潭，是龙家寨传说故事中龙居住的地方。现在的同心桥原称木桥，又称"陈龙桥"，谐音"成龙桥"，2014年进行旅游开发建设被命名为"同心桥"，据说目的是与桃花岛、桃花坞等形成系列爱情主题的景观，体现其浪漫气息。这与乌村传统、淳朴的村落形象大相径庭，村民没有认同感。而同心桥下名叫报月码头之地原称"凹布"，意为水井，那里原来有一口井，后因为修芦笙堂将其掩埋。还有2014年后陆续征收村民在羊昌河上游的许多耕地、林地和墓地进行康养中心的设施建设，征收前土地拥有村落祖辈冠以的具体到每块旱地、每湾水田的地名，之后对涉及土地只能用即将建成的"养老合院""绿餐厅""水上乐园"等新式名称称呼。这一切改变使得村落历史与文化底蕴破碎，也使人们的土地情感与土地记忆遭受重创，面临断裂与瓦解。

每个地块及其名字是人们对生产生活空间认知的体现，承载着村落、家族、家庭、个人与土地之间的情感历程，暗含家族成员之间的分合关系，同时是村落、家族、家庭及个体之间边界的象征。在长期的生产生活实践中，地块及其名字记录人们土地经营过程中的记忆与故事，是当地原生景观与地方性文化知识的重要组成部分。政府打造过程中的土地利用变化，是对实体空间与文化空间的重新塑造，新的名字与当地人的命名系统没有任何关联，形成土地实体空间上的双重文化意义，一重属于当地人，一重属于开发者与游客，形成旅游景观意向与当地历史传统文化的剥离。就此层面而言，当地乡村旅游开发是对当地人实体与文化空间的解构与重构，在此过程中，当地人的意志被掩盖，旅游开发者制造景观，游客为制造的景观买单，而当地人通过政府得到出让土地的补偿的同时，附着在土地之上的记忆、故事与文化传统随着旅游开发被慢慢取代。

而在社会关系层面，当地人与政府工作人员之间是一种信息不对称背景下的利益关系，同时夹杂着潜在的权力与人情关系。外来企业经营者、商人与当地人之间是在经济互动中建立起来的短暂性利益关系，由于文化差异，当地人与外地老板或商人之间存在一定的心理距离，只在某些交易中与其有关联。游客作为一种外来者，与当地人具有相近的文化背景，常因随意进入当地人生产与生活场景，一定程度上造成对当地人社会秩序的破坏，但其也是一种潜在社会关系建立与发展的对象。总体而言，随着产业发展与土地利用变化，当地人的社会关系增加了很多传统时期未曾有过的层面，变得更加广阔而多元。在不同层面的关系中，当地人从自身角度出发，形成不同的相处方式与心理认知。

第二节　村落内部：关系分化与整合

随着蓝莓种植与旅游开发引起土地利用变化、土地征收与出租等项目的实施，大量资金涌入使得村落经济格局发生变化，产生土地利用的冲突与土地主体间利益冲突，人们之间关系逐渐出现分化，同时新的整合也悄然发生。

一　土地利用冲突与主体间利益冲突

翁保村一带土地利用变化通过征收、出租与入股三种方式，将传统家庭农业土地利用转变为农业产业、旅游产业、养殖业的利用方式。其背景是在国家供给侧结构性改革政策下，提高土地利用效率，转变传统农业发展，以产业发展促进农村经济发展，进而撬动农村社会发展。但在土地利用变化中，引起的矛盾和冲突案例随处可见，笔者将其分为两大类进行讨论，一是土地利用冲突，二是土地利用主体间利益冲突。社会分化是土地利用冲突造成的深层次社会影响，使得村落权力结构和各种力量体系发生变化。

1. 土地利用冲突

土地利用冲突指在土地资源有限情形下，不同利用方式形成的土地资源在社会中发生的不同效用之间的冲突。

（1）土地利用经济效益与生态环境效益之间冲突。土地原有利用方式长时期以来形成较好的生态环境，利用方式改变以后经济效益获得很大提高，但生态环境受到一定程度破坏和影响。现在的乌村虽然与许多村寨相比其生态环境依然属较好类型，但相比过去，见证它近20年变化历程的人都会扼腕叹息生态环境在经济发展面前做出的牺牲和让步。出租给外来企业或私人老板种植蓝莓的900余亩与乌村各家庭种植蓝莓的近500亩土地，大多数是乌村周围开挖出来的新利用地，大量土地在被开挖种植蓝莓之前，都是一个连着一个长满杉木和松木的山头，区域内水土保持良好、生物多样性丰富、地下水资源优质，形成良好的生态环境。

蓝莓植株对土壤的敏感性以及蓝莓果的脆弱性使得种植过程中不能滥用化肥和农药，加之麻江县强调蓝莓有机生产示范建设，除虫采用生物诱杀剂，除草采取人工或机器，所以土地在利用过程中不会被严重破坏。正因为蓝莓对土壤条件需求高，属于逐年从土里吸收营养而很难制造营养返还土壤的种类，原本有机质丰富的土壤过几年会出现板结，农户需要施农家肥或有机肥，补充土壤的有机质，有的土壤偶尔需要补充硫调节酸碱度，使土壤质量在一定程度上得以维持。在环境方面，蓝莓属于丛生植物，植株不高也不密，根系发达但只在浅表地层，对水土保持的作用不及杉树、松树与杂木林。村里人回忆，以前在村口山垭口以及后山多处有泉水井，人们去田地里干活时常到水井取水饮用，这些年种植蓝莓以后好几处水井已经干涸，说明蓝莓种植对地下水资源以及土壤渗透性有很大影响。在生物多样性方面，蓝莓人工栽培常会进行修整与清理，很多原有动物与植物生长环境被破坏，有物种减少与消失现象。现在30多岁的年轻人说他们以前常带着狗到山上林子里追野兔，捕各种各样的鸟类，捡各种菌子，摘很多野果，也常发现野猪踪迹，遇到蛇更是夏天的常事，现在这些生物有的已经很少见，生物多样性不如以前。

　　总体而言，虽然种植蓝莓以后夏天远远望去土地覆被依然呈现一片郁郁葱葱的景象，但从周围环境来说蓝莓属于汲取型物种，对环境各项指标的贡献作用不如以前，而其贡献主要体现在经济效益上。

　　（2）土地利用经济效益与社会效益之间的冲突。土地是社会稳定与社会保障的基础，在农村社会，农以土为生，农业、农民离不开土地，土地是农民安全感、幸福感的主要基础，是农业的承载者，民间俗语"仓中有粮，闲坐不慌""有田有土，当家做主"等表明土地与粮食在人们生活中的重要性。前文讨论土地的家庭分配与继承时强调，土地在农村社会中是特殊人群的养老问题在家族中得到解决的基本保障。在土地利用发生变化过程中，土地权属有一定调整，出现少地或失地家庭。

　　其一，家庭内粮食生产与自给出现问题，很多失地家庭需要常年从集市购买粮食，虽然失地过程中得到高额补偿，但能合理掌控金钱并使其再生的技能并不是每个人都掌握，何况他们大多数是祖辈守土为生的农民。许多老百姓短短几年将补偿款花费殆尽，其中生活无着落的并不是个案。从宏观经济学角度考虑，消费有利于推动经济发展，大多数家庭通过其他途径获得的经济收益足以支撑粮食的购买力。但从微观角度考虑，家庭之间、个体之间存在差异，有的家庭没有其他途径获取经济收益时，自有土地与粮食生产带来的安全感消失，出现"吃了上顿愁下顿"的忧虑，存在一定的社会安定隐患。近年国家实行脱贫攻坚战略，对村中无保障家庭进行精准扶贫，在住房、教育、医疗、经济等方面进行援助，贫困家庭生活状况已经得到很大改善。但因失地致贫是一种新的现象，在精准扶贫建档立卡标准审核指标中不一定符合要求，这是一种新的社会问题，如何改变这种情况还需进一步深入调查研究。

　　笔者向扶贫工作人员了解到，对贫困户的认定是多方面情况的综合。其中重要一条是认定时不属于"四有人员"，"四有"之一是"有轿车"。有的家庭因用征地补偿款买了轿车，不符合条件。于是就形成了贫困指标与实际问题无法对应，存在真正有生活困境却不符合认定指标的家庭的情况。因失地而致贫，又因失地而不符合贫困认定的逻辑怪圈是扶贫政策顾及不到、扶贫工作人员也无法处理的。这样的案例不仅在乌村，在附近村寨及其他涉及土地征收的村寨同样存在，一方面体现土地利用变化中新的社会问题产生，另一方面突出土地对农民家庭发展具有重要的可持续与不可替代意义。

其二，特殊家庭因养老问题出现焦虑。前文所述鳏独家族与无儿家庭在养老问题上，在有土地作为基础保障时，也许还有一定的选择权与话语权。在失去土地保障后，或许更多的情况下只能依靠伦理道德或社会舆论来促进养老问题的内部解决，只能任由处置与安排。当然，随着国家养老保障政策制度的进一步完善与改进，农村特殊人群养老问题会得到妥善解决，但在过渡阶段出现一定程度的困境是在所难免的。

2. 土地利用主体间利益冲突

土地利用主体间利益冲突指土地利用方式变化引起土地利益的变化，激发土地相关主体间冲突。随着土地利用方式的变化，土地产生的经济收益急速提升，在开发建设区域，涉及土地征收规模较大的地方，有的家庭或个体一夜暴富是常有之事。而在传统时期，人们土地观念淡薄背景下，特定土地主体不明确、多主体等情况并不鲜见，随着土地经济收益的极大提升，相关主体的土地观念在外界刺激下发生变化，对土地格外重视和警觉，甚至因为争夺土地利益引发冲突，导致群体武力事件或法律诉讼。这种情况在乌村也偶有发生。

在乌村，征地期间这种内部纠纷与矛盾时有发生，负责乌村征地事宜的麻江农文旅园区工作者DRZ表示，纠纷主要有以下几种类型。一是关于土地边界的纠纷。因为原来的土地山林证对土地边界划分和界定非常模糊且无法考证，在征地丈量的时候容易引起矛盾。这种情况一般是经过协商调解，将中间部分一家一半，达成一致意见将纠纷平息。二是对田边地坎周围荒地的认定的纠纷。以前有的田边地坎会有比较宽的杂草丛生空地，人们常用来堆农家肥料，长此以往土壤变得肥沃，人们会种上蔬菜或庄稼等，慢慢地往周围扩展。在征收时，种植的人家就测量进自家面积内，旁边田土的主人也会说属于他家，于是产生纠纷。这种情况一般是按照惯常的田边地坎宽度规定宽度以内属于主人家，其他的则以土地证为依据，更多的情况是采取协商调解，纠纷双方按比例分割。三是人们对土地附着物认定的纠纷。因为耕地与经果林地或经营用地等不同类型的土地补偿标准不一，这时人们会尽量靠近有利于增加补偿的标准，如某块地里有三四株果树，就要求认定为经果林。果树所处阶段根据树龄分为刚挂果期、丰果期、老化期等，不同阶段补偿标准不一，人们也会力争认定为最高补偿标准的类型。

若说前两种是村内部家庭与家庭之间的纠纷，那后一种就属于农户与政府实施政策之间的较量。在征地期间，一道田坎、一小块空地瞬间变成与金钱挂钩的土地面积，引起人们重视，与十几年前人们对土地漠然、慷慨的态度形成鲜明的对比。

就上述而言，土地纠纷产生的原因很多，如国家土地政策执行过程中的确地确权方案对土地位置、面积、边界等的界定不明留下了隐患，另外，基于土地利用方式变化后土地增值，人们在土地利益的刺激下，土地观念与边界观念变得强烈，进而为争夺利益引发矛盾。人们争夺的激烈程度充分表明在经济利益的刺激下，大多数人逐利本性尽显无遗，而乡村社会中礼治的影响力越来越弱化，动辄诉诸法律的观念成为村落法治秩序逐渐建立的前奏曲。

这一切引起村落内部社会关系发生一些变化。乌村20年前虽也无法与费孝通先生笔下"无讼"的乡土社会相类比，但总体处于村民相信组长权威、仰望寨老威严的年代，村民相互间出现问题时总会有"沾亲带故，抬头不见低头见"的顾虑，在寨老、理老、基层村干部的调和下尽量将矛盾化解。社会关系主要是以地缘、血缘、亲缘为纽带组建，通过婚丧嫁娶仪式进行巩固，依靠传统民间权威与社会约定俗成的规约维护关系秩序。但现在集体、家庭、个人之间因为土地利益，产生一些矛盾，人们动辄走法律程序，法律意识增强，土地观念明朗，传统时期"家丑不可外扬"的顾虑减少。相互间关系变得更加理性化，分化开始显现，传统权威与秩序的规训作用弱化，人们的关系中掺杂更多现代社会治理思想，如法律、协约等。

二 社会关系的分化与整合

随着贫富分化与各种主体间利益冲突的矛盾逐渐升级，村落社会关系出现分化，同时，蓝莓种植形成新的互动与物缘关系，逐渐形成一些新的整合。

社会分化是社会学的核心概念，常在社会分层研究中使用，特指社会系统的结构中原来承担多种功能的某一社会地位发展为单一功能的多种不同社会地位的过程。① 最早是涂尔干的社会分工论基础上对现代性社会的解释模型，指出分化是现代性社会复杂性、异质性的特征，这样的社会由数量越来越多和有等级的各种群体构成。分化与整合之间的摇摆不定和紧张关系是社会运行的内在驱动力。② 从马克思主义观点看，经济领域的社会分化是最重要的，在经济领域分化的推动下，政治、思想、文化以及其他一切社会生活领域相继出现分化的过程，整个社会结构呈现从同质性向异质性的变化。社会学研究者认为有发展就会有分化，这是一个不可避免的趋势。

乌村是一个短时期内形成一定社会分化的鲜活案例，有必要探讨这种发展背后的社会逻辑与机理。土地利用的变化带来了经济收入不平衡，而经济领域的分化是导致村落社会生活其他方面分化的关键性原因。纠纷与争吵是征地引起的村落社会表面上的波澜，更为广泛和深层次的影响是村落社会关系的分化，其进而引起内部力量结构的变化，这主要表现在两个方面，一是经济水平的贫富分化，二是传统时期形成的社会关系逐渐破裂。

经济上的贫富分化是村子里最明显的变化，在征地建设短短两三年内，据不完全统计，陆续投入乌村进行征地补偿的资金有近 4000 万元。整个征地期间有的家庭累计得到上百万元的补偿资金，获得几十万元的比较多，少数得到十几万元或几万元。现在村中"王百万""龙百万"的称呼即指在征地期间获得百万元以上补偿的人家。村中家庭拥有轿车数量急剧增长是大量现金流入村寨的典型表现，因为乌村不通班车，村寨到公路有 3.6 公里的路程，人们进出不方便，获得补偿资金后很多家庭首先考虑的是交通出行问题。建新房也成为获得补偿后的大事，许多人家很快建起两三层楼的漂亮木房子。前文讲述的 LJ 继承了其大伯的土地，土地被征收后获得一百多万元的补偿款，于是在自己的另一块土地上新建起一栋长五间、高三层的全木结构大房子，这栋房子被称为村里最大的豪宅。

由于经济条件不同，娱乐方式与活动范围产生差异，人们慢慢形成不同的圈子，有人因此变得敏感，关系变得疏远是不可否认的。

---

① 郑杭生主编《社会学概论新修》（第三版），中国人民大学出版社，2003，第 220 页。
② 〔法〕达尼洛·马尔图切利（Danilo Martuccelli）:《现代性社会学——二十世纪的历程》，姜志辉译，译林出版社，2007，第 18 页。

此外，在征地过程中原本有亲戚关系的家庭和个人因为征地纠纷产生摩擦和争吵，进而影响彼此之间的关系，使家族宗亲或姻亲关系受到影响。但人们在面临一系列摩擦和矛盾时，形同面临外来挑战和危机，家族与家庭成员之间更加团结，在乌村开发建设中形成比较有影响力的声音，对村中集体事务及重要决策产生不同于往常的作用。虽在土地利用变化过程中土地利益引起部分主体间贫富分化与关系分化，但在蓝莓种植后，在村落中也形成一些新的集体，集体成员间形成稳定的互动与交流方式，对村落内的社会关系整合产生一定的积极影响。

社会整合主要表现在家族关系更加凝聚、新的小团体形成等方面。在新的生产与经济发展模式下，衡量家族力量大小的不只是人口数量，家族成员经济水平、文化教育水平、对信息与关系的掌握等都是家族力量与地位的重要影响因素。如前文所述家族力量与地位是决定家族成员在村中的权威与影响力的基础，所以人们对此极为重视。尤其是在越来越多矛盾纠纷产生的背景下，很多家族牵涉其中，面临来自外家族的压力与挑战，家族成员更加凝聚和团结，家族成员之间互帮互助增强家族力量的愿望也更加强烈。

另外，围绕蓝莓不同劳作环节形成一些行业团体，如蓝莓销售、剪枝、采果等阶段性工作中人们形成的组织。前文所述组建微信群的临时工阿姨群体，还有一些年轻女性组成的选果与包装工作群等，人们为交流方便，利用新媒体方式加强联系，加之日常共同劳作，团体关系形成并逐渐影响到人们的生活领域，下文将详述。

在乌村，分化与新的整合并存，体现了新的生产经营与经济活动中，人们对来自内部的"强关系"与外部"弱关系"的同等重视，分化与整合都是相对而言的，只是在外部环境改变下，人们理性选择与感性增强的结果。

第三节 家庭：分工协作与生产经营

传统农业生产时期，"男主外，女主内"是约定俗成的分工形式，"主外"在传统意义上来说主要指田间劳作生产，"主内"主要指家庭照顾与染织事务等。随着社会活动范围的扩大，男主外除劳动生产，还包括更多的与外界接触的机会，参与社会事务、获得经济收入等奠定了男性在家庭中的权力与地位，其对家庭决策具有决定权。而女性生活范围以家庭为核心，日常事务以养育孩子、染织事务、饲养家禽家畜等为主，虽对家庭贡献巨大但却处于从属地位，只因她们的劳动无法用金钱收入量化而常常被忽视，故家庭地位较低。在家庭内部，除一定的象征性地位之外，家庭分工与家庭经济贡献往往与家庭权力结构密切关联。在传统家庭与社会分工体系方面，男性同谷物，女性同棉花、纺织之间的联系在广大农村社会是一种传统的分工模式，也是乡村权力结构的体现。①

乌村传统生计方式以农耕种植为主，女性相较来说参与田间劳作的机会比较多，承担一些辅助性、非体力工作，具有男女分工的特点。受语言沟通能力的影响，男性较多地参与外界互动，女性活动空间则更多在家庭与村落内部，具有空间分工特征。随着社会与经济的发展，这样的分工形式也在发生变化。

一 男性"主外"与"主内"身份切换

在乌村，传统农业生产中受男女双方自身生理条件限制与生产要求，男性主要从事田间劳动中的体力活，女性承担非体力活，男女分工协作，共同维系日常生活的运转。如水稻种植中，秧苗育种、引水耕田由男性承担，育秧环节的移秧（当地俗称栽小秧）主要由女性和家中较大的孩子承担；到移植插秧环节，扯秧主要由女性承担，挑秧、运秧、打秧、插秧由男女共同承担，之后的放鱼、灌溉等维护由男性承担。收割季节，女性负责割稻，家中孩子老人负责运给成年男性，男性负责掼稻和运送回家。晒谷环节，男性负责搬运，女性和孩子负责一天的翻晒和维护。玉米种植中，男性负责翻土，男女共同平整土块，之后女性撒种、放肥料，男性盖土。玉米收割阶段，男性与女性共同掰玉米，男性负责运输回家，晚上全家一起剥玉米皮，晾晒阶段也是男性负责搬运，女性和孩子负责翻晒和维护。

在农业生产之外，男性在合适的季节喜好捕猎，而女性擅长采摘。在家务方面，浆洗缝织、饲养家禽家畜、照顾孩子老人等事务主要由女性承担。

---

① 〔加〕朱爱岚：《中国北方村落的社会性别与权力》，胡玉坤译，江苏人民出版社，2010，第32页。

在家庭交往活动方面，一般的走亲访友与参加宴席是男女同往，孩子满月宴与老人过世，男女需要分开参与，前者多是女性参与，男性主要参加葬礼。由于女性受语言交流能力限制的影响，赶集、外出办事以男性为主。在平时的娱乐活动中，女性结婚前参加跳芦笙、唱山歌、"看会"等活动与男性基本相同，结婚后，男性没多大变化，女性则较少参加，尤其是有孩子以后，受到世俗观念的影响，家庭对女性的束缚大于男性，女性参与公众娱乐活动的场景有一定限制。

总体而言，在男女活动空间与家庭分工中，主外与主内在男性与女性之间有区别也有交叉，总体呈现男性主外、女性主内差别。从20世纪90年代开始，随着中东部地区城市建设发展加速，各行业劳动人员的大量需求与农村剩余劳动力的供应共同促进了打工潮的兴起。男性首先成为外流的主要群体，到城市从事建筑类、工厂制造类工作，很多家庭只有女性与老人孩子留守，男性主外的格局进一步加强，留守妇女成为农村特定的劳动群体，在劳动生产与家庭照顾中既主内又主外，而真正的内和外放大到更大的空间格局则是受国家发展建设的话语背景影响。20世纪初，城市建设进入平缓期，商业与服务业蓬勃发展，女性在第三产业中就业的独特优势使其成为城市务工的主要群体，许多农村家庭反过来是男性居家照顾，女性外出赚钱，因为女性能较快地在城市中找到服务类、制造类工作，工资收入相对合适，于是男性退守家中进行农事生产与家庭照顾。

在乌村，基本也经历了如此变化过程。2010年前，大多数男性外出务工，女性留守家里，到2011~2015年女性外出务工的比较多，2015~2016年乌村发展旅游，很多人返乡创业，2016年后旅游萧条，一些人又阶段性地外出。据被访者LYH介绍：2019年龙家寨外出务工人数为18人，陈家寨为30余人，占全村总人口的16%，比2010年前的人数少许多，那时村里每年外出务工的人占村寨总人口的50%以上；但比2015年、2016年外出的又多一些，因为那两年是村里旅游最旺盛的阶段。2018~2019年这两年外出务工人数较少的原因，一是少部分人在家发展养殖、蓝莓种植等项目，二是许多当年外出务工的中年人，尤其是女性，现在能在本地蓝莓园打零工，既可以赚些钱又可以照顾家里。

蓝莓园的工作包括剪枝、割草、施肥、除虫、抹芽、采果等环节，除割草有的需要用割草机，主要由男性操作，其余的工作都是女性承担。一是这些工作不属于重体力劳动，女性就能承担；二是很多工作如采果、抹芽等需要耐心和技巧，女性比较有优势；三是用工方根据当地劳务工资水平与工作强度，工资只开到 80~100 元/天，男性觉得这个工资水平太低，虽然不需要出大力气，但也不愿意干这种"低端"的活。从用工方角度也不愿意出高工资聘请男性从事女性本来可以担任的工作，觉得没必要，况且像采果这样的工作，男性打心底觉得就是"婆娘老太太们的活儿"而不愿意做。对于割草的工作，在附近村寨有专门的割草队承包，其他零散的人也没多少机会。所以，对于周围的村寨来说，蓝莓园里的工作基本是女性从事。每到冬天的养护与夏天的采收季节，家中的女性都到蓝莓园工作，男性则居家照看家里和田地里少量的活。

女性到蓝莓园工作也根据年龄有明显的分工。45 岁以下的中青年妇女一般在屋子里从事选果、包装的工作，45 岁以上的中老年妇女则在山上从事采果。因为选果、包装需要眼神好、手脚麻利、讲卫生，所以年龄大的被排斥在外。此外年轻女性怕晒太阳，怕蓝莓树丛中的野蜂与虫子之类的东西。中老年女性在家常干农活，对于年轻人不喜欢的毒日头与野蜂虫子她们习以为常，如根据她们的经验被"洋辣子"蛰到的话用叶子将其包住捏汁水涂患处很快就消肿止痛，还有的阿姨说用蓝莓汁液涂患处也有奇效。冬季的剪枝、挖坑、施肥的活也基本由中老年妇女做，因为又脏又累，年轻人不愿意干。中老年妇女是蓝莓园劳动力的主体，她们与蓝莓园之间虽是一种相互需要的关系，但更多的是她们将蓝莓园作为在周围能谋活的最好选择。笔者 2019 年 7 月中旬对在 SH 蓝莓公司采果的 20 余位员工阿姨进行访谈，她们每个人都有自己的故事。

LGF，女，54 岁，蜡白村人，家里两个儿子都出去上班，只有老伴和年迈的婆婆在家。因为之前 SH 蓝莓公司的管工到她们村招过工，所以需要工人时大家会相互通知，约着一起来。刚开始时蓝莓成熟不多，工资 80 元/天，清早管工开车到蜡白村接她们，早上 6 点到蓝莓园开始工作，中午吃饭、称果约 1 小时，下午 6 点多送她们回去，每天工作 10~11 个小时。

LZT，女，53 岁，蜡白村人，与上述的 LGF 一样也是清晨管工去接下午送回。她有个儿子，结婚后育有一个孙子，儿媳妇离家出走了，儿子外出务工，自己和老伴带着孙子生活。这个季节她来摘蓝莓，老伴在家带孙子、扯黄豆等。这里的管工包接送还有免费的午饭，所以选择到这里打零工赚钱给孙子读书及支付其他费用。

还有一位不愿透露姓名的阿姨，年纪在45岁左右，也是蜡白村人，三个孩子在宣威镇住校上学，她到这里采蓝莓，因为比较年轻利索，管工让她负责给大家做中午饭，算半天工资40元，下午采果按斤计工资，一天下来她能赚130元左右。她丈夫在家喂牛喂猪管田地，每个季节只要管工招人她都会过来干活。三年前她自己在外省进厂打工，现在这边有活做就回家打零工，这样可以时常看到孩子。

蜡白村是宣威镇下属一个比较偏远的村，因地势与土壤条件限制，蓝莓种植比较少。SH蓝莓公司被农文旅下的国有蓝莓公司收购后继续雇用原来的管工LCH进行管理，他雷厉风行、精打细算，在多年的蓝莓园管理中已经摸索出很多经验。在用工方面，他每年都是自己开车到蓝莓种植少的村寨进行招工，说这些地方的人更能吃苦。所以他每年都到绕家和东家聚居的蜡白、河坝一带招工，并管接送。他的这项"福利"也免去了很多人的不方便，加上村寨周围活少人多工资低，她们到这边干活就更加卖力。

在乌村，年轻女性多到龙奔、翁保、下司等地进行蓝莓分选包装，中老年妇女则夏天到蓝莓园采果，冬天去剪枝、施肥等。笔者曾到龙奔蓝莓基地进行观察与访谈，是与村里在那选果的七八个年轻媳妇一同前往的。她们每天早上7点左右骑摩托车上班，中午饭在园区几个人合伙做，晚上过8点才回来，有时会加班到很晚，工资10元/时。虽然日工资没有采摘的阿姨们高，但大家表示这样不日晒雨淋、爬坡下坎，愿意在炎热的夏天里穿着厚棉衣在冷藏房里工作。那里的蓝莓在前一天由蒲席塘的中老年阿姨采摘下并在冷藏房里用电扇吹干水气，第二天由她们负责分选包装。选果时每个人面前一个大筛子，将蓝莓倒里面，然后将相同大小、品质好的拣出来装在应装125克蓝莓的塑料包装盒里，按照大果、中果、小果不同类型装在不同纸箱，一箱装8盒共1千克，之后放冷藏库等待凑齐一车运往外地销售。挑选剩下的坏果就倒在筐子里作为加工果售卖。

总体而言，女性一年中能在附近谋活的机会比较多，常常不在家，男性居家照顾是常事，尤其是中老年男性。村寨里出现了男性由传统的"主外"向"主内"的切换，一些以前男性在家中不干的活现在基本由他们承担，如带孙子孙女、喂猪、收黄豆、摘花生等零碎活。因为妻子能在外打零工获得现金收入，家里需要人照顾，他们不得不做好家里的工作。

二　女性自由与束缚的悖论

进入 21 世纪以后，城市服务业与制造业的兴盛、本地蓝莓产业的兴起以及曾经火热过的乡村旅游给女性提供了许多工作机会，这种工作与以往最大的区别在于能为女性带来明确的经济收入，是家庭现金支出的主要来源，使女性在家庭中经济地位提高的同时，也可以摆脱家庭的一些琐事，在外出工作中形成自己的小团体，增加了乐趣和交流圈，也得到了情感上的愉悦与支持，更重要的是还能在经济上有一定自主权，做些自己想做的事，相比以前，获得很大的自由。如常去打零工的 YDM 阿姨说：

> 每天送完孙子孙女上学，一个人在家很是苦闷，去山上干活和大家一起说说笑笑，一天很快就过去了。在同一个基地干活期间，大家因为不同的关系来到一起，有的之前并不认识，但合作一段时间后，处得好的还会拜认姨孃姊妹。

2018 年 12 月，在乌村寨门旁的麻江县农业局所属蓝莓基地有一群阿姨在干活，21 日那天笔者与她们相约访谈。她们一共 15 人，但每天总会有些因为吃酒席、家务事等请假，那天来了 13 人。其中 3 人是蒲席塘村的，3 人是冬瓜冲村的，7 人是翁保大寨的。她们在这片园子已经干了两个月，每人出勤 40 余天，工资 80 元/天，能拿到 3000 多元。这次的工作内容是"割草—剪枝—挖坑—施肥—盖土"，两个月下来，几百亩蓝莓园的这一季农活已经全部完成。第二天部分阿姨要去对面的另一个蓝莓园剪枝，有的阿姨说近期酒席太多干完这边就回家休息，有的说要回家管理自家的几亩蓝莓地，有的说要打豆腐、烧炭、杀猪等为过年做准备。这天刚好是她们完工的日子，下午 3 点左右工作结束，因大家来自三个不同的村，相处不错，于是每人出 10 块钱聚餐，俗称"打平伙"。中午，她们中的一人 CWL 骑摩托车去镇上买菜，管工给他们做饭。工作结束后大家在管工住房的院子里围坐聚餐，几个阿姨早上从家带来自己酿的米酒，其中一人还带了蓝莓酒，每个人都将自带的酒斟一圈，邀请大家品尝酿酒手艺。阿姨们一起吃饭喝酒、聊天唱歌，很是热闹，直到傍晚六七点才散去，还相约下次一起来干活。

图 5-2 蓝莓园劳作的阿姨们

说明：左上为剪枝，右上为施肥，左下为在蓝莓地里加热与分享自带的午饭，右下为完工后"打平伙"。

在接下来的几天，笔者到她们劳作的下一个蓝莓园访谈时，也同样有十几人，又是不同的来源组合，之前一起聚餐的有 5 人继续到这边工作。笔者问这边做完还聚餐吗，CWL 阿姨说：

> 聚餐主要是看大家合不合心，玩得来、大家开心就聚聚，不聚的话干完就回家过年。

这种女性之间的小群体一方面让大家在工作之中获得一些情感支持，另一方面使她们拥有自主空间，建立自己的小圈子，对个人能力的提高有很大帮助。2019 年初，乌村全部女性在村里的芦笙堂组织了烧烤活动，男性不被允许参加，说是女人们自己的娱乐。村里男性开玩笑说，"以后乌村敬菩萨要改用母鸡了"，暗含嘲讽似的说乌村女性现在很厉害，当家做主了。主要原因是现在家里的女性能出去干活，能赚钱，在家说话有分量，女性朋友之间还能偶尔约着一起娱乐,从这个层面来说女性的生活状况相对以前,心理、情感、经济、话语权等都获得一定的改善,享有一定的自由。

但同时,她们外出工作总体来说是从事一线最底层的劳动,时刻受到男性的监督与管理。如在蓝莓园工作被管工监督,管工希望她们能在有限时间内完成尽量多的劳动量,还要保证质量。在园区包装加工被老板监督,她们被要求符合产业行业标准。即使是在村里做保洁的6位阿姨平常的工作也是受农文旅下属的同创公司驻乌村的几个男性保安管理,每天监督考勤、卫生保持情况、工作期间是否偷懒玩手机等。从这一角度来看,她们虽然走出家庭走进更大的社会空间,却再一次陷入被束缚境地。

同时还要看到,她们外出务工是以丈夫承担所有家务和看管家里为前提的,而那些工作传统意义上理应由她们承担。现在她们外出做工,那些工作转而由男性承担,女性承担起保障家庭经济收入尤其是现金收入的主要来源的责任,背负上经济重担,如果家里的男性没有其他途径获得现金收入的话,她们的劳动所得要用于供孩子上学、人情客往礼节消费,还要应付穿衣吃饭等。当所有的经济重担转嫁到女性身上,与民间传统习惯里"嫁汉嫁汉,穿衣吃饭"不同,她们成了一家子依赖、指望的对象,时间长了就形成一种家庭开支理所当然依靠女性的习惯,而这又一轮地将女性拉回家庭重担的束缚中。使女性同时担负起维持家庭生活的重任与促进产业发展标准化的使命,可能会让女性面临更大的生理与心理挑战。

男女两性关系随着蓝莓产业的发展与乡村旅游开发,在家庭与社会呈现男性"主外"到"主内"的切换,女性一方面获得更大的自由空间,另一方面又卷入新一轮被束缚的境地。表面看是女性经济地位的提高使得家庭内部的权力结构由男性主导向男女共同主导或女性主导变化,女性在社会上也有更多"抛头露面"的机会,在家庭与社会的话语权越来越大;但从实质来看,女性无论在家庭还是社会,从事的都是底层的一线劳动,且身上背负着家庭与社会发展的实质性重担。

三 "30亩"效益:家庭经营的经济与社会意义

受当地自然地理条件与社会文化背景的影响,在国家适度规模化农业生产的倡导下,麻江蓝莓种植的经济收益与规模呈现独特的规模利益曲线。

经过前期走访与分析，笔者发现，蓝莓种植经济收益需要一定规模，但并不是规模越大收益越高，更重要的是与当地社会文化背景相契合。经过对比分析，笔者认为30亩是一个黄金分割点。在30亩以下，随着规模的扩大经济收益增加；大于30亩，则规模的扩大并不能带来成正比的收益提高，甚至出现规模收益递减的情形。这与经济学边际收益递减与规模报酬递减规律相似，但其中有着复杂的自然、市场与社会文化因素。这一现象中适度规模与家庭经营是重要的影响因素。30亩以内，以家庭经营为主，大于30亩，蓝莓管理与维护工作超出家庭承受范围，劳动力、肥料、设备等投入大幅提高，加之受到气候、市场因素影响容易出现收益降低甚至入不敷出的情况，所以，30亩是一个关键的参考规模。

从自然地理条件来看，结合近几年的经验，形成规模收益30亩黄金分割的原因如下。一是季节性气候的偶然性影响比较明显。麻江蓝莓在开花授粉阶段容易遭受倒春寒，造成产量减少。如2018年12月30日至次年1月5日持续一星期的大雪低温使得正在开花期的蓝莓遭受冰冻，导致2019年总体产量只有2018年的三到四成。而6月采果的高峰期正是雨季，阶段性气候容易影响蓝莓品质，雨天采下的果沾了水不能做鲜果销售，只能做加工果，价格一下降到1/3。如2018年虽然产量颇丰，但采果高峰期的6~7月持续20余天的降雨使得销售价格降低，很多大基地收益严重受损。二是当地河谷山地的地形地势，导致小气候特征明显，蓝莓基地选址受小气候影响严重，对蓝莓产量及品质影响也很关键。如BZL蓝莓基地负责人XN表示他500余亩的蓝莓基地所在的位置风特别大，对果树的开花授粉影响不好，近年结合基地所在位置的小气候特点更换蓝莓品种，避开一些产生负面影响的时间与因素问题才得以缓解。三是坡度、土质差异也使得管理与维护的成本不一。如龙奔蓝莓基地所处位置坡度大，在各个阶段的劳作中所耗费的工时比较多。接手龙奔蓝莓基地的广东人黄老板说：

  由于坡度大、植株高，这片基地每个阶段比其他平缓的基地要多花一倍的工时，又因紧邻森林、水分充足而容易长草，割草的劳动力投入也增加，整个基地每亩每年总投入将近5000元，足足是其他基地的2倍有余。

因蓝莓种植面临自然气候因素与市场双重风险，故规模越大，面临的风险就越大，越容易导致亏损。

社会文化方面的原因，主要表现在南方小农家庭经营与代际分工协作方面。前文论及种植模式时详述过翁保村一带的家庭经营模式，即以家庭为经济单位进行代际分工协作，蓝莓园里各个阶段的劳动以父辈为主，销售阶段以年轻人为主。一般在20亩以下的，园里的劳动基本由家庭人员自行承担，多于20亩的，只在采果季节适当请几个临时工，而临时工人数少，与主人同步劳作，易于管理监督，工作效率高。甚至有的家庭在采果忙季请近亲帮忙，忙完采果季后又以其他方式回报，充分利用家庭经营模式将家庭成员劳动力与亲情关系中的互助转化成经济价值的特点，经过对种植户实践观察，一般30亩的种植规模能最大限度地实现这种转化。随着规模的扩大，需要雇用的劳动力增加，管理、资金、原料等成本也增加，收益的增速会逐渐减缓。

关于蓝莓种植投入与产出的详细账目，以单亩丰产期蓝莓为例，结合对多位蓝莓种植与销售专家的访谈整理，进行如表5-1的估算与统计。

表 5-1 单亩丰产期蓝莓投入与产出

投入	产出	盈利
除草：80元/亩×3次=240元 防虫：买药及挂药100元 采果：每次2人，每人100元，7次采完，共2×100×7=1400元 肥料加人工：每株3元×230株=690元 梳枝（修枝）：150元 抹芽：150元 共计：2730元	平均每株产15斤，每亩230株，贯穿整个季节平均每斤5元 共计：15×230×5=17250元	17250-2730=14520元

资料来源：根据对WGZ、LXB、WQ、WTH等蓝莓种植与销售专家访谈整理。

以上算法是将劳动力成本计算在内，蓝莓售价都以最低的价格5元/斤计算。单亩蓝莓再加精细化管理，即使成本有所上浮，卖价有所浮动，每亩最低10000元收益也是能保证的，所以蓝莓是目前来说当地收益较高的经济作物。家庭种植模式下，劳动力投入方面能节约不少现金支出，收益还会更高。被访者WGZ家庭种植蓝莓11亩，每年蓝莓收益能保持在20万元以上，加之自己从事少量中间商销售，每年蓝莓采收销售季节他的家庭能赚 30 万元以上。

对于上百亩的种植基地，受太多因素影响，收益的算法就不能这样单纯叠加。位于乌村的 TZP 蓝莓标准园有 109 亩，根据对种植者 WTH 的访谈，他的蓝莓标准园因为分散与坡度大，每年管理投入的工时更多一些。按照他的账本记录，蓝莓标准园每年的管理投入成本是 40 万元左右，分为以下项目。

采果：每天 50 人，持续 60 天，工钱每人 80 元/天，共 24 万元。
施肥：肥料 3 万元，人工 3 万元，共 6 万元。
冬天剪枝：每天 6 人，持续 30 天，工钱每人 80 元/天，共 1.44 万元。
割草：每年 4 次，每次 5000 元，整片统一承包出去，共 2 万元。
防虫：药及挂药的人工费共 1 万元。
管工：每月 3000 元，一年 3.6 万元。
成本合计：38.04 万元。

截至 2019 年 7 月 14 日笔者对其进行访谈当天，蓝莓标准园 2019 年蓝莓销售收款共计 21 万元。WTH 不满地说：

你看这接连下了两星期大雨，今天才稍微放晴赶紧摘点，树上都没多少果了，剩下的也不好，卖不了鲜果，只能卖加工果，5 块一斤，后面基本卖不了什么钱，今年的总收入在 21 万元基础上增加不了多少了。还要亏，又白忙一年……

造成他基地亏损的主要有气候方面的原因，2019 年初在蓝莓开花期遭受一次冰冻天气，雪粒子将一部分花打掉导致未能挂果。在蓝莓成熟收获季节又遭遇长时期连续降雨天气，蓝莓产量、品质和口感都受到严重影响，总产量可能只有 2018 年的 1/3；也有管理方面的原因，他周一至周五忙其他工作，只在周末到基地照看，平时主要依靠管工管理，所有劳作全靠雇用临时工，工人管理方面没有很好监督，存在窝工、怠工导致劳动力成本增加的现象。从采果环节可以看出，根据表 4-3，正常情况下一亩蓝莓采果需要 14 工时，109 亩也才 1526 工时，即使因为坡地、分散等原因有所上浮也可理解，而他实际上需要 3000 工时，几乎翻了一番。

同样地，LMH 的 DS 蓝莓基地存在相似的问题，因为投入成本太高，在销售季节压力很大，所以无论赚钱还是赔本能销都要尽量销出去，有时一天发好几车货，LMH 却说：

> 很多时候是表面看去热闹，实质是赔本赚吆喝，卖出去还能找回点本钱，不卖亏得更厉害。

对于蓝莓种植如何才能赚钱，WTH 的回答是：

> 有人手、管得好还是赚钱的，但是规模不能太大，太大了投入成本高，尤其劳动力方面。要是遇到天灾人祸，完全不管（蓝莓），烂在地里又不忍心，要管的话又要接着投入人力，更是亏本经营。

BZL 蓝莓基地的 XN 则总结：

> 蓝莓种植还是不适合大规模生产，应该分到农户，每家精心管理，果品品质好还是很能赚钱的，大基地是亏的。

在这方面，大家公认咸宁村鲤尾组属于比较理想的模式。鲤尾周围地势平坦开阔，土地资源比较富余，每家有大片山林，蓝莓种植兴起以后，很多家庭就开挖自家山林种植蓝莓，大多数是种二三十亩，完全靠家庭经营，蓝莓管理较好，依靠蓝莓种植发家致富的家庭比比皆是。SFX 是鲤尾蓝莓种植大户的代表，他一家五口人（SFX 本人、老伴、大儿子、大儿媳、小儿子）经营 30 亩蓝莓，平时的管理与维护都是家里人自己承担。在采果销售季节大儿媳在乌村寨门，小儿子在 SFS 蓝莓基地路口分开摆摊销售，老伴带着 3 名临时工负责采摘，大儿子负责运送，他自己则负责照管家里和统筹协调。临时工是儿媳娘家琅琊村请来的，整个采果期长住他家，与他的老伴同进同出同劳动，早上 6 点就出发采摘，午饭送到山上吃，下午七八点才回来，效率已经尽最大可能地发挥。通过品种更换整改，他的蓝莓鲜果销售从 5 月底持续到 8 月中旬，平均价格都很高，加之专人销售，无论天晴下雨都固定出摊，所以每年一家人依靠蓝莓获取丰厚的经济收益。笔者访谈他家的销售情况时，他的儿媳妇说：

> 几年来我家的蓝莓都没卖过加工果，都是在摊子上销售出去，只是果品不同价格高低不同，但始终都比加工果收购价格高。

由此可见，蓝莓种植产业发展进程中，家庭经营方式不仅具有重要的经济意义，而且也充分体现了社会文化意义。首先，家庭经营主要利用家庭成员分工协作与社会关系网络间的互助行为，极大减少劳动力成本的现金投入，将家庭闲置劳动力转化为经济价值，极大降低风险。其次，这种经营方式充分利用每个家庭成员的社会网络资源，提高蓝莓管理与销售的效率，在家庭能承受的种植面积范围内，规模与经济收益呈正相关。再次，传统地方社会的血缘与地缘关系在家庭这种特定的场域形成的信任与监督机制，避免了地方劳动力整体素质不高、员工管理制度不完善、人情关系夹杂其中等多方面原因容易导致的窝工、怠工现象。最后，家庭经营方式进一步增强家庭凝聚力，减少因人员外出务工引起的家庭分离、关系不稳定等现象，也加强家庭外围的关系网络，具有较好的社会协调作用。

综合上述内容总结，农业产业发展同时受到地理、气候、市场等多重因素影响，其经营呈现极高的风险性，整体收益率很不稳定，大基地亏本经营较为常见，出现规模收益递减现象，规模不经济成为一种大概率事件。其中蕴含农业产业发展规模应充分嵌入当地社会文化背景的深刻道理。在我国西南地区，特殊的山地丘陵地形不适合机械耕作，无法发挥规模效应；更重要的是，结合当地社会发展水平，传统的家庭经营、分工协作模式相较大规模生产更具优势，不仅能获得较高的经济收益，还具有重要的社会文化意义。总体而言，30 亩是蓝莓经济收益的黄金分割点，保持 30 亩以下、以家庭经营为主导是当地产业规模与经营管理模式的重要参考。

本章分析研究在土地利用方式变化背景下，村落社会关系的变化与重构，包括村落外部、村落内部及家庭内部的关系变迁。围绕旅游开发与蓝莓种植，政府、企业与市场共同着力于村落发展。地方与基层政府在国家政策框架下干预村落社会，同时在市场作用下企业参与村落土地的开发与利用。当地人与政府工作者、企业经营者、游客等在社会互动中，围绕蓝莓形成多维度的社会关系网络，形成蓝莓作业及以蓝莓为具体依托的业缘与物缘关系，人们之间的社会关系在原有的血缘、地缘、亲缘关系基础上呈现新的层面。土地利用的变化带来土地利用目标冲突，如土地利用的经济效益与环境效益、社会效益之间的矛盾，造成村落环境超负荷、村人安全感降低、部分人产生生活与养老焦虑等问题。村落内部，在经济收益渠道愈加多元化的背景下，传统时期相对均质化的家庭经济状况出现差距，社会分化进一步加深。土地经济价值提高引起主体间利益冲突，人们的土地观念变化，为争夺土地利益，村落、家族与个人之间出现各种矛盾与分化。但面对新的危机与生产经营活动，新的社会整合也同时产生。人们对传统力量的改观以及对新力量的复杂态度表现出新的权力结构，并进一步反作用于社会经济活动。在家庭中，由于蓝莓务工更适合女性，家庭分工出现男性从主外向主内的变化，主外与主内扩展到更大的社会空间。女性一方面摆脱家庭的束缚，获得经济收益，形成女性劳动与情感支持小团体，自主性得到提高；另一方面又被迫担负起家庭经济重担，在更大的社会空间中，再次受到束缚。结合各种种植模式与不同群体在蓝莓行业中的处境，保持30亩以下适度规模与家庭经营相结合，既能实现蓝莓种植的经济意义，也具有巩固社会关系、促进家庭稳定等社会意义。

　　土地利用变化引起社会关系变迁，随着新的物种进入当地社会，生产生活各领域都增加新的文化元素，传统农耕社会形成的社会文化系统与村落权力结构也发生深刻转变。

第六章　土地利用变革中社会与经济互嵌

土地利用在传统农耕社会中，是一个地方社会结构、权力、文化等领域的基底，随着土地利用方式的变革，与其相对应的社会结构、权力与文化必然发生变化与调适。乡村社会权力结构是乡村社会秩序维持的基础，在中国历史发展过程中，土地与权力相伴相生，土地是权力的基础，权力是土地的保障。随着土地利用的变化，家庭分工、社会行业分工等发生变化，家庭权力结构、村落权力结构等随之改变。而社会文化是人们生产生活中的精神凝结与抽象表达，随着新物种的引入，土地利用方式改变，必然引起社会文化的变化与创新。

第一节　蓝莓视角下节日传承变迁与物的社会生命

物的社会生命是人类学研究的重要话题。物不仅作为一种实体存在，更是人与人之间关系的载体。物在不同主体间流动，被赋予丰富的社会意涵与生命意义。马林诺夫斯基、拉德克利夫-布朗、莫斯、阿帕杜莱等对物的研究体现不同阶段人类学研究对物的社会生命解读，物成为认识社会文化的重要媒介。在人类学研究中，礼物、商品和圣物是物在社会文化中呈现的最基本形态。礼物是人与人、人与社会之间关系的表征；商品代表着资本主义经济体系及其文化；圣物则体现着人类的信仰体系及其与物质之间的关系。[1] 在人与人、人与物的互动中，物具有社会文化、权力与人们思想、信仰的象征意义，对物的社会生命解读是认识社会关系结构与社会文

---

[1] 马祯：《人类学研究中"物"的观念变迁》，《贵州大学学报》（社会科学版）2015 年第 5 期，第 18~123、128 页。

化的重要视角。

蓝莓作为当地社会新兴事物，人们在接触、了解、认识、种植、食用、销售蓝莓的过程中，逐渐将蓝莓与当地社会生活融合，赋予其文化意义，蓝莓反过来形塑着人们之间的关系与互动。蓝莓依地力而生，其社会生命发端于物质生命，物质生命来源于土地。土地作为特殊的物质存在，自身具有生命力，人们利用土地的过程即依赖土地的生命力，在土地生命力基础上掺入人们的意志，依托生产方式、时令、忌讳、规则、互助等形成一整套社会文化体系，塑造社会生命，进而规训人与土地的关系。

一 节日的传承与变迁

节日是日常劳作之余的娱乐与欢庆，与"工作日"属于不同的范畴，是某种特殊的、不同寻常的事情。只有以平常工作日所塑造的生活为基础，才可能有节假日的狂欢。[①] 节日的内容与意义都与日常的劳作生产密切相关，随着劳作生产注入新的元素，节日也会产生新的意涵。在翁保一带，随着蓝莓产业的发展，传统重要节日中也逐渐融入蓝莓文化因子。

1. 端午节的新式意涵

翁保一带因与外界接触比较早，节日习俗融入当地多民族文化元素，成为社会文化体系的重要组成部分。其中有的节日形成过程与当地的劳作节令密切相关，是农事重要的节点或农闲季节的一种娱神娱人的方式。而随着生产生活的变化，节日活动与内涵也会进行相应的调整。在乌村，传统时期最隆重的节日是春节、清明、七月半。春节是一年中走亲访友较集中的节日；清明则是春节之后正式进入农忙季节之前的家庭集会，也是扫墓告慰祖先的节日；而七月半是农闲娱乐与尝新的重要节点。

在过去，乌村人过端午、中秋、重阳等节日观念比较淡薄，近乎不过这些节日。在种植蓝莓以后，端午的节日氛围越来越隆重，因在端午节档口，插秧和玉米下种农活刚结束，蓝莓开始成熟，端午节具有了庆祝庄稼播种完成与蓝莓吃新的双重意义，也是传统农事大忙季节与蓝莓采摘大忙季节之间的过渡缓冲休息日。节日当天邀请出嫁的女儿、姑妈、亲朋好友

[①] 〔德〕约瑟夫·皮柏:《节庆、休闲与文化》，黄藿译，生活·读书·新知三联书店，1991，第4页。

来过节，人们忙着包粽子、打豆腐，这些耗时、繁复的食物制作平常很少开展，回来过节的亲朋好友带着孩子老人到山上采摘蓝莓尝新。这时成熟的蓝莓属于当地较少的早熟品种，产量低，吸收开春第一波阳光雨露又没赶上雨水过多季节，颗粒大、口感好，也是全年中售价最高的一批。因少而令人倍感珍惜，因品种特点而品质上乘，因早熟而新鲜，吃这些蓝莓时才会有真正的尝新之感。端午节成为蓝莓尝新节的氛围越来越浓烈，人们在这天邀请亲朋好友相聚，常说的"来家过节、来吃蓝莓"实实在在地为端午节赋予了新的节日寓意，是蓝莓时令在人们生活中形成的节庆与娱乐活动。与许多南方少数民族地区传统的吃新节一样，端午节在乌村也具有尝新、庆祝、娱乐的社会文化意义，其将传统的节日与新的劳作时令和物种相结合，是随着蓝莓种植产生的新的文化意涵。

2. 七月半的吃新与庆功

在翁保一带民间有"年小月半大"的说法，七月半，苗语称"农敢嘿"，是当地传统的吃新节，节日氛围浓厚。七月半时节早熟香糯谷成熟，人们在这天到田里收割早熟香谷穗回来碾米，还开田捉鱼、打豆腐等，准备丰盛的饭菜供奉牛王神、家族祖先，晚上举行插香瓜、烧纸钱、放腰箩神等活动，具有浓郁的祖先崇拜、稻神崇拜意义。放腰箩神是指选择村中俗称苦命的年轻人通过鬼师念咒催眠进入传说的祖先神灵的世界，获得通灵的能力，借以解开世人的迷惑与未知世界的秘密。放腰箩神、放地牯牛等都是当地苗族社会中七月半的重要仪式，具有丰富的社会功能与文化意义。放腰箩神一是在农闲季节年轻人的娱乐活动，二是鬼师寻找继承人的方式，三是命途多舛之人借以改变命运的机会，四是因为催眠过程中，传说需要通过稻穗花粉与田间劳作所用腰箩的神秘力量才能使被放之人的灵魂成功到达祖先神灵的世界，表现对稻神的崇拜，与当地苗族水稻种植的悠久历史相关。

在当下，七月半的习俗又有了新的节日意义。农历七月中旬，蓝莓采摘大忙季节进入尾声，人们在端午节后的两个月里，每日围绕蓝莓进行采摘、销售、运输等，无论自家是否种植、种植规模大小，每个人都在蓝莓行业中有自己的用武之地，即使不直接从事蓝莓工作，也会因为家中的女性或男性去蓝莓基地务工而负责家里所有的事务，总之，大家都因为蓝莓有各自的忙碌。在传统七月半浓郁的节日氛围中，人们刚好结束一阶段的大忙之后借机稍事休息，也庆贺这一季节蓝莓的收成或在蓝莓行业中的收获。随着娱乐活动的多样化，鬼师活动减少，传统的放腰箩神仪式承载的娱乐、寻找鬼师传承人等功能随着时代的发展逐渐式微，放腰箩神仪式已非常少见，人们在七月半晚上插完香瓜后饮酒聊天，饭后相约到芦笙堂跳芦笙。七月半后随着蓝莓逐渐罢市，人们抓住机会收集鲜果酿制各种蓝莓酒，以供春节期间走亲访友与待客之用。

由上可见，七月半具有了传统农耕时令中吃新与蓝莓时令中庆丰收的双重意义，亦如端午节一样是进入下一个大忙季节前的缓冲休息节日。过完七月半，紧接着开始收割玉米与水稻，又即将迎来近两个月的农事繁忙季节。

端午节是传统时令中不受重视的节日，但随着蓝莓种植的发展，端午节与蓝莓吃新相结合，代表从农事生产忙季向蓝莓作业忙季过渡，变得越来越兴盛。而七月半从传统的吃新发展成兼具吃新与庆丰收作用的节日，人们的生活随着蓝莓这一物种的生产时令的嵌入而潜在地发生各种变化。

二 蓝莓社会生命的建构

蓝莓进入当地社会产生新的用途，也被赋予了新的社会文化意义。首先，在功能上，人们用自己的方法对其加以利用与改造，除了鲜食，人们对蓝莓利用最充分的是将其与当地酒文化相结合。在当地，酒的制作是女人们的分内之事，种植蓝莓后，家庭主妇们对这一新鲜事物的应用很快就能像对当地的很多野果一样自如，成功将其融入每日喝的米酒里。

蓝莓与酒的混合制作主要有酿制和泡制两种工艺，酿制又分为蓝莓米酒与蓝莓白兰地两种工艺。蓝莓米酒是将大米按照酿酒工序加工，进行到加入酒曲入缸发酵步骤后，再将淘洗滤干的蓝莓捏碎成汁液加入一起发酵，这期间偶尔搅拌促进蓝莓与米的共同发酵，待发酵完成后择日将其在农家的柴火铁锅上用烤甑蒸馏成酒。由于以大米为主料，总体还是米酒的感觉，酒精度可达到30度以上，稍微不同的是酒中带有淡淡的果香味，仔细品尝能感觉出与单纯米酒的不同。蓝莓米酒制作过程中所放蓝莓比例不同以及蓝莓品种的酸甜度不同会形成不同口味，人们对于加多少蓝莓、用什么品种，逐渐总结出一些经验，当然也受制于可用蓝莓的数量。蓝莓白兰地则是用蓝莓作为单一的原料，将蓝莓淘洗滤干，捏碎成汁液，加入适当比例的酒曲密封发酵后再经过蒸馏而成。蓝莓白兰地因为全以蓝莓作为发酵原料，故酒精度不高，一般不超过20度，且蓝莓果香浓郁，如果选用的蓝莓品种甜度高的话口感则更佳。蓝莓白兰地制作工艺复杂且产量较低，按照农家的制作方式，100斤蓝莓只能酿制30斤左右蓝莓酒。所以，一般只有蓝莓种植得多、有充足的原材料的家庭才能做，在当地也属于比较珍贵的蓝莓酒系列。

泡制的蓝莓酒也分为两种工艺。一种是将蓝莓淘洗滤干，保持完整颗粒泡于农家酿制的米酒里，再加少许冰糖调味。约半个月后，蓝莓的紫色汁液渗入米酒中使酒变成了紫红色浆液。加入蓝莓和冰糖的比例不同，呈现不同程度的酸甜口感，酒精度则取决于用来泡制的米酒，一般农家米酒30多度，泡制过程中有所稀释和挥发，大致在30度。另一种则是蓝莓红酒制作工艺，将蓝莓淘洗滤干，捏碎后与冰糖分层交错装于密封容器发酵，其间搅拌一两次，待发酵完成，用过滤器将渣质过滤掉得到蓝莓红酒，再将红酒装于密封容器进行二次发酵，之后开封散气一段时间即可饮用。这种蓝莓酒的酒精度一般只有几度，根据冰糖多少与蓝莓品种的不同呈现不同的酸甜度。口感浓稠，蓝莓果香原汁原味，色泽鲜美，相比酒精度较高的前几种蓝莓酒，人们称这种红酒工艺制作出的蓝莓酒为蓝莓汁。泡制蓝莓酒的蓝莓多选择当地称为3号果的品种，因为其甜度高、籽少、口感好，但颗粒小，不好采摘也没卖相，只有"懂行识货"的买者才会购买。人们在抢收季节会先采摘大粒的、卖相好的蓝莓售卖，只有在不赶时间时才摘这种3号果回来酿酒。

各种各样的蓝莓酒成为乌村人家必备的日常用品，每当有客人到来，主人就会拿出珍藏自酿的蓝莓酒待客并介绍其制作过程，这时家中的女主人最有发言权，她们汉语表达不是特别流利，但在介绍酒的制作上表达得异常简洁明了，因为对整个过程烂熟于心。笔者留宿家庭的WYL阿姨是村里公认的米酒制作高手，在蓝莓的选择、比例的把握、发酵的程度方面有自己的秘诀，清洗、用纱布袋装等都是她多年制作总结的经验。

随着麻江一带蓝莓种植面积的加大，每年蓝莓成熟的季节，当地社会就会进入一种全民沸腾阶段。7月，各乡镇纷纷举办蓝莓节，将新式的评选蓝莓王、蓝莓美食大赛与传统的斗牛、斗鸡、斗鸟、唱苗歌比赛等活动相融合，参加者包括蓝莓种植者、产品研发者及民间娱乐爱好者等，是蓝莓

图 6-1 乌村农家酿蓝莓酒剪影

说明：左上图表示将蒸熟的大米凉至适合温度酿酒备用，右上图表示清洗蓝莓制作蓝莓酒，左下图表示将蓝莓加入发酵中的大米一起发酵，右下图表示农家土法烤酒。

元素与地方传统"看会"习俗的结合，旨在促进蓝莓种植技术、产品研发技术水平的提升，加深蓝莓种植者、加工者、消费者之间的联系与接触，更是为蓝莓销售营造社会氛围。

在当地，蓝莓也成为送礼的佳品。蓝莓成熟的季节，种植蓝莓的家庭到没有种植的家庭做客时，总会带上一筐蓝莓作为礼物，还有的在蓝莓成熟季邀请亲戚好友来做客、采摘蓝莓。按当地习俗，逢年过节走亲戚时有赠送酒的习惯，当蓝莓种植盛行以后，蓝莓酒也成为每家走客时的重要礼品，取代原来单纯的米酒。但是在敬奉逝去的老人、娶新媳妇送给女方家以及鬼师"用鬼"等仪式性场合，蓝莓酒被排斥在外，需要使用单纯的米酒。

从文化意义上说，当地人传统时期形成的饮酒习惯与制作工艺已有一定的历史积淀，蓝莓进入当地，在人们的改造下与地方饮酒习俗结合，使得民间的酒文化更加多元，新的物种由此具有了地方社会文化意义。但在正规的仪式性场合，蓝莓酒喻示着一种外来的东西，被认为不具有神性，当地人对蓝莓更多的是看重其实际功用，而在仪式中，其作为他世界之物则不能进入社会内部的神秘性或神圣性领域。

三 土地社会生命的延续与断裂

土地作为一种特殊的物质存在是人们生产生活的基础，在人类社会发展的历史进程中，有着与人类社会共同兴衰更替的演变历程，具有鲜活的生命特征，一是土地自身的生命特征，二是人类社会运行过程中赋予的社会生命特征。

1. 土地生命

《说文解字》称，"土：地之吐生物者也，二象地之下、地之中，物出形也"，"地：元气初分，轻清阳为天，重浊阴为地，万物所陈列也"[1]。关于土地，在国内外远古的传说故事中，充满生命与情感。中国传说故事中的盘古开天辟地，土地山川河流都是盘古垂死化身而成，这个故事以三国时期徐整所著的《三五历纪》与《五运历年纪》记录为典型。因徐整著作失传未见完整记载，以其著述为母题，在其后古人的著作中有零星引载与转写。唐朝欧阳询主持编纂的《艺文类聚》卷一中，引《三五历纪》讲述天地起源传说："天地浑沌如鸡子，盘古生其中。万八千岁，天地开辟，阳清为天，阴浊为地。盘古在其中，一日九变，神于天，圣于地。天日高一丈，地日厚一丈，盘古日长一丈，如此万八千岁。天数极高，地数极深，盘古极长。后乃有三皇。数起于一，立于三，成于五，盛于七，处于九，故天去地九万里。"[2] 明董斯张编撰的《广博物志》卷九中记载"盘古垂死化身，气成风云，声为雷霆，左眼为日，右眼为月，四肢五体为四极五岳，血液为江河，筋脉为地里，肌肉为田土，发髭为星辰，皮毛为草木，齿骨

---

[1]（汉）许慎：《说文解字》（注音版），岳麓书社，2006，第286页。
[2]（唐）欧阳询撰《艺文类聚》（上、下），中华书局上海编辑所编辑，中华书局，1965，第2~3页。

为金石，精髓为珠玉，汗流为雨泽，身之诸虫，因风所感，化为黎氓"，并转载徐整《五运历年纪》说："盘古之君，龙首蛇身，嘘为风雨，吹为雷电，开目为昼，闭目为夜，死后骨节为山林，肠为江海，血为淮渎，毛发为草木。"① 清代《绎史》中也有引《五运历年纪》中对这一远古传说的描写。② 不同版本中的盘古开天辟地传说大同小异，传说故事是一定时期人类对自然认识水平下的世界观体现，科学技术极大进步的今天，人们对自然宇宙的认识越来越清晰，但传说故事中盘古向死而生的轮回、自然万物皆是生命躯体转化的思想观念深入人心。认为人是自然环境生命体的一部分，土地具有生命，形成深沉而源远流长的土地生命观。

有关人类起源的探索，在女娲抟土造人、兄妹成亲繁衍人烟的远古传说故事母题下，各地区各民族有不同的演化版本与阐释，都呈现了一种土地、泥土与人类的天然联系。土地是人类生命的起源，人类是土地生命的延续，土地生命观是土地神性力量的核心，是人们形成土地崇拜的基础。

在《神圣的存在：比较宗教的范型》一书中，作者米尔恰·伊利亚德收集了世界各地关于土地的神话传说，对土地信仰的主要范型通过神性与神显的关系进行对比研究，指出从很多信仰形式来看，大地都呈现母亲的形象，亦即诞生各种从其自身实质中引出的生命形式。大地首先是有"生命"的，因为它有生育的能力。凡来自大地的，都被赋予了生命，凡是回到大地的，都被赋予新的生命。③

土地生命观有神性的一面，也有世俗的一面。土地滋生孕育万物，草木鸟兽虫鱼从土地获得能量而生长，人类依靠草木鸟兽虫鱼获得生存的热量，支持人类繁衍生息，人类将土地比喻为母亲，其是人类生存、发展的基础。"土地是财富之母，劳动是财富之父"赋予土地女性形象特征，与财富的关系因劳动而生成。将土地与人类拟构成世俗的血缘或亲缘关系，将土地生命观世俗化。在现实世界中，土地的生命是一种看得见、摸得着的表现，健康、有机质丰富、营养均衡的土地能孕育万物，是活着的土地，

---

① （明）董斯张撰《广博物志》，岳麓书社，1991，第185页。
② 田兆元、扎格尔、黄江平主编《民族民间文化论坛》（第五辑），上海社会科学院出版社，2016，第242页。
③ 〔美〕米尔恰·伊利亚德：《神圣的存在：比较宗教的范型》，晏可佳、姚蓓琴译，广西师范大学出版社，2008，第248页。

若人类开发利用过度,土地遭到破坏,失去孕育生长万物的能力,就会生病、死去。[1]

土地在人类社会形成过程中,超乎物质特性,作为有生命的组成部分,在社会运行中发挥凝聚群体或形成边界隔阂群体的作用,是形成社会关系、社会权力的基础,具有社会力量,而对土地经营与管理则形成了与特定社会相应的组织与制度,土地上生长出来的东西具有一定的社会含义,形成土地社会生命。土地社会生命的前提是土地生命,失去生命的土地无法产生土地社会生命。若土地生命是天然具有的,那土地社会生命就是在人类社会运行过程中被人类与社会赋予的,是在社会发展的长期历史传统中形成的,是生产生活中人们对土地的依赖、信仰与敬畏情感的表现。

2. 土地社会生命及其延续与断裂

"社:地主也,从示土。《春秋传》曰:'共工之子句龙为社神。'《周礼》:'二十五家为社,各树其土所宜之木。'"[2] "会:合也。"[3] "示"是祭祀的意思,"社"即"祭祀土地神",古时把土地神叫作"社神",把祭祀土地神的日子叫作"社日",把祭祀的地方叫作"社",把祭祀的仪式(祭祀)也叫作"社"。社日的舞台演出叫作"社戏",社日的各种杂技竹马、旱船、耍狮子舞龙等统称为"社火",社日喝的酒叫作"社酒",社日的公饭叫作"社饭",等等。社日祭祀土地神时同里之人聚会,举行仪式喝酒歌舞,则被称作"社会"。[4] 在古代,社代表土地,稷是五谷的总称,土地和五谷是国家最基本最重要的支撑,用"社稷"代称国家,从天子到诸侯文武百官再到黎民百姓,祭祀土地的级别与喻指不同,天子与王公贵族祭祀土地喻指国家政权稳定,黎民百姓祭祀土地更多的是祈福与报恩。祭祀地点、形制、所用牺牲的级别、祭祀祈愿目的等有详细规定,形成最早的社会地位体系。在社会地位体系的操作中土地被赋予权力、地位、信仰、制度等相关的社会意义,形成土地的社会生命体系。

---

[1] 朱晓阳:《黑地·病地·失地——滇池小村的地志与斯科特进路的问题》,《中国农业大学学报》(社会科学版)2008 年第 2 期,第 22~48 页。
[2] (汉)许慎:《说文解字》(注音版),岳麓书社,2006,第 9 页。
[3] (汉)许慎:《说文解字》(注音版),岳麓书社,2006,第 109 页。
[4] 吴晔:《图说土地文化》,中国大地出版社,2007,第 9 页。

特定区域自然地理人文环境的天地人"三才"特征是土地社会生命形成的背景，与此对应，土地社会生命主要包括特定区域内较长时期积淀形成的社会生产时令、生产技术与方式、土地与特定作物的关系、土地社会功能、土地信仰文化、人的土地心理等方面。在乌村，土地具有完整的社会生命形态，表现在农耕与采集渔猎生产时令、小农集约农耕技术与方式、土地与特定作物关系、土地的社会保障功能、土地公信仰与土地心理等方面。随着土地利用方式的变化，土地社会生命一定程度上得到延续与传承，但在更大程度上产生断裂的现象，或许新的土地社会生命形态正在逐渐形成，但短暂而急速的变化过程是土地利用长期过程中比较特殊的阶段，新的稳态的土地社会生命形成还需要较长时间的调适。

农耕与采集渔猎生产时令方面。乌村传统时期是典型的"春耕夏生秋收冬藏"，依山傍水的自然生态条件使得周围生活的区域具有丰富的可食用野生植物和动物，采集和渔猎在一年相应的季节穿插于农事生产中，夏日的休闲娱乐与冬天的节庆集会是传统时令中地方风俗文化的主要体现。蓝莓引进种植后，刚好其生产时令是"春生夏收秋闲冬养"，夏天的采收与冬天的养护恰好占据了传统时令中的农闲季节，大量娱乐休闲与节庆集会的时间与精力被挤占，休闲时间缩短，仪式简化。蓝莓种植园陆续进入丰产期后采收与养护管理季节需要的劳动力更多，这种变化会越来越明显。目前来说，已经能感受到七月半与春节期间的一些变化。在当地，农历二月二祭鼓节以后，要将芦笙和鼓收藏起来，一切大型娱乐活动都不再举行，喻示着开始进入农忙季节。这期间除了老人过世之外的场合不能吹芦笙，直到七月半当天晚上才能将芦笙请出来吹奏，众人围成圈跳舞。此后直到来年二月二，都可在适当场合吹芦笙跳舞。但是，现在几乎一年四季都是忙碌时节，即使有些间隔和过渡的清闲时光，也都极为短暂，人们娱乐的精力也大受影响。在春节期间，人们时兴走姑妈、走娘家等，趁年节近亲之间基本走动一遍，而现在腊月与正月正忙着管理自家种植的蓝莓或到别的蓝莓基地务工赚钱，只有春节前后几天稍事休息，走亲访友、"看会"的时间就更少了。

由于蓝莓的引入，传统生产时令下的风俗文化一方面在经济条件改善的基础上得到一定复兴，另一方面从精力和时间角度而言，人们的参与与重视程度又远不如从前。这似乎是一个矛盾的现象。究其原因，多数人现在以抓经济收入为主,而蓝莓种植为他们提供额外获取经济收入的机会,人们宁愿牺牲休闲娱乐时间与精力去抓住一切可获得报酬的劳动机会。

小农集约农耕技术与方式方面,传统的农业生产是以家庭为单位的分工协作。乌村的耕地分布于河谷台地与丘陵,面积小、坡度大,历来是以人工加畜力生产为主,交通运输早年以马、船和人力为主,在2010年前后修建机耕道以后,三轮车成为每家必备的田间运输工具。随着土地利用的变化,首先,牛马的饲养越来越少。许多家庭的农用耕地部分或全部被征收进行乡村旅游开发建设,使粮食种植面积减小,不少家庭甚至不再种植粮食或间歇性租地种粮食,养牛或养马的粮食紧缺。同时因为田间劳作少,畜养牲畜用以提供以田间劳作为目的的畜力变得不划算。此外,村寨在进行危房改造与乡村旅游打造时,对村容村貌做了整改,牲畜圈被拆除,牲畜被集中到村外的集体圈舍饲养,此举带来了诸多的不方便。因此一些还继续种植庄稼的家庭都采用犁田机进行翻土耕田,很少见到耕牛的使用。少数人家养牛只养斗牛,作为一种投资或爱好。其次,以家庭为单位的分工协作随着蓝莓的进入为年轻人和女性提供了外出劳动的机会,农耕种植则更多地由家中的父辈男性担任,家庭行业内的分工协作变成行业间的分工协作。父辈男性与土地的关联更加密切,相对于年轻人与中老年女性外出务工的情况,老年男性由以前的主外转而变成主内。

土地与特定作物关系方面。乌村是典型的稻作区域,传统时期水稻相关的文化如稻神崇拜、糯米饮食文化等非常典型,七月半习俗中放腰箩神用的稻穗与鬼师"用鬼"时稻米把的应用都体现了水稻在当地社会中具有神性力量,人们为这种神性力量举行严肃认真的仪式,体现一种淳朴原始的稻神崇拜。糯米饭在当地社会中具有特殊意义,无论走亲访友还是喊魂送鬼,用竹篮装着的糯米饭是必备的物品,每逢节日和重大喜宴糯米饭也是不可缺少的食物,糯米具有浓郁的仪式象征意义。随着土地征收,家庭农用耕地减少,人们的稻神崇拜观念也逐渐淡化,糯米作为一种仪式象征用品也变得需要从市场购买并出现一些使用其他物品替代糯米的现象。如笔者在田野就见到不少人到集市购买米皮装在竹篮里替代糯米饭去参加亲戚的"挂社"仪式。当笔者问其原因时,他们表示:

> 现在都不种田了,没有糯米,要等赶场买糯米回家做糯米饭,太

麻烦。加上现在人们都不爱吃糯米饭,送去后主人家都是拿做酒(酿酒),不如买米皮去受欢迎。

这与传统时期参加庄重仪式必须用特定的高秆糯米的情形大相径庭。这种从自种的特定品种糯米到集市购买杂交糯米,再到其他更实用替代品的转化,充分体现随着土地利用的变化,糯米的神性意义逐渐消失,人们对仪式用品的观念逐渐世俗化、实用化的倾向。

随着蓝莓种植兴起,乌村被戏称为"坐在蓝莓窝里",外来的人因为村寨优美的风景与可采摘蓝莓的乐趣到此游玩,村里人也因为蓝莓形成一些销售、务工的临时小群体,还因为蓝莓作业形成地方蓝莓知识,以及因蓝莓的唾手可得形成地方蓝莓饮食文化。由于特定区域内土地与作物之间的稳定关系,形成相应的社会组织、社会文化的现象,或可称为物缘文化。在乌村,随着乡村旅游开发与蓝莓种植的兴起,土地利用方式发生变化,当地传统的物缘文化有的传承下来,有的走向凋敝,也有新的物缘文化逐渐形成。

土地的社会保障功能方面。土地是村落形成的基础,提供给人们安全稳定的生活环境,人们在共同生活的环境中形成地缘、血缘、亲缘等社会关系组织,在不同的社会关系组织内部形成共同体,成员互助互惠互信。土地是社会地位、社会权力的基础,也是每个个体维持最低水平生存的保障,让一些弱势群体老有所依老有所养。在乌村,家庭承包经营土地以后,鳏独家庭、无儿家庭等特殊情况下的老人养老问题凭借其占有土地而在家族内部消解,一定意义上说,土地是弱势群体、特殊人员获得村内社会照顾的筹码。另外,家庭拥有耕地是粮食种植的基础,而当地社会"粮食满仓,荒年不慌"的安全感和满足感是现金收入无法替代的,况且在产业化发展环境下并不是所有家庭都能从中获得产业政策福利,尤其对于一些劳动力与资金投入不足的家庭来说,土地与粮食带来的安全感更为重要。随着土地利用方式变化,人们对土地天然的依赖程度降低,而对经济利益的依赖程度提高,土地一定程度的流转形成土地集中现象,土地与人天然的联系断裂,土地经济功能增强,底层保障功能却逐渐减弱。

土地公信仰与土地心理方面。人们对土地公的信仰是土地社会生命的重要组成部分,乌村原8座土地公体现传统时期村落集体、家庭与个体对土地公的诉求与祈愿，也体现土地公神性力量的多元性与功能性。随着土地利用方式变化，传统农业生产占比下降，外界人员进入村落的频率与流量增加，人们对土地公的信仰发生变化。前文对乌村8座土地公前世今生的介绍反映了土地公在村落社会的变迁，其总体呈现土地信仰崇拜式微的迹象，这与人们认识自然知识水平提高有关，但也反映了人们对土地与自然的敬畏感降低，功利心增强，土地作为生产资源要素的存在意义大于作为自然神性力量的意义。如今土地公还成为旅游经济发展的利用元素，8座土地公中只有与乡村旅游发展需要相结合的1座才受到重视。可见，土地在人们生活中扮演的角色发生了较大变化，象征土地的神性力量也受到不同的对待。

从上述现象中可以看到，随着土地利用方式变化，土地经济功能更加突出，这对地方经济发展有推动作用，但社会经济发展对社会风俗文化的传承与发展的影响有着明显的两面性：一方面，有充足经济基础能为文化兴盛提供好的条件和环境；另一方面，物质经济带来的物欲与更高经济需求的刺激会使得一切文化都需要为经济服务，使得许多具有深刻传统文化意义的观念、仪式、风俗等功利化、世俗化。从土地角度而言，土地社会生命包含以土地为中心而形成的包含时令、技术、物缘、信仰等在内的一整套文化体系，在土地经济发展过程中，有的得以加强和传承，有的走向凋敝与断裂，随着新的物种与人的进入，出现了新的文化表现形式。

第二节 土地利用中的经济与权力

几千年来，人类依靠土地而生存，从土地中获取生活必需品。在人类生存发展与生产经济活动中，土地是一种以土壤为基础，不可代替、极为宝贵的综合性自然资源。随着生产技术、知识水平的不断提高，以土地作为第一生产要素的农业生产也产生多轮变革，土地在农业生产以及整个社会、经济、文化发展中的地位和作用也在发生变化。其中关键在于土地的利用方式以及各种用途占比的变化，土地利用是为达到经济和社会目的对土地资源采用生物和技术措施进行的人为生产经济活动，其形成第一产业用地，以及进行社会建设的其他用地。农用土地是其中所占比重最大的部分，随着社会、经济发展，其他用途土地对农业用地大量挤占从而滋生很多新型土地问题。① 土地是人与社会的"中介",土地问题本质上属于人地关系矛盾的社会问题。当下土地问题纷繁复杂、广泛多元,一贯应用的经济学与生物生态学已经不能完整认识土地问题,需要立足土地与人的关系,从文化、社会视角对新型土地问题进行认识与分析。②

从某种层面而言,土地是自然的,也是社会文化的,土地利用是发生在生物-自然、社会-政治、经济-技术这三重环境之内各种过程的综合体。生物-自然环境是指土地利用赖以运作的自然界,它提供着土地可资利用的多种自然资源和自然条件。社会-政治环境关系到人口社会集体行动和文化的力量在影响人们行为时的作用。经济-技术环境极大地制约着土地利用的可行性与合理性。③ 在现实生活中这三重系统环境交织联系在一起,土地利用的活力取决于一定经济-技术条件下的报酬、社会-政治环境和自然资源基础。我国政府把"合理利用土地"作为基本国策之一,土地利用关乎国计民生与社会和谐稳定发展,国家根据社会发展状况不断制定符合我国国情的土地制度与政策。改革开放以后,第二、第三产业快速发展,但中国是农业大国的定位与国情未变,农村土地利用在国家发展中占据根基性地位,农村土地利用是中央政府、地方政府、基层政府、村落集体、农民家庭与个体进行层层政策解读、实施与反馈调适的实践过程,这些主体在一定的区域文化、社会与经济的博弈中共同影响着土地利用的变化。

一 地域性土地社会生命与土地经济

马林诺夫斯基在《珊瑚园及其魔力》(Coral Gardens and Their Magic)一书中描述了特罗布里恩德群岛居民种植山药、芋头、香蕉和棕榈的农业生产实践,他声称特罗布里恩德人种植食物的园地不仅仅是其实用空间,更像是一门艺术。书中对他们的社会组织和经济机构进行了全面的勾勒,研究巫术在特罗布里恩德园艺中的作用及其仪式,介绍特罗布里恩德群岛的土地制度、血亲世系图与权力世系图,以及园艺实践技术与时间空间变化等,是早期人类学对人与土地、社会、文化研究的经典著作。这本书的

---

① 辛德惠编著《土地利用》,农业出版社,1985,第10页。
② 吴次芳、吴丽:《土地社会学》,浙江人民出版社,2013,第2页。
③ 蔡运龙、何国琦主编《人与土地》,辽宁教育出版社,2000,第100页。

巨大贡献还在于马林诺夫斯基根据当地人在园艺巫术中的咒语进行语言学研究，将语言视为一种工具、一种材料和一种文化现实，讨论了专用术语翻译的困难与概念的重叠和界限，对此提出"文化语境"观点，指出一些专用的术语必须在特定的文化氛围中才能得到正确的解释。马林诺夫斯基认为，与所有形式的语言一样，特罗布里恩德巫术用语必须在特定语境中被理解为"言语行为"，具有主要的语用功能。语言，包括巫术语言，主要不是为了交流思想，而是为了产生实际效果。此书副标题"一项关于特罗布里恩德群岛农业仪式与耕作方式的研究"（*A Study of the Methods of Tilling the Soil and of Agricultural Rites in the Trobriand Islands*）表明农业及其耕作生产过程中的实践、语言、仪式等是当地社会特有的文化事实，这些文化事实只有在其产生的特定背景中才能被解释。从而表明土地及其利用方式不仅与国家权力、社会制度密切相关，也与当地文化、信仰等密不可分。[①]

土地社会生命是一个地方土地文化与土地社会功能及多重社会意义的集合，是人与土地关系中形成的精神信仰、社会制度、风俗习惯、民族语言、技术器具、物候时令等由内而外、由具体到抽象、从实践到认知的完整体现。杨筑慧教授研究指出，南方少数民族传统土地利用方式有着悠久的稻作农耕历史和自成体系的耕作制度，是许多南方少数民族传统文化建构的根基。通过对稻作历史梳理、稻作农耕制度与技术的研究发现，一些曾被认为"落后"的事物，具有顺应自然节律的农时观、俭约自守的生产观、种养相宜的互惠观、田肥地壮的永续观、依形就势的生境观、人地和谐的整体观、人神共享的空间观等生态意涵，实际蕴藏着丰厚的可持续发展内涵和意义。[②]

苗族分布地区多为山地丘陵地带，耕地较少，人们对土地与土地上生长出来的庄稼、树木、植物充满虔诚的信仰。黄平一带的苗族村寨至今保留栽秧前举行"开秧门"仪式、收割稻谷前举行庆丰收仪式的习俗，届时男女老少在鬼师的组织下来到全村某块长势最好的稻田旁，点蜡烧香，用稻米酒肉祭祀，在鬼师念完表示祈求风调雨顺、庄稼丰收的祝祷词以后，

[①] Bronisław Malinowski, *Coral Gardens and Their Magic: A Study of the Methods of Tilling the Soil and of Agricultural Rites in the Trobriand Islands* (London: Routledge, 1935), pp. 52-347.
[②] 杨筑慧：《南方少数民族传统稻作农耕及其生态意涵初探》，《农业考古》2017 年第 6 期，第 58~66 页。

村里男子将抬到山上的一头猪在田边当场宰杀献祭，男女老少接着在田边空地吹芦笙跳祝祷舞，结束后将猪抬回村中烹煮供全寨人一起享用。祭祀仪式是村寨对土地及其生长万物的神力的感恩与敬仰，教导人们勤劳耕种、呵护土地才能有吃有穿。在乌村，人与土地的传统关系中，人们谨守土地对人的简单要求，实行休耕、不过度砍伐与渔猎。人们恪守祖先选择的"风水宝地"，对长眠于地下的先人与守护先人的土地都谦卑躬让。土地带给人们的安全感从生的保障到死的回归，成为所有人内化于心的土地信仰，土地是所有人的衣食来源与精神支撑，具有鲜活的社会生命。传统时期当地人在与土地关系中保持谦卑、虔诚与敬畏的心态，形成地方性知识系统及土地心理，这种心理反作用于自然与土地。

在以经济生产为主导时期，人们利用科学技术方式认识周遭环境，包括土壤营养成分、四季温度、温差、湿度、阳光等，利用技术改良土壤，使土地最大限度地实现经济价值。土地经济效益是促使人们进行土地利用的推动力，传统农业社会人们生存与发展的物质基础绝大部分依赖于土地的生长能力。但新的土地利用减少了对土地生长能力的依赖，更多的是对土地可塑性、承载性与空间性的开发与应用。在特殊的国家政策背景下，地方政府利用土地征收权，将土地征为国有，作为发展与建设基础进行招商引资或直接进行"招拍挂"使土地进入市场进行流通，从而获得极大的土地收益，补充地方财政，刺激地方经济发展，也为地方领导实现短期政绩绩效目标提供依据。而对于当地人，在土地征收、流转过程中的经济收益带来短期内经济财富的快速增加，经济作物种植相较传统农作物具有较高收益，土地经济功能得到极大开发利用。

在乌村土地利用转变过程中，在外来力量推动与内部发展需求的刺激下，土地社会生命受到主动忽略与被动放弃。在土地征收、流转过程中，具有各自名字与故事的地块被统一规划，生长作物的土地成为建筑工地，种植四季不同的各种庄稼的土地成为千篇一律的蓝莓地。蓝莓种植是科技应用过程的体现，蓝莓长势的好坏与气候有关，与栽培技术有关，而与传说故事和各种禁忌无关。关于蓝莓与土地的一切以数字的方式告诉人们结果，如通过试验检测土壤有机质、酸碱度，据此采取措施改善土壤；通过检测蓝莓糖分、花青素等指标选择最佳品种等。科学与技术改变人们的土地知识，更指导人们进行新的土地耕作。人们在传统农业种植中形成的土壤知识、对土地公供奉是否尽心、对各方神圣是否虔诚等在蓝莓种植中均"不起作用",蓝莓作为一种植物,无法传递人与土地之间心理与实践互动。土地的生命象征还在于那是祖先神灵安息之所,人们将守护着祖先神灵的土地视为神秘之地,心怀崇敬与避讳,面对祖先安息之地被转移时虽有一定抵触,但在对蓝莓种植与村落旅游的经济效益的追求下,本着为村寨发展做贡献的心理,被迫放弃这种依托于祖先神灵产生的对土地的崇敬。这种与土地及依附于土地的神秘事物之间关系的搁置与疏离,使得人与土地的关系变成生产者和被利用物的关系,土地被攫取、被榨干,连带附着其上的生命,以及土地上的神秘故事与人们的情感经历也被淡忘。

二 土地利用变革中的"硬权力"与"软权力"

"硬权力"与"软权力"是政治关系学中用以分析影响国际政治关系的权力结构的常用概念,最早于20世纪80年代末由美国政治学家约瑟夫·S.奈(Joseph S. Nye)提出。约瑟夫·S.奈指出在新时期,国家之间依赖性增强,信息化发挥重要作用,资源-力量-权力转化能力变弱,国际体系结构发生极大变化,军事力量作用减弱,左右他人意愿的能力与文化、意识形态及社会制度等这些无形力量资源发挥越来越重要的作用,这些被认为是"软权力",与军事和经济实力这类有形力量资源相关的"硬权力"形成对照。"软权力"相对于"硬权力",主要来自一些无形的力量资源,包括文化、意识形态、机构和机制等。[1] 约瑟夫·S.奈在20世纪末21世纪初的多部著作中屡次修正所提出的理论,这一理论提出的目的是驳斥"美国衰落论"和鼓吹"美国文化霸权论",因此备受苛责与诟病,如《"软权力"文化研究》一书对其文化霸权理论进行了深入批判,指出"软权力"是霸权的表现与归宿,但也需正视"软权力"与文化之间关系,并重视"文化软实力"发展。[2] 理论中提出的这种"软权力"的影响越来越重要是不可否认的,其中对信息、文化、制度、观念等资源与力量的重视值得借鉴,并被许多领域引用进行分析与讨论。

---

[1] 〔美〕约瑟夫·S.奈:《硬权力与软权力》,门洪华译,北京大学出版社,2005,第1~15页。
[2] 黄庆山:《"软权力"文化研究》,新华出版社,2017,第183~259页。

本书在此借用这组概念，对村落土地利用过程中不同来源与实践方式的影响力量加以分析讨论。结合本书研究内容，"硬权力"主要指国家及地方政府政策主导下国家政治权力、制度权力以及以现金货币为支撑的大量财政资金形成的经济权力，这些权力形成的力量具有官方性、强制性、显在性与不可阻挡性，在实践过程中具有广泛性、深入性与快速性；而"软权力"主要指地方社会主体依据地方性文化知识、风俗习惯、信仰崇拜与社会关系等形成的多元力量，相较"硬权力"，这种力量呈现非正式性、地方性与隐秘性，在实践过程中以一种潜移默化的、缓慢的、局部扩大的方式发挥作用。村落的"硬权力"与"软权力"有官方与民间、外与内、上与下、强与弱的区别特征。但"软权力"在实践过程中由于其形成历史时期长、底蕴深厚，在土地利用变化进程中以特有方式发挥作用，表达当地人的认知与意愿，也在一定程度上以特有的方式影响与左右政策的实施，成为民间与官方博弈的筹码与方式。

在此需要指出的是权力与力量、资源的关系，在各学科对权力的概念界定中虽分歧颇多，但其核心含义指对他者的支配、规训、强制等力量，这一点具有普遍性。在微观权力实践过程中，对资源的掌握是形成这种支配力量的基础，一定程度上增加了使他者无条件服从的可能性，即达到支配力量向权力的转化。村落权力结构变化的过程实质是占主要地位的资源发生变化，从而使得掌握资源的人发生变更，形成新的支配力量，这些人在力量积累基础上加之外界如基层政治的"渲染"或依靠既得力量促进身份转化，进而实现力量向权力的转化，改变原有权力结构，掌握对村落重要事务的话语权与决策权。

斯科特在马来西亚农村的调查研究指出，在强大的经济占有、政治统治和意识形态支配情境中，农民运用属于自己的"弱者的武器"和"隐藏的文本"，以坚定而强韧的努力对抗无法抗拒的不平等。农民通过偷懒、装糊涂、开小差、假装顺从、偷盗、装傻卖呆、诽谤、纵火、怠工等进行日常形式的反抗，这种反抗形式不需要事先的协调或计划，有着心照不宣的理解和非正式的网络，是一种个体的自助形式，避免直接地、象征性地对抗权威带来的危险，最终还能改变或缩小国家选择政策的范围。斯科特称之为"底层群体的难以捉摸的政治行为"，这种行为背后大量微不足道的小行动就像成千上万的珊瑚虫日积月累地造就的珊瑚礁，最终可能导致国家航船的搁浅或倾覆。① 斯科特通过底层农民政治参与活动剖析这种微观力量在统治者高压严密统治下的抗争，突出强调这种地方性自下而上的力量。其实可将斯科特所说的理解为一个探讨"软权力"的形成与运作实践的例子，在此过程中，这些小行动虽无组织、无领导者，但在广泛的传播范围内形成一种微权力，无具体主体又将所有人都作为主体，代表着整个底层社会的利益诉求与意识形态。

在中国的特色国情背景下，农民与国家的关系完全不同于资本主义制度下农民与统治者的关系。国内也有不少学者研究关注，利用诸如神话、传说、地景、互惠与义务等地方文化观念。② 从某种角度考虑，即将地方性知识与传统文化作为维护群体利益与权利的力量支撑，发挥地方性"软权力"的体现。

乌村传统权力结构中寨老与鬼师具有较高地位，具有一定行政意义但没有正式政治身份的组长是村寨中政治权力的代表，村落治理依靠这两方面力量配合与协调。各个家族依据人口、经济实力、知识水平等形成不同的力量组合，对村寨权力结构产生影响。组长通常从较大家族中诞生，在较小家族中有智识的个体可能会异军突起，但概率较小。在与外界的互动中，组长、寨老、鬼师等作为地方文化精通人士与外来力量交涉，如要求HS集团出资举行"扫寨"的仪式，要求老板优先录用本村村民；不赞同政府征地都选择他们葬有祖坟的区域，因为那是老祖宗选好的"风水宝地"；在政府即将对砍伐林木建房屋的村里成员进行处罚时，全村为其请愿，理由是因为他居住的地方"不干净"所以运气背，房屋被烧毁才需要砍伐林木建新房；在政府征收村中某家被认为龙脉很好的祖坟时，因不希望龙脉被破坏要求不迁祖坟等。这些情况下，外来企业、政府都不得不做出让步，村落"软权力"在一定程度上能使村民的意愿得到满足。

在村寨内部，随着不同时段人们对被认为重要的资源的掌控情况的变化，权力格局也发生变化。传统时期以农为生，土地的占有量代表财富，如果占有财富的人同时品德高尚，那他就会成为权威的代表。在蓝莓引入与乡村旅游开发以后，土地固然重要，因为占有土地数量多意味着能种植更多蓝莓，或获得更多征地赔偿，但这已经不是人们认为最重要的资源，更

---

① 〔美〕詹姆斯·C. 斯科特：《弱者的武器》，郑广怀等译，译林出版社，2007，第2~4页。
② 胡亮：《产权的文化视野——雨山村的集体、社群与土地》，社会科学文献出版社，2012。

重要的是社会关系资源与文化资源——人们称为"路子广、有人脉"，能使用新技术、有文化知识，因为其既有助于蓝莓销售，也有助于村寨宣传、招揽生意、带来发展，所以具有这些资源的人成长为村落新兴权力主体的代表。

如蓝莓销售出色的 WGZ 成为村里新能人，常作为家庭种植蓝莓发家致富的代表参加镇里、县里各种产业发展与研讨会议，也是村中蓝莓合作社的骨干。由于他过人的销售技能，加之常帮助邻里亲戚销售，人们对他评价颇高，在集体会议与活动中对他的意见也较重视。如在 2018 年村里召开"民主场坝会"时，村民一致推举他作为村寨发展发言人讲话。种植大户与本村网络红人 YQX 如媒体对他的宣传一样，原来只是一个名不见经传的打工小伙，自从回乡发展蓝莓种植后，他成为村里种植最早、面积最大的，通过蓝莓种植成为村里先富起来的人。又由于其具有高中文化水平，外出打工早接触新事物多，能快速应用新媒体，早在 2010 年前后他就请社会媒体平台为村寨拍摄宣传纪录片，将村寨与自己的故事放到网上进行宣传。他个人在镇里、县里、州里都小有名气，现在是村寨蓝莓合作社负责人、旅游合作社负责人等，是新的土地利用方式形成新的村落经济格局后，成长起来的新权力主体。村人 YQJ 在村落旅游发展初期担任组长，表现出出色的管理与协调能力，为村民争取小微企业补助、蓝莓种植补贴等政策，受到大家推崇，还曾就村落将来发展走向向时任县领导递交规划书，代表全村人表达关于村落发展路径的愿景，是人们认可的村寨领导。退役士兵 LYQ 因为在凯里做生意有一定人脉，在村里重大事务中也属于有分量的人物，曾在 2016 年负责村里游船合作社、停车场的管理与经营，但由于河边山林征收中涉及其与村寨集体利益分配纠纷的问题，牵涉个人利益与集体利益的矛盾，其作为村寨有影响力人员的人设稍受损害，可其具有的各种社会资源仍能使其保持一定权威性。总体而言，这些新兴权力主体在村落内部事务和村落与外部互动中的影响力越来越大，是村落权力结构变革的内源性动力，也是村落权力结构中的新势力。

而在家族之间，随着新成长的具有影响力个体的出现，家族人口对家族力量的影响降低，家族内个体成员的影响力直接代表家族力量在村落的地位，"有工作""有路子""会做生意""有人脉"是形成影响力的基础。如上述谈到的新成长起来的权力主体除了 LYQ 外，其余三位所在的家族原本属于村中的小姓家族，现在家族人口仍旧很少，但其影响力远远超过过去同等家族规模下的情况。

男女两性权力结构也发生变化，女性因为获得较多赚取经济收益的机会，其家庭经济地位得到提高，虽然很多家庭依然是男性做主，但女性的意见得到更多尊重。但如前文讨论的，由于女性获取经济收益是以家中男性承担家务作为前提，女性转而被迫承担了更大的家庭经济压力以及社会压力。在外出务工的环境中又被管工或老板施加压力，她们对于来自管工或老板的不公正待遇，则会采取罢工、怠工、背后议论等方式表达诉求与排解不满情绪，表达对男性"权力结构"的抗议与申诉。

无论是村落传统老生代权力、新生代权力还是女性权力，其在形成的过程中，均与土地及其利用变革有着密切关系。一方面，传统土地利用方式与地方文化系统形成传统权力体系，在土地利用变化过程中，对来自国家与地方政府的政策法规形成博弈力量，促使政府在转变土地用途时缩小选择范围或做出让步，也让外来企业在利用当地土地时遵守地方文化习俗，维护地方群体利益；另一方面，新的土地利用方式导致影响重大的资源发生变化，新的资源持有者成长为新的权力主体，并进一步影响土地利用方式。在此过程中，来自地方群体的权力作用相对于政府政策与企业大资本形成的"硬权力"，是一种不可小觑的"软权力"体系。

本章研究土地利用变革中的社会与经济互嵌，主要突出产业经济发展与土地利用变化对社会文化与权力结构的影响。社会文化方面，蓝莓作为一种外来物种进入当地社会，人们对其从陌生到熟悉、从种植到食用的过程将蓝莓与传统文化相结合，形成具有地方特色的蓝莓文化。农耕生产时令与蓝莓时令相互穿插，传统节庆活动在传承中变迁，具有新的文化意涵，建构了蓝莓的社会生命意义。而在传统农耕社会，土地具有鲜活的实体生命与丰富的社会生命意义，承载人与土地关系及人对自然界中万事万物的信仰。在蓝莓引入种植后，生产变成人在科学与技术支持下对土地的管理与干预，人与土地的关系是利用者与被利用物的关系，土地经济意义加强的同时，社会文化意义减弱或被忽略，土地社会生命出现断裂。权力结构方面，土地利用的变化过程中，来自村落的地方性文化知识、风俗习惯、信仰崇拜与社会关系等形成的多元力量，成为村落与外来力量抗争的权力体系，相对于国家政府权力与社会资本形成的经济权力，组成"软权力"与"硬权力"间的博弈与调适。

结语与讨论：土地、权力与社会文化

土地是这个世界上最宝贵的稀缺资源，任何一个国家或地区都视土地为财富、权力的象征，土地的利用中渗入强烈的国家意识，所有群体都在土地中发挥各自的力量。土地也是文化最原始的源泉，作为一种最特殊的物的存在，其自身是有形与无形生命体的集合，在人们的生活中被赋予丰富的社会文化意义，具有自成一体的社会生命意涵。土地是人们赖以生存的物理空间基础，人们在一定区域内聚族而居，形成特定的地缘、血缘、亲缘社会关系，随着对土地依赖性的变化，土地利用也在逐步改变，进而社会关系结构和文化也发生一系列变化，社会关系格局呈现多维勾连差序格局。土地的珍贵性只有与土地朝夕相处的耕作者才真正明白，维护土地健康和可持续合理利用，是保障农村稳态健康科学发展的基础，也是当下乡村振兴的内部牵引力与稳定器，更是农村与农业文化传承与创新的命脉。

本书以经济与社会嵌入性理论为主要分析框架，以蓝莓引入与种植为介质，对南方一个典型的苗族区域的土地利用方式变化进行梳理，探讨了在此过程中经济与社会文化的关系与博弈，试图说明经济发展不仅是一个市场、资本问题，更与社会文化、权力等密切相关，体现了国家与地方、经济与社会、传统与现代、多样性与单一性等问题的纠缠。如何认识和看待"发展"，尤其是以经济发展为指向的发展，是我们应该思考的问题，民族地区社会文化在以经济发展为主导背景下经历的变迁同样需要深入关切与研究。

一 国家、地方与民间力量在土地利用中的互动博弈

在国家发展的不同阶段，国家经济状况不同，对土地及农业的定位与要求不同，土地政策制度具有明显的阶段性倾向。国家法律制度与政策是对土地利用的最高指示，省、市、县、乡各级政府则在国家土地法律制度

政策框架内进行解读与实践操作。在此过程中，地方各级政府既有遵循法律制度的准则，也有利益的考量，还有对地方社会生态环境等的考虑，而地方基层领导政绩考核因素的影响也是不可避免的。土地制度是土地利用实践的理论指导与宏观规划，土地制度可反映土地利用中的问题与趋势。当前我国土地制度的重中之重是保护耕地，新修正的《土地管理法》一再重申"永久基本农田保护"，一方面表明国家重视，另一方面说明当前土地利用中出现了严峻的问题。"确权确地"也是当下土地制度中的重点，这是与当下土地流动性引起的权能流动需要相结合，以保障土地权能主体的利益。而在土地制度制定与逐步完善过程中，民间土地利用实践与国家高层的理论总结与创新是互动进行的，很多时候往往是实践先行，理论提升、推广在后。

微观观察农村现实中的土地利用，第二、第三产业的发展大量挤占了农用地，传统农业向现代产业化农业转变，传统作物转变为经济附加值高的经济作物，通过土地流转进行规模经营。而农民转变为廉价土地与廉价劳动力的提供者，一方面，农民用来与权力、资本抗衡的地方文化与地方性知识，在土地利用变化过程中面临土崩瓦解；另一方面，人们开始意识到其重要性而出现有选择性地复兴与重构，如同本书中对乌村村落社会文化的描述一般。总体而言，这一系列转变过程体现了国家土地法律制度是土地利用的政策红线，地方各级政府在政策框架内进行解读与操作，民间应用地方性知识进行调适与博弈，土地继续作为城乡经济、文化、社会互动空间。在新一轮的互动中，乡村文化受到一定程度的重视，信息技术与数据在城乡的无差别应用，促进以往城市对乡村的掠夺性逐渐转变为互惠性、互通性，只是还需要更进一步改变互通方式，缩小互惠与互通中的利益差别，这一切在新修正的《土地管理法》颁布实施后或有重大改变，但在地方文化尤其农业文化保护方面仅依靠制度是不够的。

二 土地社会生命与产业发展互嵌是和谐社会关系的基础

对人类而言，土地是赖以生存的基础，不仅在于土地是重要的生产要素，更在于土地的生命特性。从生态、物质与文化意义来说，土地是生命的起点与终点，生命出于土地而归于土地进行周而复始的循环，尤其在许多安土重迁、以土为生的社会中，这一理念更是在丧葬、节庆等民俗活动与日常生活中体现出来。土地不仅是生物视角下实实在在的生命体的集合，更是人与土地关系中被赋予丰富的社会文化意义，形成特定社会中的土地社会生命体系。其社会生命特征通过特定区域内较长时期积淀形成的社会生产时令、生产技术与方式、土地与特定作物的关系、土地社会功能、土地信仰文化、人的土地心理等方面体现出来。这些领域中渗透寓意深厚的人与作物、人与时间、人与空间的关系理念，这一切以土地为载体，土地的特殊含义蕴藏着人的思想、心理、技术与能力。在乌村，土地具有完整的社会生命形态，表现在农耕与采集渔猎生产时令、小农集约农耕技术与方式、土地与特定作物关系、土地的社会保障功能、土地公信仰与土地心理等方面。

土地的社会保障功能是土地社会生命意义的重要组成部分，作家张爱玲的"卑微到尘埃里，然后开出花来"虽是情感世界的鸡汤名言，但不得不让人深思"尘埃"的作用。放大了看，越是社会底层世界里越需要这种尘埃一样的包容、接纳与安全感，在农村社会，土地即这样的存在。在新一轮的土地利用变革中，土地流转规模经营、经济作物种植、旅游开发等都是在政府权力、社会资本支持下的更高端的发展利用模式，可农村仍有一部分群体不具备资本条件，无法享受更高端的发展模式带来的直接效益，他们多数情况下只能在权力与资本支持的项目末端依赖性生存。在土地上种植粮食保障基本生活，利用自己熟悉的技术、遵循自己信仰的文化与守则是他们最大的生活安全感与心理安全感的来源。

土地文化功能也是土地社会生命的重要表现形式，土地信仰与万物有灵都是土地上滋生的民间宗教文化系统，神山、神树、神石、神鸟等被寄予人们美好的愿望，无一不与土地密切相关。基于土地与传统农业形成的语言文化、服饰文化、建筑文化、节日文化等都是土地文化功能的表现。马林诺夫斯基在语言学领域著名的"文化语境"理论即基于土地利用、农业生产与语言文化之间密切关系的总结，"文化语境"的重要性至今在我们生活中随处凸显。当下人们对方言文化的式微感到焦虑，其中主要原因之一是新一代在成长历程中缺少与传统生产生活场景的接触，语言传承中小到特定的词语、句子，大到特定场景、思维方式都已经没有其存在的空间和舞台。

土地利用过程中应保持多元化合理利用，应充分考虑土地的底层社会保障功能与传统社会文化功能。若只考虑土地作为生产要素的经济功能，那土地社会生命将会面临枯竭、瓦解，伴随土地社会生命而生的文化、信仰与心理也将面临消失，人们之间的社会关系也将变得更加功利，社会分化越发严重是必然的趋势。

三　乡村社会在分化中重新整合形成多维勾连差序格局

1949 年前的中国，地主与富农土地所有制是土地制度的主轴，极少部分人拥有绝大多数的土地，大多数人虽以土为生，但一辈子在土中刨食也只能拼尽全力谋得个温饱，从出生到死去可能很少离开生活的村庄，相互之间熟悉到像生活在透明世界中。费孝通先生称中国社会是乡土性的，人们被束缚在土地上，地方性的限制所导致的"熟悉"成为乡土社会的重要特征。差序格局是费孝通先生对中国农村基于地缘与血缘的人伦差序组织的概括，每个人都是一个原点，以"己"为中心，像石子一般投入水中，和别人所联系成的社会关系，像水的波纹一般，一圈圈推出去，愈推愈远，也愈推愈薄。[①]

乡土中国"熟人社会""无讼""礼治""无为""长老统治"等特性成为后来的学者用以认识与分析乡村社会的立论依据。随着社会的发展变迁，乡村社会在风土民俗、阶层分化、人际关系、价值观念、乡村治理等方面发生了极大变化，有学者用"新熟人社会"[②]"半熟人社会"[③] 作为认识和分析社会的理论。而过去的"乡土中国"已然不能描述当下社会的困境，近年来以周其仁、刘守英等为代表的土地与乡村社会研究者主张用"城乡中国"描述中国现在的城乡关系格局。指出在"城乡中国"阶段，一方面是农民高度异质化，其与乡村的经济社会关系发生分野，农二代引发代际革命，农业走向劳动集约和多功能化；另一方面是要素在城乡间配置活跃，城乡分工与融合增强，乡村在分化的同时也迈向业态、产业、功能多样化。[④] 而对于这一论点也有学者指出目前中国社会处于转型过渡期，"城乡

[①]　费孝通：《乡土中国　乡土重建》，北京联合出版公司，2018，第 26 页。
[②]　贺海仁：《无讼的世界：和解理性与新熟人社会》，北京大学出版社，2009。
[③]　陈柏峰：《半熟人社会——转型期乡村社会性质深描》，社会科学文献出版社，2019。
[④]　刘守英、王一鸽：《从乡土中国到城乡中国——中国转型的乡村变迁视角》，《管理世界》2018 年第 10 期，第 128~146、232 页。

中国"是结果而非过程，无法为过渡期社会问题提供合理的解释。

我国分布在不同区域的农村类型不一，在多元媒体、信息、交通、物流、大数据等特征的影响下，要形成普遍适用于全国农村及其与城镇关系的解释范式，首先是非常困难的，其次是因为内部巨大的差异性，本不适合用某一种理论概括全貌，需要进行各区域更多个案的深入调查研究，总结归纳出适合该区域或该个案同类村落的社会关系以及城乡关系的解释概念或命题，为形成更高一层的解释理论进行积累。

西南少数民族地区的村落多是某一少数民族聚族而居或与汉族或其他少数民族聚族杂居，常以单姓氏或少数几个姓氏组成一个自然村落，在以集市或民族节日活动场所为中心的较小社会区域内，与其他少数民族或汉族村落有着频繁、密切而深入的互动交往。区域内具有既多元又交融的各少数民族文化，其文化习俗在多数类同基础上有着本民族或本支系的独特之处，同时具有若隐若现的边界与区隔。结合对乌村的田野调查研究过程，以土地利用变化为切入口，笔者试图对西南地区正进行产业发展的少数民族村落社会关系格局进行总结与归纳，以期对这类农村当下的社会经济文化状况研究提出解释框架。借鉴费孝通先生中国乡土社会差序格局的理论，笔者将西南少数民族村落社会在转型与发展时期的社会状态称为多维勾连差序格局。

首先，差序格局仍是当下西南少数民族农村社会关系的基底，尽管费孝通先生提出差序格局理论时的时代背景、经济水平、土地制度与现在截然不同，但由于西南少数民族地区在进入21世纪前交通、信息都相对闭塞，即使经历1949年新中国成立与后续的集体化生产再到改革开放土地承包经营等重大变革，区域经济发展仍较缓慢，与大社会的融入程度较浅，传统文化保存完整，传统农业是主要生计方式。人们对传统以血缘与地缘为纽带建立的社会关系依赖性依然很强，以个人为原点逐渐推开散去的亲疏远近关系依然是人们日常生活中社会互动强弱的依据，在处理婚丧嫁娶大事时亲疏远近关系决定支持力量的大小，村落权力结构亦受到血缘组成的家族、宗族关系与地缘组成的寨邻关系的影响。在聚族而居的村落，血缘组织与地缘组织往往重叠，邻近村落的姻亲关系形成的较大社会关系网络的力量也是不容忽视的影响因素。有学者提出村落社会在新的社会经济发展状态下出现原子化，传统社会关系土崩瓦解，这种现象在华北平原地区农村较为常见。在西南少数民族地区，相对于传统历史时期，村规民约与民间传统机制的约束与其中的互动关系减弱，但由于特殊的地理、历史、经济与社会发展历程，其影响仍然存在。

其次，社会关系呈现多维特征。从数学中借用的"维度"也称维数，一般意义上指与事物"有联系"的抽象概念的数量，组成它的抽象概念的个数就是它变化的维度。[①] 在社会科学研究中常用维度作为研究对象多方面特征交叉联系且有机整合的解释与分析理论框架。如在当代社会学对宏观-微观、主观-客观的研究与理论联结方面，美国社会学家瑞泽尔（George Ritzer）试图建立一种整合各方面的社会学范式，指出在一个整体性的类别中一定涉及四个社会分析层面：宏观主观性、宏观客观性、微观主观性及微观客观性。[②] 紧随其后杰弗里·亚历山大（Jeffrey Alexander）建构了一种"多维社会学"，强调在"行动"与"秩序"的主题下，集体主义-个人主义、理性行动-能动意愿、现实主义-理想主义、微观结构-宏观制度等既有社会理论的调适与整合是当代社会学理论重建的趋势。多维即指理论综合、理论冲突与消弭内部冲突的特征。[③]

本书认为，多维性表示当下的农村社会关系结构已不呈现地缘与血缘基础上的同质化、平面化的乡土社会特点，每个人所扮演的多重社会角色在各种社会情景中形成以"己"为中心的多维立体化格局。这些社会关系包括实体的与虚拟的、内向的与外向的，构成社会关系的纽带有血缘、地缘、业缘与物缘等。实体的社会关系指在实际生活中形成的关系网络；虚拟的指通过网络世界、销售平台等建立的社会关系联结。内向的是指村落社会内传统的关系网络；外向的指在实际生活中或虚拟的社会情景中因土地流转，乡村旅游，蓝莓种植生产、销售、管理、务工等社会互动形成的外向的社会关系联结。血缘组织指村落传统的家族成员间关系，婚姻关系建立的姻亲关系网络常与血缘组织关系交织在一起；地缘组织指以聚居

---

① 中国大百科全书总编辑委员会编《中国大百科全书（数学）》，中国大百科全书出版社，2002，第726页。
② 〔美〕乔治·瑞泽尔：《古典社会学理论》（第6版），王建民译，世界图书出版公司，2014，第67页。
③ 〔美〕乔治·瑞泽尔：《现代社会学理论》（双语第7版），北京联合出版公司，2018，第379页；谢立中主编《西方社会学名著提要》，江西人民出版社，1998，第445~471页。

地——通常是村落——为主要界限的关系网络；业缘组织指因相同的职业、行业、工种等建立的关系网络；像本书中蓝莓是较大社会区域中的特殊物品，物缘组织指大多数社会成员围绕该物品的生产、流通、消费形成的广泛关系网络。在当地社会，除蓝莓外，太子参、猕猴桃、西瓜种植也逐渐形成一定的规模，也开始形成特有的物缘组织。每个人都身处在这些不同类型的社会关系网络中，在每一种社会组织内都形成一张以"己"为中心的关系网，多维的社会关系网形成一个以"己"为中心的立体关系空间，不同社会组织的关系网络在这个关系空间中起着不同的作用。外向型的关系网络犹如格兰诺维特研究中的"弱关系"，是支持小家庭与大市场对接的重要资源；内向型的关系网络则与格兰诺维特的"强关系"对应，使小家庭在村落社会中得到支持与实现价值。实体的社会关系网络支持人们实实在在的获得感与存在感，虚拟的网络使人们获得丰富的信息数据资源，获得心理上的满足与对理想生活的构想。而血缘、地缘、业缘、物缘等社会关系纽带更是在以上外向与内向、实体与虚拟的社会关系网络中交叉建构与影响。

　　再次，这些不同的社会关系网络并不是分离的、孤立的，相互间随时随地产生勾连。虚拟社会情景里的关系网络可能延伸到现实社会中，外向型的社会关系也可能拉近到只有内向型关系成员的网络中，地缘组织成员随着居住格局变化以及交通影响也容易出现进入与退出变化，业缘和物缘组织本就常交织在一起，这些不同的社会关系维度有区别，但也会随着影响因素的变化而出现多种勾连关系。人们在日常生活中随时进行角色切换与调适自己在适当社会情景中的行为准则。如做着蓝莓生意的人，每天与外面的收购商或顾客打交道时，用普通话操着娴熟的商业语言，而回到村子切换成苗语与村里人交流着家长里短。在外面每天进行着上万元的现金进出业务，回到村里，每逢邻里亲戚办酒席、请客等不同场合，会带上5~10斤大米或玉米、一两只鸡、50~100元的礼金参加宴席。在外面参加商业领域或比较正式的饭局会用酒杯，按照主宾、主次顺序敬酒饮酒，回到村里会用碗盛酒大家共饮。这些虽是生活中的细节，但表示人们在不同社会情景、不同关系网络中的角色扮演以及角色规则的多重切换。

　　最后，在多维勾连差序格局的社会关系网络背景下，传统村落社会呈现分化中更加整合的特点。传统村规民约及村落作为整体单位的影响随着经济、文化、社会发展逐渐减弱，社会关系出现一定程度的分化，以村落为更高行动单位的观念逐渐淡薄，行动单位缩减到四代以内的联合大家庭，即人们常称的"家族"，甚至有时收缩到主干家庭内部。但在发展速度加快、影响因素多元的外在环境映衬下，人们更加重视小范围内社会组织的内聚与整合。也就是说，在更大的村落范围内，社会分化加剧了，但由于村落权力结构的变化，以及影响权力结构变化因素更多元化，人们的危机意识产生，进而更在意家族内部的团结与相互扶持，希望家族内成长起更有影响力的成员，带动家族力量在村中有较大影响力。费孝通先生指出在差序格局里形成的社会范围能收能放，能伸能缩，公和私是相对而言的，不同的只是内向和外向的路线、正面和反面的说法，站在任何一圈里，向内看也可以说是公的，向外看或许被认为是私的。① 从较长的历史时期来看，村落社会的分化在逐渐加剧，但并不是彻底分化为个体，尤其在西南地区的少数民族村落，大范围的分化更促进小范围的凝聚与整合，这种分化与整合也是相对而言的，立足家庭，个体的外向型发展属于家庭成员间的分化，但从更大范围来说这是一种新的整合，是属于家庭的代际分工与协作，站在任何一个点都能对同样的现象做出分化与整合的判断。需要指出的是，这种相对的分化与整合在未来一段时期内将会受到越来越多因素的影响，以内部新的整合方式在外部分化大环境下求得生存与发展。

四 发展与遭遇发展的诘问

通常意义下，发展主要指经济发展，与现代化具有等同的含义。从传统到现代、从落后到发达是沿着发展的道路前进的结果，将人类过去的历史与未来的方向归于同一线性方向。这一武断结论在后现代主义思潮中受到全面质疑，后现代主义从文化与认识论上对现代主义进行否弃，赞同文化类型、技术与声音的多样性，反对单一的发展理论与科学理性。但发展作为一种概念、理论，在某些领域不得不作为指导实践行动的工具使用。凯蒂·加德纳、大卫·刘易斯认为，发展是一套强有力的思想观念，它引导着20世纪后半叶人类的思想与行动，并通过有意识、有计划的社会变迁

---

① 费孝通：《乡土中国 乡土重建》，北京联合出版公司，2018，第29页。

影响了世界，而且将继续影响人们的生活。① 发展是西方资本主义国家利用科学技术改造自然资源获得的经济增长，在此过程中忽略文化资源，甚至以牺牲文化资源为代价。② 潘天舒总结国内外人类学研究者通过参与一些西方发展项目，应用民族志的方法对项目在实际操作过程中如何演变成一整套理性工具，使代表政府和国际组织利益的权力，得以顺利地渗透和干预当地社会和经济生活，从而给本土文化、社会结构和关系带来不可预期的后果和影响进行研究，进而进行批评与反思，反思发展与进步的真正含义，提出科学文化观论题，强调文化在经济发展项目中的作用。1979 年，联合国教科文组织在厄瓜多尔召开的基多会议，提出了总体的、内生的、综合的发展观念的中心议题，对不同的民族共同体而言，发展是对各自体内资源的运用，应注重理应受到尊重的文化价值体系，而不仅仅是能够精确计算的经济价值体系。③ 这种文化价值体系与一些学者研究中称为"社会底蕴"的力量具有相似含义，是一种不为国家、制度等现代性视角所认可，却以极为具体的方式存在并发挥作用的力量，是乡村社会获得秩序的内在运行机制。④

若单纯以经济指标衡量所谓的进步与发展而忽略文化及其他非经济要素的存在价值，社会客观现实正面临遭遇发展的局面，对发展提出反思与批判，使发展思想与活动摆脱过于系统化的模式的束缚，向更富有创造性的方向探索是人类学研究者的职责之一。⑤ 发展与遭遇发展不是本书探讨的主要问题，但经济导向下的发展旨在通过技术干预自然环境获得经济增长，使经济借技术嵌入社会，经济处于主导地位，社会则居于从属。本书基于田野调查心得，结合当下中国农村转型进程中的社会现实，探究西南少数民族地区村落"经济与社会"的关系，与格兰诺维特嵌入性理论进行对话。笔者认为"经济嵌入社会"的关系中，社会文化背景与经济发展同等重要，

---

① 〔美〕凯蒂·加德纳、〔美〕大卫·刘易斯：《人类学、发展与后现代挑战》，张有春译，中国人民大学出版社，2008，第 2 页。
② 潘天舒：《发展人类学概论》，华东理工大学出版社，2009，第 201 页。
③ 陈庆德等：《发展人类学引论》，云南大学出版社，2001，第 25 页。
④ 杨善华、孙飞宇：《"社会底蕴"：田野经验与思考》，《社会》2015 年第 1 期，第 74~91 页；李荣荣：《乡土社会的日常道德与社会底蕴——以大理"乡评"的演变与积淀为例》，《社会发展研究》2019 年第 2 期，第 154~174、245 页。
⑤ 潘天舒：《发展人类学概论》，华东理工大学出版社，2009，第 2 页。

忽视社会文化背景的经济手段强行嵌入将会造成严重的社会后果,是所取得的经济成果无法弥补的。

中国改革开放40多年来,社会经济增长与文化繁荣取得举世瞩目的成绩,但随着中东部地区与西部地区之间、农业与非农经济之间的差距进一步扩大,"三农"问题越来越成为全国推进全面发展进程中重点关注领域。过去"优先发展工业、以工业反哺农业""让一部分人先富起来、先富带后富"等阶段性发展战略实施之后,前一阶段成果显著,但后一阶段的"以工业反哺农业、先富带后富"效果不明显。西部大开发、新农村建设、美丽乡村建设以及眼下的乡村振兴战略等是国家政策引导下提供区域性、产业性倾斜的扶持措施,是国家对西部农村地区发展在制度层面的指导。在制度之下形成一系列具体发展措施,乡村旅游、康养园区、农业产业化发展等是农村经济的推手,地方政府与企事业单位响应国家号召,积极制定地方发展计划,乡村主体也充分发挥主观能动性,从20世纪90年代开始开发如火如荼地进行,经济水平极大提高,但存在的问题仍是不容忽视的。

以乌村为例,乡村旅游与农业产业化这两大热门项目短时期之内在村寨并行开展,其中涉及的土地利用变化主要表现为农用地转化为建设用地、自然林地转变为经果林地。为了发展集体利益而转变土地用途,理论上只要符合国家土地政策指标都是允许的,但在较小区域内进行急剧而大幅度的转变,对村落社会结构关系、传统文化系统、环境保护、社会稳定和谐等造成的影响是非常突出的。

第一,对当地生物多样性的损害及环境影响。大面积森林被砍伐开挖种植蓝莓,依赖森林生存的鸟兽严重减少,单一的蓝莓种植以及日常园地整理使得植物多样性锐减。从多处泉眼干涸可知地下水源明显减少,土地水土保持能力降低,虽短期内不至于引起地质危机,但长远来看有土壤逐渐遭到破坏的趋势。虽然农药被禁止大量使用,但由于农户种植无法监管,有的农户为减少割草工作量也会有喷洒农药的现象,长时期积累会对土壤造成破坏。蓝莓地里地膜的使用增加大量塑料垃圾,给环境增加负担。

第二,生产技术多样性降低。水稻、玉米、油菜、棉麻、薯类、豆类等种植是南方许多少数民族掌握的常规技术,在很多少数民族地区,人们结合当地特殊自然环境,探索出一些特有的种植技术。随着农用地被挤占,传统农业种植越来越少,蓝莓种植作业成为很多人从事的新农活,新一代的农人对传统种植技术的忘却是必然的。技术本身是一种文化，依托于特有农业操作技术的规则、仪式、禁忌等也是传统农业文化的组成部分，在单一作物种植的背景下，也会面临丢失的际遇。

第三，农产品多样性降低。农业分区从经济学角度确实有助于促进相互间的需求与流通，有助于市场经济发展，但从地方日常生活来说，这会引起食品安全的忧虑，也会间接影响生活多样性、文化多样性的有效传承，如导致对节日性仪式食品的减省，因为交易成本上升使得某些仪式用品给人们造成负担，最明显的如糯米，它是南方很多民族的节日食品原料，失地导致农田种植取消，糯米由家庭自给变成依赖市场，在市场价高于一般食用大米的情况下，糯米遭到选择性排斥。

第四，人们安全感降低。传统上，当地人以土为生，日常生活用品大部分自给自足，至少是不愁吃的问题。可在土地利用转变过程中出现部分失地农民，以前土地是"生养死葬"的根本保障，失地农民丧失这种土地带来的保障基础，对眼下生活与未来养老送终的问题感到焦虑，安全感降低。同时，自给自足的生计方式日益式微，对市场依赖性增强，市场的不稳定性、复杂性也给人们带来种种不安全感。

第五，中老年人幸福感成就感降低。以往人们都追求现代与时尚，可风水轮流转，曾几何时，人们开始羡慕绿色有机，渴望纯天然，追求人工手作。曾经农村家庭杀年猪、打豆腐、打糍粑热闹非凡，还留足份额送给城里的子女，中老年父辈对此感到自豪和满足，感觉自身存在价值倍增。如贺雪峰指出农村家庭以代际分工为基础的半工半耕结构下，年轻子女进城务工经商，中老年一代留守务农，土地是年轻一代和中老年一代的连接纽带，农产品与工资使家庭获得温饱有余的生活。[①] 但失地后，天然、绿色、有机的优势失去，"做货不如买货"的观念让中老年人不被需要，其家庭代际的赠予与回报的情感交流机制断裂，中老年人留守的焦虑随之而起。

第六，对土壤破坏性与透支性利用是不可逆的。在乌村，农用地转化为建设用地，建设工程或中途烂尾，或经营不畅被废弃，最终都没能真正发挥其发展经济、带动地方的作用，但又无法恢复成农用地，对土地和区域生态环境都是一种破坏。而蓝莓种植是一种不断掠取土壤养分的过程，

---

① 贺雪峰：《新乡土中国》（修订版），北京大学出版社，2013，第205页。

人们在土壤营养降低后进行人工干预平衡，长远来说是一种透支性利用，不远的将来会造成土壤营养枯竭，影响土地健康，进而影响自然环境与人的生活环境。

美国地质学家戴维·R.蒙哥马利说：我们对待土地的方式，都将影响到我们自身。我们对待土地的态度，决定了土地对待我们的方式及其持续时间。当今人类的行为，正是在全球范围内毫无节制地消耗土壤。土地的状况——土地的健康或衰退——直接决定了社会发展的健康程度和应变能力。[1]

格兰诺维特的嵌入性理论相较于传统经济学与社会学理论，具有三个重要的革新，分别从微观、中观与宏观层面强调社会因素对经济的影响。微观层面，格兰诺维特指出，经济活动中的人不仅是理性人，更是嵌入社会关系网络中的人。中观层面，指出经济活动不是孤立发生的，而是在社会关系网络中展开的，"强关系"与"弱关系"是人们交替拓展与利用的关系网络，处在结构洞中的人或组织更能获取网络资源而发展。信任和权力是尤为重要的两种社会关系。宏观层面，分析社会的演进是个人、网络和社会三个层面相互作用的结果。社会为个人行动提供了一个背景，个人通过社会网络影响和改变社会。

结合本书研究，农业产业化发展嵌入农村社会，土地是联结个人、家庭、家族及村落的介质，是社会网络的基底。一方水土养一方人，农民都是嵌入土地中的，依靠地力获得生存与发展，不同地区、不同民族嵌入的方式各不相同，构成人类文化的多样性。农业产业化发展、土地利用方式转变应嵌入地方社会文化背景，本书研究总结，"生境嵌入""土地嵌入""社会关系网络嵌入""文化与传统嵌入"等是主要的嵌入性机制。若经济与社会脱嵌，必将对社会各领域造成不同程度的冲击与破坏，其不良后果终将反噬到社会中每个个体。文化变迁虽是社会常态，但急剧的变迁势必会引起社会其他层面的滞后与失衡，兼顾文化传承与延续是经济发展的前提。

---

[1] 〔美〕戴维·R.蒙哥马利：《泥土：文明的侵蚀》，陆小璇译，译林出版社，2017，第16~30页。

本书通过深入调查研究，呈现了西南地区一个典型苗族村寨——乌村的产业经济发展、土地利用变化与地方社会文化背景的嵌入性机制及其存在的问题，期待后续有更丰富类型的村落案例研究出现，以形成嵌入性理论的本土化阐释体系。

参考文献

一 历史文献、地方志

（汉）许慎：《说文解字》（注音版），岳麓书社，2006。

（晋）常璩撰《华阳国志校注》，刘琳校注，巴蜀书社，1984。

（明）董斯张：《广博物志》，岳麓书社，1991。

（清）靖道谟、杜诠纂《贵州通志》，（清）鄂尔泰、张广泗修，中央民族大学古籍馆线装古籍，乾隆六年（1741）。

（清）李宗昉：《黔记》，中华书局，1985。

杜文铎等点校《黔南识略·黔南职方纪略》，贵州人民出版社，1992。

（清）田雯编《黔书 续黔书 黔记 黔语》，罗书勤等点校，贵州人民出版社，1992。

（清）谢圣纶辑《滇黔志略点校》，古永继点校，贵州人民出版社，2008。

（清）徐家干：《苗疆闻见录》，吴一文校注，贵州人民出版社，1997。

（清）张廷玉编《明史·贵州地理志考释》，贵州人民出版社，2008。

（清）张廷玉编《明史·贵州土司列传考证》，贵州人民出版社，2008。

（清）周作楫编《贵阳府志》，中央民族大学图书馆古籍部线装古籍，道光三十年（1850）。

（唐）欧阳询撰《艺文类聚》（上、下），中华书局上海编辑所编辑，中华书局，1965。

《明史·贵州土司传》，中华书局标点本，1974。

贵州省文史研究馆点校《贵州通志·土司·土民志》，贵州人民出版社，2008。

王士性：《黔书》，中华书局，1985。

吴振棫：《黔语》，中央民族大学图书馆古籍部线装古籍，刻书日期不详。

周恭寿:《麻江县志》(一、二),成文出版社,1938。

二 专(译)著文献

〔澳〕马尔科姆·沃特斯:《现代社会学理论》,杨善华等译,华夏出版社,2000。

〔奥〕庞巴维克:《资本实证论》,陈端译,商务印书馆,2009。

〔法〕H.孟德拉斯:《农民的终结》,李培林译,社会科学文献出版社,2010。

〔法〕马塞尔·莫斯:《礼物——古式社会中交换的形式与理由》,汲喆译,商务印书馆,2016。

〔法〕米歇尔·福柯:《规训与惩罚:监狱的诞生》,刘北成、杨远婴译,生活·读书·新知三联书店,2007。

〔法〕皮埃尔·布迪厄:《实践感》,蒋梓骅译,译林出版社,2003。

〔法〕皮埃尔·布尔迪厄:《实践理论大纲》,高振华、李思宇译,中国人民大学出版社,2017。

〔加〕朱爱岚:《中国北方村落的社会性别与权力》,胡玉坤译,江苏人民出版社,2010。

〔美〕埃里克·沃尔夫:《欧洲与没有历史的人民》,赵丙祥、刘传珠、杨玉静译,上海人民出版社,2006。

〔美〕戴维·R.蒙哥马利:《泥土:文明的侵蚀》,陆小璇译,译林出版社,2017。

〔美〕杜赞奇:《文化、权力与国家——1900—1942年的华北农村》,王福明译,江苏人民出版社,1996。

〔美〕马克·格兰诺维特、〔瑞典〕理查德·斯威德伯格编著《经济生活中的社会学》,瞿铁鹏、姜志辉译,上海人民出版社,2014。

〔美〕马克·格兰诺维特:《经济行动与社会结构:嵌入性问题》,载〔美〕马克·格兰诺维特、〔瑞典〕理查德·斯威德伯格编著《经济生活中的社会学》,瞿铁鹏、姜志辉译,上海人民出版社,2014。

〔美〕黄宗智:《长江三角洲小农家庭与乡村发展》,中华书局,1992。

〔美〕黄宗智:《中国的隐性农业革命》,法律出版社,2010。

〔美〕黄宗智:《华北的小农经济与社会变迁》,中华书局,1986。

〔美〕基辛（R. Keesing）：《人类学绪论》，张恭启、于嘉云译，巨流图书公司，1989。

〔美〕凯蒂·加德纳、〔美〕大卫·刘易斯：《人类学、发展与后现代挑战》，张有春译，中国人民大学出版社，2008。

〔美〕林南：《社会资本：关于社会结构与行动的理论》，张磊译，世纪出版集团、上海人民出版社，2005。

〔美〕路易斯·亨利·摩尔根：《古代社会》、（上册），杨东莼等译，商务印书馆，1977。

〔美〕罗伯特·芮德菲尔德：《农民社会与文化：人类学对文明的一种诠释》，王莹译，中国社会科学出版社，2013。

〔美〕罗伊·A.拉帕波特：《献给祖先的猪——新几内亚人生态中的仪式》（第二版），赵玉燕译，商务印书馆，2016。

〔美〕马克·格兰诺维特（Mark Granovetter）：《社会与经济：信任、权力与制度》，王水雄、罗家德译，中信出版社，2019。

〔美〕玛乔丽·肖斯塔克：《妮萨：一名昆族女子的生活与心声》，杨志译，中国人民大学出版社，2017。

〔美〕马若孟：《中国农民经济：河北和山东的农业发展，1890—1949》，史建云译，江苏人民出版社，1999。

〔美〕马歇尔·萨林斯：《石器时代经济学》，张经纬等译，生活·读书·新知三联书店，2009。

〔美〕米尔恰·伊利亚德：《神圣的存在：比较宗教的范型》，晏可佳、姚蓓琴译，广西师范大学出版社，2008。

〔美〕乔治·瑞泽尔：《现代社会学理论》（双语第7版），北京联合出版公司，2018。

〔美〕乔治·瑞泽尔：《古典社会学理论》（第6版），王建民译，世界图书出版公司，2014。

〔美〕施坚雅：《中国农村的市场和社会结构》，史建云、徐秀丽译，中国社会科学出版社，1998。

〔美〕西奥多·W.舒尔茨：《论人力资本投资》，吴珠华等译，北京经济学院出版社，1990。

〔美〕阎云翔：《礼物的流动——一个中国村庄中的互惠原则与社会网

络》，李放春、刘瑜译，上海人民出版社，2000。

〔美〕杨懋春：《一个中国村庄：山东台头》，张雄、沈炜、秦美珠译，江苏人民出版社，2001。

〔美〕伊利（R. T. Ely）、〔美〕莫尔豪斯（E. W. Morehouse）：《土地经济学原理》，滕维藻译，商务印书馆，1982。

〔美〕约瑟夫·S. 奈：《硬权力与软权力》，门洪华译，北京大学出版社，2005。

〔美〕詹姆斯·C. 斯科特：《农民的道义经济学：东南亚的反叛与生存》，程立显等译，译林出版社，2001。

〔美〕詹姆斯·C. 斯科特：《弱者的武器》，郑广怀等译，译林出版社，2007。

〔英〕埃文斯-普里查德：《努尔人——对尼罗河畔一个人群的生活方式和政治制度的描述》，褚建芳等译，华夏出版社，2002。

〔英〕伯特兰·罗素：《权力论：新社会分析》，吴友三译，商务印书馆，2017。

〔英〕卡尔·波兰尼：《大转型：我们时代的政治与经济起源》，冯钢、刘阳译，浙江人民出版社，2007。

〔英〕理查德·H. 托尼：《中国的土地和劳动》，安佳译，商务印书馆，2014。

〔英〕马林诺夫斯基：《文化论》，费孝通等译，中国民间文艺出版社，1987。

〔英〕奈杰尔·拉波特、乔安娜·奥弗林：《社会文化人类学的关键概念》，鲍雯妍、张亚辉译，华夏出版社，2009。

〔英〕爱德华·泰勒：《原始文化：神话、哲学、宗教、语言、艺术和习俗发展之研究》，连树声译，上海文艺出版社，1992。

三　中文著作

《苗族简史》编写组、《苗族简史》修订本编写组编《苗族简史》，贵州民族出版社，1985。

卜凯主编《中国土地利用》，成都成城出版社，1941。

卜凯：《中国农家经济》，张履鸾译，商务印书馆，1936。

《黔东南苗族侗族自治州概况》编写组、《黔东南苗族侗族自治州概况》修订本编写组编《黔东南苗族侗族自治州概况》（修订本），民族出版社，2008。

《民族问题五种丛书》贵州省编辑组、《中国少数民族社会历史调查资料丛刊》修订编辑委员会编《苗族社会历史调查》（一），民族出版社，2009。

蔡运龙、何国琦主编《人与土地》，辽宁教育出版社，2000。

曹端波、傅慧平、马静等：《贵州东部高地苗族的婚姻、市场与文化》，知识产权出版社，2013。

车震宇：《传统村落的旅游开发与形态变化》，科学出版社，2008。

陈柏峰：《半熟人社会》，社会科学文献出版社，2019。

陈登元：《中国土地制度》，商务印书馆，1932。

陈靖：《土地的社会生命》，社会科学文献出版社，2018。

陈庆德：《经济人类学》，人民出版社，2001。

陈庆德等：《发展人类学引论》，云南大学出版社，2001。

崔海洋：《人与稻田——贵州黎平黄岗侗族传统生计研究》，云南人民出版社，2009。

邓启耀：《我看与他观——在镜像自我与他性间探问》，清华大学出版社，2013。

杜润生：《杜润生自述：中国农村体制变革重大决策纪实》，人民出版社，2005。

樊淑敏：《审美视阈中的土地崇拜研究》，中国文联出版社，2016。

费孝通：《江村经济》，上海人民出版社，2006。

费孝通：《文化与文化自觉》，群言出版社，2010。

费孝通：《乡土中国 乡土重建》，北京联合出版公司，2018。

费孝通、张之毅：《云南三村》，天津人民出版社，1990。

王绍光：《波兰尼〈大转型〉与中国的大转型》，生活·读书·新知三联书店，2012。

高宣扬：《布迪厄的社会理论》，同济大学出版社，2004。

高宣扬：《当代社会理论》（第2版）（上、下），中国人民大学出版社，2017。

顾姻、贺善安主编《蓝浆果与蔓越桔》，中国农业出版社，2001。

贵州省麻江县志编纂委员会编《麻江县志》，贵州人民出版社，1992。

贵州师范大学地理系编《贵州省地理》，贵州人民出版社，1990。

郭于华：《仪式与社会变迁》，社会科学文献出版社，2000。

郝晋珉：《土地利用控制》，中国农业科技出版社，1996。

何国强：《围屋里的宗族社会——广东客家族群生计模式研究》，广西民族出版社，2002。

何积全主编《苗族文化研究》，贵州人民出版社，1999。

贺海仁：《无讼的世界：和解理性与新熟人社会》，北京大学出版社，2009。

贺庆棠主编《气象学》，中国林业出版社，1988。

贺雪峰：《新乡土中国》（修订版），北京大学出版社，2013。

胡亮：《产权的文化视野——雨山村的集体、社群与土地》，社会科学文献出版社，2012。

胡起望、李廷贵编《苗族研究论丛》，贵州民族出版社，1988。

黄国辉主编《小浆果栽培技术》，东北大学出版社，2009。

黄庆山：《"软权力"文化研究》，新华出版社，2017。

黄威廉、屠玉麟、杨龙编著《贵州植被》，贵州人民出版社，1988。

黄志辉：《无相支配：代耕农及其底层世界》，社会科学文献出版社，2013。

黄志辉：《重温先声：费孝通的政治经济学与类型学》，九州出版社，2018。

金其铭、杨山、杨雷：《人地关系论》，江苏教育出版社，1993。

金太军：《村庄治理与权力结构》，广东人民出版社，2008。

景军：《神堂记忆：一个中国乡村的历史、权力与道德》，吴飞译，福建教育出版社，2013。

贵州省民族事务委员会、贵州省民族研究所编《贵州"六山六水"民族调查资料选编》（苗族卷），贵州民族出版社，2008。

李天翼主编《西江模式——西江千户苗寨景区十年发展报告（2008~2018）》，社会科学文献出版社，2018。

李亚东、刘海广、张志东、吴林、姜惠铁、李晓东编著《蓝莓优质丰产栽培技术》,中国三峡出版社,2007。

林耀华主编《民族学通论》(修订本),中央民族大学出版社,1997。

刘守英:《土地制度与中国发展》,中国人民大学出版社,2018。

刘守英:《直面中国土地问题》,中国发展出版社,2014。

刘招成:《美国中国学研究:以施坚雅模式社会科学化取向为中心的考察》,上海人民出版社,2009。

刘正山:《当代中国土地制度史》(上、下),东北财经大学出版社,2015。

陆红生主编《土地管理学总论》,中国农业出版社,2002。

罗康智、罗康隆:《传统文化中的生计策略——以侗族为例案》,民族出版社,2009。

罗康智、谢景连:《文化生态视阈下的黔东南侗族》,民族出版社,2016。

麻江县地方志编纂委员会编《麻江县志(1991~2005)》,中州古籍出版社,2009。

麻江县人民政府编《贵州省麻江县地名志》,麻江县人民政府印刷(内部发行),1986。

马翀炜、张雨龙:《流动的橡胶:中老边境地区两个哈尼/阿卡人村寨的经济交往研究》,中国社会科学出版社,2014。

潘天舒:《发展人类学概论》,华东理工大学出版社,2009。

黔东南苗族侗族自治州地方志编纂委员会编《黔东南苗族侗族自治州志·民族志》,贵州人民出版社,2000。

秦红增、韦茂繁等:《瑶族村寨的生计转型与文化变迁》,民族出版社,2008。

孙金铸主编《中国地理》,高等教育出版社,1988。

田兆元、扎格尔、黄江平主编《民族民间文化论坛》(第五辑),上海社会科学院出版社,2016。

万丽华、蓝旭译注《孟子》,中华书局,2006。

王凤刚搜集整理译注《苗族贾理》(上、下),贵州人民出版社,2009。

王沪宁:《当代中国村落家族文化——对中国社会现代化的一项探索》,

上海人民出版社，1991。

王铭铭、王斯福主编《乡土社会的秩序、公正与权威》，中国政法大学出版社，1997。

王铭铭：《村落视野中的文化与权力：闽台三村五论》，生活·读书·新知三联书店，1997。

韦茂繁、秦红增等：《苗族文化的变迁图像：广西融水雨卜村调查研究》，民族出版社，2007。

吴次芳、吴丽：《土地社会学》，浙江人民出版社，2013。

黔东南苗族侗族自治州地方志编纂委员会编《黔东南苗族侗族自治州志·民政志》，贵州人民出版社，2004。

吴晔：《图说土地文化》，中国大地出版社，2007。

吴泽霖、陈国钧等：《贵州苗夷社会研究》，民族出版社，2004。

伍孝成、吴声军编著《黔记·舆图志考释》，贵州人民出版社，2013。

伍新福、龙伯亚：《苗族史》，四川民族出版社，1992。

伍新福：《苗族文化史》，四川民族出版社，2000。

谢立中主编《西方社会学名著提要》，江西人民出版社，1998。

辛德惠编著《土地利用》，农业出版社，1985。

杨庭硕、罗康隆、潘盛之：《民族、文化与生境》，贵州人民出版社，1992。

杨庭硕、罗康隆：《西南与中原》，云南教育出版社，1992。

杨庭硕、吕永锋：《人类的根基——生态人类学视野中的水土资源》，云南大学出版社，2004。

杨文衡、杨勤业主编《中国地学史·古代卷》，广西教育出版社，2014。

杨筑慧：《传统与现代——西双版纳傣族社会文化研究》，中国社会科学出版社，2009。

杨筑慧等：《侗族糯文化研究》，中央民族大学出版社，2014。

尹绍亭：《人与森林——生态人类学视野中的刀耕火种》，云南民族出版社，2000。

尹绍亭：《尹绍亭学术文选》，云南大学出版社，2014。

应星:《农户、集体与国家——国家与农民关系的六十年变迁》,中国社会科学出版社,2014。

于江山主编《周易》(插图版),王效平编译,中国纺织出版社,2015。

岳琛主编《中国土地制度史》,中国国际广播出版社,1990。

张丽:《非平衡化与不平衡:从无锡近代农村经济发展看中国近代农村经济的转型(1840—1949)》,中华书局,2010。

张宏明:《土地象征:禄村再研究》,社会科学文献出版社,2005。

张佩国:《地权·家户·村落》,学林出版社,2007。

章立明:《个人、社会与转变:社会文化人类学视野》,知识产权出版社,2016。

折晓叶:《村庄的再造——一个"超级村庄"的社会变迁》,中国社会科学出版社,1997。

郑杭生主编《社会学概论新修》(第三版),中国人民大学出版社,2003。

中共中央马克思恩格斯列宁斯大林著作编译局译《资本论》,人民出版社,1975。

中国法制出版社编《土地管理法》,中国法制出版社,2005。

周大鸣主编《文化人类学概论》,中山大学出版社,2009。

周建新:《和平跨居论——中国南方与大陆东南亚跨国民族"和平跨居"模式研究》,民族出版社,2008。

朱静辉:《地权增值分配的社会机制——官镇征地研究》,厦门大学出版社,2016。

庄孔韶主编《人类学经典导读》,中国人民大学出版社,2008。

中共中央马克思恩格斯列宁斯大林著作编译局编《马克思恩格斯全集》(第三卷),人民出版社,2002。

四 中文析出文献

陈锋:《从"祖业观"到"物权观":土地观念的演变与冲突——基于广东省Y村地权之争的社会学分析》,《中国农村观察》2014年第6期。

陈祥军:《生计变迁下的环境与文化——以乌伦古河富蕴段牧民定居为

例》,《开放时代》2009年第11期。

陈秧分、刘彦随、王介勇:《东部沿海地区农户非农就业对农地租赁行为的影响研究》,《自然资源学报》2010年第3期。

党国印:《中国乡村权势阶层崛起》,《中国国情国力》1998年第5期。

郭家骥:《生计方式与民族关系变迁——以云南西双版纳州山区基诺族和坝区傣族的关系为例》,《云南社会科学》2012年第5期。

贺爱琳、杨新军、陈佳、王子乔:《乡村旅游发展对农户生计的影响——以秦岭北麓乡村旅游地为例》,《经济地理》2014年第12期。

黄应贵:《作物、经济与社会:东埔社布农人的例子》,《广西民族学院学报》(哲学社会科学版)2005年第6期。

黄正宇、暨爱民:《国家权力与民族社会生计方式变迁——以湖南通道县阳烂村侗族为例》,《原生态民族文化学刊》2010年第2期。

黄志辉:《〈江村经济〉与〈禄村农田〉:民族志的政治经济学》,《思想战线》2018年第2期。

〔美〕黄宗智:《中国革命中的农村阶级斗争——从土改到文革时期的表达性现实与客观性现实》,载〔美〕黄宗智主编《中国乡村研究》(第二辑),商务印书馆,2003。

兰建平、苗文斌:《嵌入性理论研究综述》,《技术经济》2009年第1期。

李辅敏、赵春波:《旅游开发背景下民族地区生计方式的变迁——以贵州省黔东南苗族侗族自治州郎德上寨为例》,《贵州民族研究》2014年第1期。

李国栋:《从〈苗族古歌〉看原始稻作生计的形成》,《中央民族大学学报》(哲学社会科学版)2015年第5期。

李劼:《生计方式与生活方式之辨》,《中央民族大学学报》(哲学社会科学版)2016年第1期。

李荣荣:《乡土社会的日常道德与社会底蕴——以大理"乡评"的演变与积淀为例》,《社会发展研究》2019年第2期。

李亚东、裴嘉博、孙海悦:《全球蓝莓产业发展现状及展望》,《吉林农业大学学报》2018年第4期。

刘庆忠、朱东姿、王甲威、公庆党、辛力:《世界蓝莓产业发展现状——中国篇》,《落叶果树》2018 年第 6 期。

刘守英:《城乡中国的土地问题》,《北京大学学报》(哲学社会科学版) 2018 年第 3 期。

刘守英:《从"乡土中国"到"城乡中国"》,《中国乡村发现》2016 年第 6 期。

刘守英:《从转型角度审视农民、土地和村庄的关系》,《21 世纪经济报道》2017 年 12 月 8 日,第 4 版。

刘守英:《集体土地资本化与农村城市化——北京市郑各庄村调查》,《北京大学学报》(哲学社会科学版) 2008 年第 6 期。

刘守英:《适度规模家庭农场将成为我国农业经营主要形式》,《中国合作经济》2012 年第 12 期。

刘守英:《中国的农业转型与政策选择》,《行政管理改革》2013 年第 12 期。

刘守英:《中国农业转型和农业现代化道路怎么走》,《中国合作经济》2015 年第 6 期。

刘银妹、韦丹芳:《甘蔗种植与壮族社会文化变迁——以广西壮族自治区崇左市江州区果怕屯为例》,《中南民族大学学报》(人文社会科学版) 2014 年第 3 期。

刘永华:《传统中国的市场与社会结构——对施坚雅中国市场体系理论和宏观区域理论的反思》,《中国经济史研究》1993 年第 4 期。

刘宗碧:《必须妥善处理生态目标与生计需要之间的关系——关于黔东南生态文明试验区建设中的问题之一》,《生态经济》2010 年第 5 期。

罗炳龙:《公共政策的现实困境——析〈村民一事一议筹资筹劳管理办法〉的有效性》,载席恒主编《西部公共政策与管理评论》第 3 辑,西北大学出版社,2009。

罗康隆:《论民族生计方式与生存环境的关系》,《中央民族大学学报》(哲学社会科学版) 2004 年第 5 期。

罗康智、杨小苹、林泽夫:《论侗族传统生计对水环境优化的价值——来自黔东南侗族社区的个案分析》,《原生态民族文化学刊》2011 年第 4 期。

罗柳宁:《生态环境变迁与文化调适:以广西矮山村壮族为例》,《广西民族学院学报》(哲学社会科学版) 2004 年第 A1 期。

罗素玫：《性别区辨、阶序与社会：都兰阿美族的小米周期仪式》，《台湾人类学刊》2005年第1期。

麻国庆：《变动中的中国家庭关系》，《开放时代》1993年第4期。

麻国庆：《分家：分中有继也有合——中国分家制度研究》，《中国社会科学》1999年第1期。

麻国庆：《民族村寨的保护与活化》，《旅游学刊》2017年第2期。

麻国庆：《乡村建设，实非建设乡村》，《旅游学刊》2019年第6期。

麻国庆：《乡村振兴中文化主体性的多重面向》，《求索》2019年第2期。

马祯：《人类学研究中"物"的观念变迁》，《贵州大学学报》（社会科学版）2015年第5期。

蒙爱军：《水族传统生计方式及其变迁》，《中央民族大学学报》（哲学社会科学版）2008年第3期。

聂飞、安明太：《贵州野生越桔种质资源及其开发利用》，《亚热带植物科学》2008年第1期。

秦红增、唐剑玲：《定居与流动：布努瑶作物、生计与文化的共变》，《思想战线》2006年第5期。

秦红增：《乡村土地使用制度与农业产业化经营——科技下乡的人类学视野之二》，《广西民族学院学报》（哲学社会科学版）2004年第4期。

任艳玲、周杰、王涛、徐芳龄、于晓飞、王娟、余寒、赵伶俐：《贵州蓝莓产业的发展现状及对策》，《贵州农业科学》2016年第6期。

孙九霞、刘相军：《生计方式变迁对民族旅游村寨自然环境的影响——以雨崩村为例》，《广西民族大学学报》（哲学社会科学版）2015年第3期。

孙立平：《"关系"、社会关系与社会结构》，《社会学研究》1996年第5期。

汤青：《可持续生计的研究现状及未来重点趋向》，《地球科学进展》2015年第7期。

王成超、杨玉盛：《农户生计非农化对耕地流转的影响——以福建省长汀县为例》，《地理科学》2011年第11期。

王成利：《顶层设计与基层探索的良性互动——新中国成立70年来农地产权制度变迁研究》，《经济问题》2019年第11期。

王凤刚：《丹寨苗族鬼巫文化一瞥》，《苗侗文坛》1990年第3期。

王慧琴：《关于苗族支系的研究》，《贵州民族研究》1988年第2期。

王君、李曼曼：《黔东南苗族嘎闹支系的苗名命名规则与逻辑》，《阿坝师范学院学报》2019年第2期。

王思斌：《经济体制改革对农村社会关系的影响》，《北京大学学报》（哲学社会科学版）1987年第3期。

王思斌：《社会生态视角下乡村振兴发展的社会学分析——兼论乡村振兴的社会基础建设》，《北京大学学报》（哲学社会科学版）2018年第2期。

温铁军、刘亚慧、张振：《生态文明战略下的三农转型》，《国家行政学院学报》2018年第1期。

温铁军：《"三农"问题与农村土地所有制形式》，《资源导刊》2009年第2期。

温铁军：《中国的问题根本上是农民问题》，《北京党史》2004年第5期。

吴爱华：《旅游发展与村落社会变迁——基于鄂西神农溪景区罗坪村的调查》，《中南民族大学学报》（人文社会科学版）2011年第3期。

徐杰舜、罗树杰：《靠山吃山，靠水吃水——船家与高山汉比较研究》，《广西民族学院学报》（哲学社会科学版）2003年第2期。

徐晓光：《清水江流域传统林业"生态补偿"的实践与经验》，《贵州大学学报》（社会科学版）2015年第1期。

杨善华、孙飞宇：《"社会底蕴"：田野经验与思考》，《社会》2015年第1期。

杨艳霞、杨云霞：《可持续生计视角下西部民族地区失地农民就业能力开发模式探析——以苗侗民族聚居地黔东南为例》，《农业经济》2016年第2期。

杨志强、安芮：《南方丝绸之路与苗疆走廊——兼论中国西南的"线性文化空间"问题》，《社会科学战线》2018年第12期。

杨清媚：《土地、市场与乡村社会的现代化——从费孝通与托尼的比较出发》，《社会学研究》2019年第4期。

杨筑慧：《南方少数民族传统稻作农耕及其生态意涵初探》，《农业考古》2017年第6期。

杨筑慧:《糯的神性与象征性探迹：以西南民族为例》,《中央民族大学学报》(哲学社会科学版) 2016 年第 6 期。

杨筑慧:《橡胶种植与西双版纳傣族社会文化的变迁——以景洪市勐罕镇为例》,《民族研究》2010 年第 5 期。

应星:《身体与乡村日常生活中的权力运作——对中国集体化时期一个村庄若干案例的过程分析》,载黄宗智主编《中国乡村研究》(第二辑),商务印书馆,2003。

于伯华、吕昌河:《土地利用冲突分析：概念与方法》,《地理科学进展》2006 年第 3 期。

袁朝阳:《云南边疆少数民族女性吸烟与健康的社会学分析》,《昆明大学学报》2008 年第 4 期。

张丽萍、张镱锂、阎建忠、吴莹莹:《青藏高原东部山地农牧区生计与耕地利用模式》,《地理学报》2008 年第 4 期。

张琳杰、李峰、崔海洋:《传统农业生态系统的农业面源污染防治作用——以贵州从江稻鱼鸭共生模式为例》,《生态经济》2014 年第 5 期。

张佩国:《"共有地"的制度发明》,《社会学研究》2012 年第 5 期。

张佩国:《土地资源与权力网络——民国时期的华北村庄》,《齐鲁学刊》1998 年第 2 期。

周建新、于玉慧:《橡胶种植与哈尼族生计转型探析——以西双版纳老坝荷为例》,《广西民族大学学报》(哲学社会科学版) 2013 年第 2 期。

周立:《"城乡中国"时代的资本下乡》,《中国乡村发现》2018 年第 6 期。

周其仁:《从乡土中国到城乡中国》,《记者观察》2017 年第 9 期。

朱晓阳:《黑地·病地·失地——滇池小村的地志与斯科特进路的问题》,《中国农业大学学报》(社会科学版) 2008 年第 2 期。

五　学位论文

陈伟驹:《岭南地区新石器时代文化的时空框架与生计方式研究》,博士学位论文,吉林大学,2016。

段军艳:《黄姚古镇生计方式历史变迁研究》,博士学位论文,中央民族大学,2018。

何煦:《湘西苗族地区传统生计与精准扶贫研究——以吕洞山镇黄金村扶贫实践为例》,硕士学位论文,吉首大学,2017。

胡海:《麻江县蓝莓产业竞争力提升研究》,硕士学位论文,贵州民族大学,2017。

刘兴盛:《马克思"社会关系"概念研究》,博士学位论文,吉林大学,2018。

潘大志:《苗族生计方式变迁研究——以贵州省黄平县太坑村为例》,硕士学位论文,贵州民族大学,2017。

芮一清:《乡土变迁中的农民土地观念研究——以宁夏西渠村为例》,硕士学位论文,兰州大学,2017。

尚前浪:《云南边境傣族村寨旅游发展中的生计变迁研究》,博士学位论文,云南财经大学,2018。

石庭明:《生态人类学视野下的侗族稻作文化研究——以贵州省榕江县宰章村为例》,硕士学位论文,中央民族大学,2013。

袁松:《富人治村——浙中吴镇的权力实践(1996—2011)》,博士学位论文,华中科技大学,2012。

六 其他文献

麻江县宣威镇志编纂委员会编《宣威镇志》,未刊,2006。

麻江县民宗局与文物局编写《翁保村乌村民族文化调查报告》,内部资料,未刊,2015。

黔东南苗族侗族自治州人民政府编《贵州省黔东南苗族侗族自治州地名志》,黔东南师专印刷厂印刷,1991。

《中华人民共和国主席令(第六十二号)》,中华人民共和国中央人民政府官网,2007年3月19日,http://www.gov.cn/flfg/2007-03-19/content_554452.htm,最后访问日期:2019年10月30日。

《中共中央国务院关于保持土地承包关系稳定并长久不变的意见》,中华人民共和国中央人民政府官网,2019年11月26日,http://www.gov.cn/zhengce/2019-11/26/content_5455882.htm,最后访问日期:2019年12月9日。

《中共贵州省委 贵州省人民政府关于乡村振兴战略的实施意见》(黔

党发〔2018〕1号）。

《国务院关于深化改革加强基层农业技术推广体系建设的意见》，中华人民共和国中央人民政府官网，2008年3月28日，http://www.gov.cn/zhengce/content/2008-03/28/content_2981.htm，最后访问日期：2019年12月10日。

《中共中央办公厅 国务院办公厅印发〈关于完善农村土地所有权承包权经营权分置办法的意见〉》，中华人民共和国中央人民政府官网，2016年10月30日，http://www.gov.cn/xinwen/2016-10/30/content_5126200.htm，最后访问日期：2019年12月9日。

七 英文文献

Bronisław Malinowski, *Coral Gardens and Their Magic: A Study of the Methods of Tilling the Soil and of Agricultural Rites in the Trobriand Islands* (London: Routledge, 1935).

DFID, *Sustainable Livelihoods Guidance Sheet* (London, UK: DFID, 1999).

Frank Ellis, *Rural Livelihoods and Diversity in Developing Countries* (Oxford: Oxford University Press, 2000).

H. F. Siu, *Agents and Victims in South China: Accomplices in Rural Revolution* (New Haven: Yale University Press, 1989).

Ian Scoones, "Sustainable Rural Livelihoods: A Framework for Analysis," IDS Working Paper, 1998.

Jean. C. Oi, *State and Peasant in Contemporary China: The Political Economy of Village Government* (California: University of California Press, 1989).

R. Chambers and G. R. Conway, "Sustainable Rural Livelihoods: Practical Concepts for the 21st Century," IDS Discussion Paper No. 296, 1992.

Samuel L. Popkin, *The Rational Peasant: The Political Economy of Peasant Society*, in Vietnam (California: University of California Press, 1979).

附　录

田野调查重要访谈对象基本情况

序号	姓名	性别	调研时身份	访谈内容	备注
1	ZLC	男	麻江县农文旅副主任	乌村产业发展状况	
2	LXB	男	麻江县蓝莓办主任	麻江蓝莓产业发展状况	
3	WXY	男	麻江县民宗局副局长	翁保民族民间历史文化	
4	LXN	女	麻江县档案局副局长	麻江县档案资料查询	
5	NKH	男	麻江县文物局局长	麻江民间历史文化	
6	RJ	男	麻江县农文旅工作员	翁保村产业发展情况	翁保扶贫分队队长
7	DRZ	男	麻江县农文旅工作员	乌村土地征收情况	乌村网格员
8	WZH	男	麻江县农文旅工作员	乌村旅游建设情况	
9	WDZ	男	麻江县供销社	乌村旅游开发建设	
10	YY	男	宣威镇镇长助理	宣威镇产业及其基本情况	
11	WCL	男	宣威镇蓝莓办主任	宣威镇蓝莓产业情况	
12	DZN	男	宣威镇农服中心主任	宣威镇农业经济情况	
13	HAM	男	翁保村支书	翁保土地、产业概况	
14	CDJ	男	乌村组长	乌村土地及基本情况	
15	WQ	男	光明村支书	蓝莓种植与务工管理	WJ公司负责人
16	LYH	男	乌村村民	村落社会关系、社会文化	曾担任组长

续表

序号	姓名	性别	调研时身份	访谈内容	备注
17	LYP	男	乌村村民	村落社会关系、社会文化	曾担任组长
18	YQX	男	村民，RZ蓝莓合作社主任	蓝莓合作社与种植情况	蓝莓种植大户
19	YQJ	男	乌村村民	乌村旅游发展情况	曾担任组长
20	WGZ	男	乌村村民	蓝莓种植、管理与销售	
21	LJC	男	乌村村民，退伍士兵	乌村旅游运营情况	
22	LYQ	男	乌村村民，退伍士兵	乌村征地纠纷	
23	WYL	女	乌村村民	务工及民间手工艺文化	村落保洁员
24	LMQ	女	乌村村民	乌村婚恋习俗	
25	YDM	女	乌村村民	产业园做零工情况	
26	LCH	男	SH蓝莓公司管工	蓝莓园务工与管理工作	
27	WSQ	男	翁保村民	翁保一带鬼师信仰活动	翁保一带鬼师，85岁
28	WTH	男	蓝莓种植基地老板	蓝莓种植、管理与销售	
29	XN	男	蓝莓种植基地老板	蓝莓种植、管理与销售	
30	HHG	男	蓝莓种植基地老板	蓝莓种植、管理与销售	
31	LMH	男	蓝莓种植基地老板	蓝莓种植、管理与销售	
32	WJ	男	光明村村民	蓝莓园务工、运输	
33	LGZ	男	乌村村民	乌村农家乐经营	
34	LGP	男	乌村村民	乌村农家旅馆经营	
35	LJ	男	乌村村民	养老与土地继承	
36	YDX	男	乌村村民	土地征收与征地纠纷	
37	CWL	女	蒲席塘村民	蓝莓园务工	
38	WWZ	女	乌村村民	乌村村落历史	现年84岁
39	CYZ	男	乌村村民	乌村村落历史与土地公	现年84岁

后 记

攻读博士学位期间整个学习与研究过程不仅是发现问题、产生困惑、田野实践、寻求答案、回应问题、自我提升、实现价值的过程，更是一个无限积攒恩情又无以回报的过程，由于民族学田野实践的外向性要求，这种怀揣感恩前行的特点显得更加突出。

最感谢的是我的导师杨筑慧老师。在工作6年后的一次闲聊中提到考博念头，杨老师极力鼓励与支持，让我更加有勇气一试。读了博以后，在学习的各个阶段得到杨老师与苍铭老师不遗余力的谆谆教诲，真是何其有幸。两位老师刚正不阿、无私奉献、热心体恤的人格魅力以及学术上严谨求实、一丝不苟、孜孜不倦的作风深深感染着我，而这更像是母校中央民族大学民族学与社会学学院特有的师者恩泽。在三年学习生活中，麻国庆教授、苏发祥教授、贾仲益教授、巫达教授、张海洋教授等老师在学习与思考上的深刻启发与引导，高山仰止，虽不能至，但在工作中为人师时，时刻以老师们传承的这种师者风范严格要求自己，向他们学习，争取成长为一名有情怀、有爱心、有学识的教育工作者。

感谢家人对我读博期间的支持、鼓励与付出。我为人女、为人妻、为人母，抽身外出学习全靠我的爱人、两边父母和姐妹们体谅与分担，他们还时刻担心我的身体健康。我的公婆开明大方，无私有爱，全力支持与帮助我们；爱人朱厚玺工作之余照看女儿，帮助照顾父母，时刻安慰鼓励着我，是我坚实的后盾；女儿朱静翕从三岁到六岁与我聚少离多，她乐观、坚强、健康的成长极大鼓舞着我，使我坚信自己不是一个人在奋斗。每个人的成功有无数人在背后默默牺牲与奉献，虽读博算不得成功，但总算在人生道路上迈进一步，感谢我的家人为我做出的付出与牺牲！

感谢在整个学习研究期间给予鼎力帮助的好友与乡亲们。在田野调查期间给予大力支持的贵州省麻江县的农文旅、蓝莓办、档案局、民宗局、宣威镇政府、翁保村委的领导及工作人员为我提供的丰富的数据与资料，感谢田野点乌村的无数可敬的乡亲父老及其家人对我在田野期间的关心与照顾，还要感谢知无不言的蓝莓种植精英对蓝莓产业发展情况介绍。这些是本书撰写过程中最为重要的田野素材，在田野中得到的帮助与支持是一个好的田野点选择的重要基础，从这点来说，我庆幸自己选了一个很好的田野点。

在学习与写作过程中，经常因研究思路混沌而进展不顺利、抑郁浮沉，感谢时常接受我倒苦水还循循善诱指导、鼓励我的师友们，尤其是张定贵、吕燕平两位老师，李文琪、王海燕、赵桅、张阳、张承光、吴实龙、夏安玲、次仁卓玛等师友从不同学科角度提供的建议与心理支持都对本书研究与撰写提供很大帮助。

感谢贵州民族大学民族学与历史学学院领导唐懈书记、董强院长、叶成勇与郭国庆副院长、李浩副书记等为本书出版提供的资金审批与支持。

我来自黔中"屯堡人"地区，整个区域人多地少，人地矛盾极为突出。对土地的宝贵性认知来自勤劳睿智的母亲，她在有限的菜园子里精打细算种出一年四季丰富多彩的瓜果蔬菜，有时在房前屋后零星空地上甚至砂砾中撒下各种种子，不久后长出郁郁葱葱的菜苗，她得意于自己的创意，常感叹"泥巴才是真正的宝贝"。是啊，土中生黄金、土中生万物、土中有文化，费孝通先生说传统的中国文化是土里长出来的，不是吗？以土为生的老百姓更能切身体会到这种宝贵！

民族学研究通过他者反观自己，通过本书撰写，认识到自己成长经历中的一些必然与偶然，我来自土地转一圈又扎入土地，从农村来又回归农村。回到原点，带着一些困惑，实现一种升华，在农村社会生活与土地文化的探索中继续前进。庚子年初疫情突如其来地席卷全球，对人类生命安全造成极大损害，进一步迫使各领域深思全球社会未来的生存、生产、生活与精神世界的变化，土地无疑成为最具稳定性与保障性的根本，作为民族学研究者，应更加深入关注土地与农村社会文化的重要意义。若来自农村或关心农村的人能通过本书产生反思，也算本书的些许贡献。

真心感谢这个美好的时代，人们安居乐业，才能图谋发展。今后我将更加深入农村、了解农业、理解农民、融入土地、研究文化。

2023 年 6 月 20 日

贵州民族大学

图书在版编目(CIP)数据

传统与现代：黔东南一个苗族村落蓝莓种植与社会文化变迁／胡文兰著.－－北京：社会科学文献出版社，2023.8

ISBN 978-7-5228-1539-8

Ⅰ.①传… Ⅱ.①胡… Ⅲ.①苗族-村落-社会变迁-研究-贵州 Ⅳ.①K281.6

中国国家版本馆 CIP 数据核字(2023)第 046013 号

传统与现代
——黔东南一个苗族村落蓝莓种植与社会文化变迁

著　　者／胡文兰

出 版 人／王利民
责任编辑／周志静
文稿编辑／张真真
责任印制／王京美

出　　版／社会科学文献出版社·人文分社(010)59367215
　　　　　地址：北京市北三环中路甲 29 号院华龙大厦　邮编：100029
　　　　　网址：www.ssap.com.cn

发　　行／社会科学文献出版社(010)59367028

印　　装／三河市尚艺印装有限公司

规　　格／开本：787mm×1092mm　1/16
　　　　　印张：18　字数：293 千字

版　　次／2023 年 8 月第 1 版　2023 年 8 月第 1 次印刷

书　　号／ISBN 978-7-5228-1539-8

定　　价／128.00 元

读者服务电话：4008918866

版权所有 翻印必究